中国社会科学院 学者文选
仇启华集
中国社会科学院科研局组织编选

中国社会科学出版社

图书在版编目(CIP)数据

仇启华集 / 中国社会科学院科研局组织编选. —北京：中国社会科学出版社，2010.3（2018.8 重印）

（中国社会科学院学者文选）

ISBN 978-7-5004-8562-9

Ⅰ.①仇… Ⅱ.①中… Ⅲ.①仇启华—文集②世界经济—文集 Ⅳ.①F11-53

中国版本图书馆 CIP 数据核字（2010）第 030522 号

出 版 人	赵剑英
责任编辑	周兴泉
责任校对	石春梅
责任印制	李寡寡

出　　版	中国社会科学出版社
社　　址	北京鼓楼西大街甲 158 号
邮　　编	100720
网　　址	http://www.csspw.cn
发 行 部	010-84083685
门 市 部	010-84029450
经　　销	新华书店及其他书店
印刷装订	北京市十月印刷有限公司
版　　次	2010 年 3 月第 1 版
印　　次	2018 年 8 月第 2 次印刷
开　　本	880×1230　1/32
印　　张	10
字　　数	237 千字
定　　价	59.00 元

凡购买中国社会科学出版社图书，如有质量问题请与本社营销中心联系调换
电话：010-84083683
版权所有　侵权必究

目 录

前言 …………………………………………………… (1)

世界经济研究工作要解放思想冲破禁区 ………………… (1)
关于劳动力价值和价格的变动趋势 ……………………… (7)
关于国家垄断资本主义的几个理论问题 ………………… (17)
资本积累在世界范围内的作用和无产阶级贫困化 ……… (30)
在《资本论》的基础上深入研究现代资本主义经济 …… (61)
关于南北关系和国际经济新秩序的几个问题 …………… (87)
资本主义积累一般规律对现代资本主义未必适用吗 …… (98)
国家垄断资本主义的基本形态及其在美国的具体表现 … (113)
论世界经济学的对象和方法 ……………………………… (128)
再论世界经济学的对象 …………………………………… (138)
再论劳动力价值的变动趋势 ……………………………… (145)
世界经济及其形成和发展 ………………………………… (153)
简论帝国主义基本经济特征在当代的变化和发展 ……… (172)
马克思主义的无产阶级贫困化理论过时了吗 …………… (185)

评"社会资本主义论" ………………………………（200）
世界经济研究工作四十年管见 …………………（217）
科学认识当代资本主义 …………………………（231）
坚持和发展列宁的帝国主义理论，推进世界经济
　　研究工作 …………………………………………（244）
我对帝国主义和世界经济理论的探索 …………（254）

作者年表 ………………………………………………（309）

前　言

　　本文集收进的是我在中国社会科学院世界经济与政治研究所和中共中央党校工作期间所写的关于帝国主义和世界经济问题的比较重要的文章。其中大部分文章在当时是具有创新意义的，少数是为捍卫马克思列宁主义而写的文章。

　　所有这些文章都在国内各种报刊和论文集上公开发表过。这些文章的写作都有其时代背景，它们都打上了时代的烙印。因此，其中所论述的观点有些可能过时，有些包含错误。但在这里都保持原貌，未作任何更动。

　　这些文章都按发表时间先后次序排列。

　　最后，衷心感谢中国社会科学院领导对这本文集出版所给予的支持和帮助。

仇启华
2007 年 1 月

世界经济研究工作要解放思想冲破禁区

　　世界经济研究工作，对实现四个现代化有密切的关系。我们应该从世界经济学科的特点出发，着重研究世界经济形势及其发展趋势；研究苏美两个超级大国的经济实力及其相互关系，回答像新的世界大战以前的和平时期到底还有多久这样具有重大战略意义的问题；研究苏联社会帝国主义经济及其发展趋势；研究帝国主义国家再生产周期性和经济危机问题，预测这些国家经济的发展前景；研究国际贸易、国际金融的形势和动向等，就是说，要以整个世界经济作为研究的对象。这里既有理论问题，也有实际问题，对我国实现四个现代化有非常密切的关系。比如我们国家到底能争取多长的和平时期来进行社会主义经济建设，就不只是个纯理论问题，而且对于四个现代化的实际工作有很大意义。又如资本主义世界周期性经济危机也不是一个同我国现代化没有什么关系的纯理论问题，在我国同资本主义各国的经济关系日趋密切的情况下，如果资本主义世界发生一次生产过剩的经济危机，势必对我国现代化事业产生重大影响，研究什么时候可能发生生产过剩的经济危机并且研究它对我们的现代化事业可能产生什么影响，也有重大的实际意义。再如，我们要实现现代化，就必须引进外国先进技术设备和利用外国资金，如果我们不深入研究，不了解国际贸易和国际金融的经验和规律，我们在引进外国先进技术设备和利用外国资金的工作中就会发生这样和那样的错误，甚至上当受骗，吃大亏。

为了做好世界经济的研究工作，必须开展实事求是的自由的探讨，才能使我们正确认识世界经济的本来面目，摸清规律，对四个现代化作出贡献。但是在这方面，目前还存在许多思想束缚，必须彻底加以解除，否则，科学研究工作就无法前进。

首先是宁"左"勿右的思想束缚。20多年来，特别是林彪、"四人帮"长期推行"左"倾机会主义路线的结果，人们普遍存在宁"左"勿右的思想，禁区林立，严重地妨碍着世界经济研究工作的开展。这并不是说，在研究者当中没有敢于独立思考的人，但是这样的人往往遭到打击，甚至被当做阶级敌人，残酷斗争。如有的同志因为怀疑资本主义国家无产阶级绝对贫困化的规律就被扣上右倾的帽子；有的同志因认为资产阶级经济学中某一个新理论有道理而被打成右派；有的同志因出国回来如实地介绍了国外的情况就被扣上了"美化资本主义"的帽子。由于乱打棍子、乱扣帽子的结果，人们产生了"左"一点保险，越"左"越革命的思想。在世界经济研究领域里流行着的许多观点，都是同这个宁"左"勿右的思想有着密切的联系的。例如：列宁在分析帝国主义的发展时是指出了停滞腐朽趋势和迅速发展趋势这两种趋势的，但在我国相当长一段时期流行的观点是只讲停滞、腐朽的趋势，而不讲同时存在着迅速发展的趋势，完全无视第二次世界大战后许多资本主义国家经济迅速发展的事实。又如在分析第二次世界大战后资本主义再生产的周期性和生产过剩的经济危机方面，则流行着周期缩短和危机频繁论，并且把这种理论当做一个框框去套，把一些主要资本主义国家经济发展过程中所出现的每一次生产下降，甚至把只有月度表现而无年度表现的生产下降，也当做一次周期性危机。这种分析方法同马克思分析经济危机的方法毫无共同之处。如英国1825—1868年期间共发生了11次生产下降，但马克思并没有把这11次都当做经济危机，而只是把其中的5次认定为经济危机。

其次是教条主义思想的束缚。在这种思想的束缚下，所谓研究工作，只不过是把马列主义经典作家的某些原理当做一成不变的教条，照抄照搬；所谓"联系实际"，不过是找些材料去证明这些原理，而不敢从客观存在的大量新情况新问题出发，进行创造性的研究，根据新的材料得出新的结论。教条主义式的研究工作，完全脱离实践，当然也不可能回答实践中提出的新问题。例如，在研究帝国主义阶段资本主义生产关系和生产力的矛盾的问题上，就存在着上面所说的现象。马克思说过，社会生产力发展到一定程度便和现存生产关系发生矛盾，于是这些关系便从生产力发展的形式变成束缚生产力发展的桎梏，这个原理当然是正确的，也完全适用于资本主义社会生产关系和生产力的矛盾。但是，如果把这一原理作绝对化的理解，以为在资本主义进入帝国主义阶段即垂死阶段以后，生产关系对于生产力的发展只有阻碍作用，根本没有一点点促进作用，那么如何解释第二次世界大战以后资本主义国家生产力迅速发展的实际情况呢？又如，马克思在《资本论》中阐明了资本主义积累的普遍规律，指出随着资本积累增加，产业后备军就越大，无产阶级的地位和生活状况也越来越恶化。这个原理也是正确的。但是，如果把这一原理作绝对化理解，以为资本主义国家的无产阶级总是不断地绝对贫困化，而不可能在一定条件下在一个相当时期内有生活的改善，那么如何解释第二次世界大战以后许多资本主义国家工人阶级的实际工资有所上升，社会福利有所增长的情况呢？再如，关于现代资产阶级经济学的问题，马克思在《资本论》第二版"跋"中说："英法两国的资产阶级，都已经夺得了政权。从此以往，无论从实际方面说，还是从理论方面说，阶级斗争都愈益采取公开的和威胁的形式。资产阶级经济科学的丧钟敲起来了。现在，问题已经不是这个理论还是那个理论合于真理，而是它于资本有益还是有害，便利还是不便利，违背警章还是不违背警章。不为私利的研究没有了，作为代替的是领取津贴的论战攻击；公正无私的科学研究没有了，作为代替的是辩护论者的歪心恶意。"① 马克思的这段话是说现代资产阶级经济学是为资本主义制度辩护的、把资本主义制度当做永恒的制度的经济学，因而是反科学的，那当然是完全正确的。但是，现代资产阶级经济学里有没有一些个别原理和方法，有没有反映客观的经济过程的地方呢？如果没有，那么怎么说明资本主义国家或者资本家在利用这些原理和方法管理现代化大生产方面确实取得了一点成效，给它们带来了更多利润这一事实呢？类似以上所列举的一些问题，在教条主义者看来，都是无须研究的，只要照抄照搬经典作家的话就够了。其实，这些问题，都应当从实际出发，实事求是地进行创造性的研究，才能作出马克思主义的回答。

第三是外事工作和对外宣传口径的束缚。世界经济这个学科的研究对象，决定了其研究成果都要评论到国外。长期以来，存在着这样一种现象：如果研究成果同外事工作和对外宣传的口径一致，就可以发表；如果研究成果同外事工作和对外宣传的口径发生矛盾，就不能发表。而外事工作和对外宣传的口径常常是同我国与外国的外交关系状况如何有关，同某一外国对我国的政治态度好坏有关。但是某一个国家经济制度和经济发展过程中的问

---

① 《资本论》第1卷，人民出版社1963年版，第17页。

题并不会因为该国对我国的政治态度发生变化而发生相应的变化，于是研究该国家的经济问题的论文尽管完全符合它的实际，却因为不符合外交口径而无从发表，有的甚至被认为是错误的而受到批判。如果说第一种和第二种束缚在粉碎"四人帮"以后已在相当程度上被打破了的话，那么第三种束缚至今仍然严重存在着，成为一种不可逾越的禁区。这种状况严重地束缚了世界经济研究工作者的手脚，使他们不能进行独立的创造性的研究。

除了以上三种束缚以外，可能还有一些其他方面的束缚。如按"长官意志"写作就是一种。本来应当是：研究人员从实际出发，进行大量的调查研究工作，提出科研成果，供"长官"参考采纳。现在却相反，没有搞什么研究的"长官"提出一个论点，要研究人员找材料去证明。这样写出来的文章，并不是建立在研究人员自己研究工作的基础上，甚至也不是研究人员自己所同意的观点，像这样的作品难道会有什么价值吗？

要扫除以上种种思想的障碍，根本的办法就是要真正坚持实践是检验真理的唯一标准这个马列主义的基本原则。对于世界经济研究领域里的一切理论观点哪些是正确的，哪些是错误的，用什么判断呢？不是靠简单地引证语录，更不是靠长官意志，唯一的标准是实践。这并不是说，就可以丢掉马列主义、毛泽东思想了。马列主义、毛泽东思想的普遍真理是任何时候都不能够背离的。如果背离了，就要犯"左"的或右的修正主义错误。另一方面，也必须看到在世界经济的发展过程中新情况、新问题是层出不穷的，许多问题是不可能从马列著作和毛泽东同志的著作中找出现成答案的。我们只能以马列主义、毛泽东思想的立场、观点、方法，从实际出发研究这些新情况、新问题，得出科学的结论。如果我们不能坚持实践是检验真理的唯一标准的原则，前怕狼，后怕虎，仍然停留在照抄照搬本本上已经有的东西，那么我们的思想就会僵化，世界经济研究工作就不可能有什么前进，从而也不可能对四个现代化的事业有什么帮助。要真正解放思想，需要从两个方面作出努力。一方面，研究人员要有革命勇气，要有"独立思考，只服从真理"的精神，要有"抓住真理，所向披靡"的精神，敢于冲破林彪、"四人帮"设置的理论禁区，敢于进行创造性的研究，根据新的材料，提出新的理论观点。另一方面，宣传理论工作和外事工作的领导部门则要充分发扬学术民主，做"双百"方针的促进派，真正实行三不主义，不抓辫子、不戴帽子、不打棍子，允许研究人员犯错误和改正错误。现在党中央已经明确规定了三不主义的方针，鼓励大家解放思想，主要的问题就看我们研究工作者的革命勇气了。

至于外事工作和对外宣传口径的束缚问题，怎么办？我认为，在这个问题上，也要解放思想。过去我们长期形成一种"传统"，即在我们报刊上登载的一切文章似乎都是代表党和国家观点的，涉及外国问题的观点似乎都是代表党和国家的外交政策的。这种"传统"必须打破，而且也能够打破。只要我们说清楚，在报刊上，特别是在像《世界经济》这样的学术刊物上登载的文章，只代表作者本人的观点，而不代表党和国家的观点，这样就不会招来什么麻烦。这样，外事部门和宣传部门就不必画框框，定调调，而可以放手地让研究工作者发表他们的著作，以利于学术的繁荣。

（原载中国社会科学院出版的《未定稿》）

关于劳动力价值和价格的变动趋势

马克思在《资本论》中提出的在劳动生产率提高的条件下劳动力价值和价格有着下降趋势的原理，是无产阶级相对贫困化的理论基础。马克思说："商品价值和劳动生产力成反比。劳动力的价值也是这样，因为它是由商品价值决定的。相反，相对剩余价值与劳动生产力成正比。……因此，提高劳动生产力来使商品便宜，并通过商品便宜来使工人本身便宜，是资本的内在冲动和经常的趋势。"① 马克思在《工资、价格和利润》中也指出："资本主义生产的总趋势不是使平均工资水平提高，而是使它降低，也就是在或大或小的程度上使**劳动的价值**降低到它的**最低限度**。"②

第二次世界大战后，在一段时期内，发达资本主义国家的工人实际工资出现了上升的情况。于是就出现了"劳动力价值趋于上升"的论断，实际上是认为马克思关于劳动力价值有下降

---

① 《资本论》第1卷，人民出版社1975年版，第355页。
② 马克思：《工资、价格和利润》，《马克思恩格斯选集》第2卷，人民出版社1972年版，第203页。

趋势的观点过时了。例如，不久以前苏联出版的由伊诺泽姆采夫院士主编的《现代垄断资本主义政治经济学》就持有这种观点。我们国内有些学者也持有类似观点。

我认为，这种观点是不正确的。马克思关于劳动力价值具有下降趋势的观点并未过时。

劳动力价值的大小取决于两个因素：一是再生产劳动力所必要的生活资料实物量的多少，二是单位生活资料的价值量的大小。

在单位生活资料的价值量不变的情况下，劳动力价值的大小取决于再生产劳动力所必要的生活资料量的多少。如果只考虑这个因素，那么，劳动力价值有上升的趋势。因为随着科学技术的进步和社会生产的发展，由历史的道德的要素所决定再生产劳动力所必需的生活资料量的范围在不断扩大。列宁曾经指出："资本主义的发展必然引起全体居民和工人无产阶级需求水平的增长。"[1] 所以，劳动力价值所转化成的生活资料量有着逐步上升的趋势。如果撇开生活资料价值量的变动，那么，劳动力价值也就有着上升的趋势。

在再生产劳动力所必需的生活资料量不变的情况下，劳动力价值的大小取决于单位生活资料的价值量的大小。如果只考虑这一个因素，那么，劳动力价值显然存在着下降的趋势。因为再生产劳动力所必需的生活资料，其价值是随着生产这些生活资料的劳动生产率的提高而不断下降的。科学技术越是进步，劳动生产率提高得越快，劳动力价值也就相应地下降得越快。

把以上在相反方向上起作用的两个因素综合起来考察，显然劳动力价值的变动如何，要看哪个因素的作用更强而定。在一定

---

[1] 《列宁全集》第1卷，人民出版社1955年版，第89页。

国度、一定时期内，再生产劳动力所必要的生活资料的范围是一定的，具有相对的稳定性；而生活资料生产中的劳动生产率则是经常不断地提高的，而且由于生产力有着加速发展的趋势，劳动生产率的提高也有着加快的趋势。因此，从长远来看，劳动力价值下降的趋势是主要的。

关于这个问题的详细论证，我写过一篇文章，题为《论战后主要资本主义国家劳动力价值和平均工资的变动趋势》（刊《世界经济》1979 年第 12 期）。这里不再重复。下面我想就"劳动力价值提高"论者的一些论据进行一些评价。

《现代垄断资本主义政治经济学》一书提出的劳动力价值提高的第一个论据是工人需求水平的提高。该书写道："随着生产力的发展，整个社会需求水平，其中包括工人阶级的需求水平也在提高。……当前列入工人及其家庭消费所必需的商品和劳务的范围与规模已大大地扩大了，而且新的社会需求甚至已渗入到工人阶级中工资较低的阶层。……所有这些新的物质、社会和文化需求，逐渐地成为每个国家习以为常的和传统性的生活水平，并引起劳动力价值的提高。"[①] 这一段论述的前面一部分是符合当前发达资本主义国家的客观情况的。但是得出的结论"引起劳动力价值的提高"却是不科学的。因为作者在这里完全忽略了劳动生产率的变动，也没有说明这是在假定劳动生产率不变的情况下才会出现的情形。当然，即使假定劳动生产率是不变的，那也只能是在分析过程中某一阶段上运用的一种方法，而不能据此就得出现实的结论来。由于生产力的发展必然引起劳动生产率的提高，所以在作出关于劳动力价值变化趋势的现实结论时，劳动

---

① ［苏］伊诺泽姆采夫：《现代垄断资本主义政治经济学》下册，上海译文出版社，第 352 页。

生产率这个因素是绝不能舍弃的。只有加进了劳动生产率提高这个因素，才能得出关于劳动力价值发展趋势的正确结论。

该书提出的劳动力价值提高的另一个论据是劳动的复杂程度提高了。书中写道："提高劳动力价值的主要因素，是劳动复杂程度的提高，即在单位时间里能生产越来越多的价值。""在缩短必要劳动时间的条件下，这种劳动时间里所生产的价值量仍可能增加；在剩余价值率扩大的条件下，劳动力价值仍在提高……"① 从上述两段引文来看，该书的作者显然认为，在劳动复杂程度提高的情况下，由于单位时间里能生产出更多的价值，因而即使必要劳动时间缩短了，劳动力价值仍在提高。在劳动者新创造的价值中，必要劳动时间趋于缩短、剩余劳动时间趋于延长，在这一点上，我同该书作者并无分歧。这从第二次世界大战后发达资本主义国家里剩余价值率仍在提高的历史事实中可以得到证明。关键在于劳动复杂程度的提高是否能使单位时间所生产的价值量增加。该书引用了马克思的一段话作为论据："比社会平均劳动较高级、较复杂的劳动，是这样一种劳动力的表现，这种劳动力比普通劳动力需要较高的教育费用，它的生产要花费较多的劳动时间，因此它具有较高的价值。既然这种劳动力的价值较高，它也就表现为较高级的劳动，也就在同样长的时间内物化为较多的价值。"②

这个观点是值得商榷的。"劳动复杂程度的提高"这句话含意是不清楚的。它既可以理解为整个社会总劳动中复杂劳动所占比重的提高，也可以理解为"劳动力价值"中的"劳动力"所实现的劳动复杂程度的提高。

---

① 《资本论》第 1 卷，人民出版社 1975 年版，第 353 页。
② 同上书，第 223 页。

社会总劳动中复杂劳动所占比重的提高会不会提高劳动力价值呢？马克思所说的"劳动力价值"中的"劳动力"所实现的劳动是什么劳动呢？马克思在《资本论》第1卷第1篇第1章中就指出，在以下的论述中，"把各种劳动力直接当做简单劳动力"①。在第3篇第5章中，马克思又指出："在每一个价值形成过程中，较高级劳动总是要化为社会平均劳动，例如，一日较高级的劳动化为 x 日简单的劳动。因此，只要假定资本使用的工人是从事简单的社会平均劳动，我们就能省却多余的换算而使分析简化。"② 可见，马克思所说的劳动力价值中的劳动力所实现的是简单劳动。既然如此，那么无论在社会总劳动中复杂劳动的比重如何提高，并不会引起劳动力价值的提高。

劳动力价值中的劳动力所实现的劳动复杂化，会不会引起劳动力价值的提高呢？马克思说："简单平均劳动虽然在不同的国家和不同的文化时代具有不同的性质，但在一定的社会里是一定的。"③ 这就是说，简单劳动的标准并不是固定不变的。随着科学技术的进步和教育文化水平的提高，简单劳动的标准会日益提高。一个国家在文化水平很低的时期，一个简单劳动力的标准可以很低，如一个有力气的文盲就可以算做一个简单劳动力。但当这个国家在所有居民中普及了小学教育时，简单劳动力的标准就会提高到小学毕业生的水平。当这个国家在所有居民中普及了高中教育时，简单劳动力的标准就会提高到高中毕业生的水平。简单劳动力的标准虽然提高了，但每个简单劳动力在同一时期内所创造的价值并不会有什么增加。马克思所说的复杂劳动比简单劳

---

① 《资本论》第1卷，人民出版社1975年版，第58页。
② 同上书，第224页。
③ 同上书，第58页。

动在同一时间内能物化为更多的价值,是比较同一时期内复杂劳动和简单劳动所得出的结论,并不是比较一个时期内"复杂化"的、高标准的简单劳动和前一个时期低标准的简单劳动的结果。

该书提出的劳动力价值提高的第三个论据,是劳动强度提高了。书中写道:"在同一方向上发生影响的,还有劳动的强化。后者意味着在单位时间里消耗更多的劳动力,从而需要消耗更多的生活资料来再生产它。"① 这个观点也是值得商榷的。在对同一时期内不同部门的劳动进行比较时,我们可以说,一个部门的劳动强度高于另一部门,所以前者的劳动者在同一时间内能创造更多的价值。但对不同时期的简单劳动进行比较时,就不能这样说。如果一个时期的简单劳动的平均强度高于另一个时期,一个简单劳动力在同一时间内并不能创造出更多的价值,而只能创造相同的价值。马克思说:"如果一切产业部门的劳动强度都同时相等地提高,新的提高了的强度就成为普通的社会的正常强度,因而不再被算作外延量。"② 不仅如此,马克思还指出:"劳动生产力的提高和劳动强度的增加,从一方面来说,起着同样的作用。它们都会增加任何一段时间内所生产的产品总额。因此,它们都能缩短工人生产自己的生活资料或其等价物所必需的工作日部分。"③ 就是说,劳动强度的提高不但不会使劳动力价值提高,反而会使劳动力价值降低。在这一方面,劳动强度的增加,其作用是与劳动生产力的提高一样的。

以上的论证说明,从不同时期来看,无论劳动复杂程度的提高,还是劳动强度的提高,都不会使单位时间里所生产的价值量

---

① [苏] 伊诺泽姆采夫:《现代垄断资本主义政治经济学》下册,上海译文出版社,第354页。
② 《资本论》第1卷,人民出版社1975年版,第574页。
③ 同上书,第578页。

增加。因此，在剩余价值率提高、必要劳动时间缩短的情况下，劳动力价值不是趋于上升，而是趋于下降。

以上分析了劳动力价值的变动趋势。但是，工人实际得到的工资或收入，是劳动力价格的转化形态。所以需要进一步分析劳动力价格的变动趋势。

劳动力的价格同其他商品价格一样，是按照劳动力市场上供求关系、围绕着它的价值上下波动的。由于失业大军的存在，也就是劳动力商品的供给经常超过对它的需求，所以，劳动力价格经常被压低到劳动力价值以下。劳动力价格低于劳动力价值的幅度同产业后备军的大小成正比例。当产业后备军扩大时，劳动力出卖条件就会恶化，劳动力价格低于其价值的幅度就会扩大。

既然劳动力价值有着下降的趋势，而且在产业后备军经常存在的情况下，劳动力价格经常被压低到价值以下，那么，劳动力价格也有着下降的趋势。劳动力价格下降的幅度，取决于劳动力价值下降的幅度和劳动力价格低于劳动力价值的幅度。如果这两个幅度都很快加大，那么劳动力价格也会急剧下降。如果这两个幅度都加大得很少，那么劳动力价格下降的幅度也会很小。但是，总的来说，这并不能改变劳动力价格的下降趋势。劳动力价格的下降趋势，说明无产阶级相对贫困化有着不断增长的趋势。

劳动力价格具有下降的趋势，那么，如何解释第二次世界大战后发达资本主义国家中工人工资的增长呢？

先看实际工资。实际工资所体现的并不是劳动力价格，而是由劳动力价格所转化成的生活资料量。在劳动生产率不变时，劳动力价格同实际工资的变动是一致的。但在劳动生产率提高时，劳动力价格同实际工资的变动可以相背离，也就是说可以出现实际工资上升和劳动力价格不变或下降同时并存的情况。对此，马克思早已有过精辟的论述。他说："劳动力价值是由一定量的生活资料的价值决定的。随着劳动生产力的变化而变化的，是这些生活资料的价值，而不是它们的量。在劳动生产力提高时，工人和资本家的生活资料量可以同时按照同样的比例增长，而劳动力价格和剩余价值之间不发生任何量的变化。……在劳动生产力提高时，劳动力的价格能够不断下降，而工人的生活资料量同时不断增加。但是相对地说，即同剩余价值比较起来，劳动力的价值还是不断下降，而工人和资本家的生活状况之间的鸿沟越来越深。"① 马克思的这段话再清楚不过地论证了劳动生产率提高情况下实际工资与劳动力价格背离的状况。

再看名义工资。马克思在《资本论》中指出：名义工资额"即按价值计算的工资额"②。又说："名义工资，即表现为货币的劳动力的等价物。"③ 按照马克思的定义，名义工资就是劳动力价值或价格的转化形态。既然劳动力价值和价格都有下降的趋势，那么名义工资也应当有下降的趋势。但是，实际上第二次世界大战后发达资本主义国家里名义工资上涨得很快。这是什么缘故呢？

劳动力价值和名义工资所以发生相反方向的变动，原因在于单位货币所体现的价值量的变动。假如单位货币所代表的价值量不变，那么名义工资就会随着劳动力价值的下降而下降。在货币价值发生变化的情况下，假设工资与劳动力价值一致，那么劳动力价值的下降就可能使名义工资出现以下几种趋势：第一，货币价值与劳动力价值以同等速度下降，这时名义工资不变；第二，货币价值上升，则名义工资以快于劳动力价值下降的速度下降；

---

① 《资本论》第 1 卷，人民出版社 1975 年版，第 571 页。
② 同上书，第 594 页。
③ 同上书，第 614 页。

第三，货币价值以慢于劳动力价值的速度下降，则名义工资以慢于劳动力价值下降的速度下降；第四，货币价值以快于劳动力价值下降的速度下降，名义工资就会提高。

在资本主义国家通用金币的时代，货币价值决定于黄金的价值。除非黄金生产中的劳动生产率有显著提高，金币的价值是不会下降的。那时一般不会出现货币贬值速度超过劳动力价值下降速度的情况。后来通行了纸币，纸币本身没有价值，它所代表的价值取决于它的发行量和流通中所需金币量的对比关系。当纸币发行量大大超过流通中所需要的金币量时，单位纸币所代表的价值就会大大下降，以致超过劳动力价值下降的速度。所以，应当区别两种名义工资：一种是用金币表现的劳动力等价，可以把它叫做名义工资Ⅰ；另一种是用本身并无价值的纸币表现的名义工资，可以把它叫做名义工资Ⅱ。马克思所说的名义工资是名义工资Ⅰ。目前资本主义国家工人以纸币形式取得的名义工资是名义工资Ⅱ。在不存在通货膨胀和劳动生产率不变的场合，这两种名义工资是一致的。但在通货膨胀和劳动生产率提高的场合，这两种名义工资之间存在着很大差距。这时，名义工资Ⅰ会大大低于名义工资Ⅱ，因为名义工资Ⅱ会双重地贬值。

第一，当发生通货膨胀时，单位纸币代表的价值会下降，所以同样数量的名义工资Ⅱ所能购买的生活资料量就会相应减少。如果为了剔除通货膨胀因素，按不变价格来计算工资额，那得到的便不是名义工资，而是实际工资额。如前所述，实际工资额代表的是工人实际所能得到的生活资料量。

第二，当劳动生产率提高时，单位生活资料内所包含的价值量就会降低。同样多的生活资料量所包含的价值量就会下降，这就是说，实际工资所包含的价值会下降，即名义工资Ⅰ就会下降。

例如，一个工人去年得到工资 1000 美元，这 1000 美元是按纸币计算的，所以是名义工资Ⅱ。今年他的工资提高了 12%，提高到 1120 美元。但是，在这期间，由于通货膨胀使纸币贬值 10%，那么他所得到的实际工资为 1008 美元。这 1008 美元代表了这一工人能够得到的生活资料量。在这期间，由于劳动生产率的提高，单位生活资料所包含的价值量下降 5%，那么，这 1008 美元的生活资料量所包含的价值量就会下降到 957.6 美元。这 957.6 美元代表的是价值量，所以是名义工资Ⅰ。这样，名义工资Ⅰ同去年的名义工资Ⅱ 1000 美元相比下降了 4.24%。所以，在通货膨胀和劳动生产率提高的上述情况下，按名义工资Ⅱ来计算，工人的工资上涨了 12%，但是如果把名义工资Ⅱ还原为名义工资Ⅰ，则工人的工资不是提高，而是下降了 4.24%。

第二次世界大战后主要资本主义国家发生的情况正是这样。从表面上看，工人名义工资提高很快。但这是在通货膨胀率和劳动生产率迅速提高的情况下发生的。在国家垄断资本主义条件下，政府执行通货膨胀政策，造成了严重通货膨胀，纸币急剧贬值。加上在一段时间内生产的迅速发展，劳动生产率的迅速提高，这就使提高了的名义工资Ⅱ，实际上代表着一个下降了的名义工资Ⅰ。就是说，劳动力的价值和价格都下降了。应该说，这才是事物的本来面目。如果被名义工资Ⅰ提高很快的假象所迷惑，从而认为劳动力的价值和价格都上升了，甚至据此宣布相对贫困化也不存在了，马克思关于劳动力价值和价格下降趋势的论点过时了，那是不符合实际情况的。

（原载《南开学报》1982 年第 3 期）

关于国家垄断资本主义的几个理论问题

国家垄断资本主义问题十分复杂，涉及一系列的理论问题。在这里，笔者只讲其中的三个问题：第一，一般垄断资本主义转变为国家垄断资本主义；第二，国家垄断资本主义的基本形态及其实质；第三，国家垄断资本主义对资本主义基本矛盾的影响。

一 一般垄断资本主义转变为国家垄断资本主义

国家垄断资本主义是资产阶级国家和垄断资本相结合的资本主义。国家垄断资本主义的萌芽和因素，在帝国主义发展的较早时期就已经出现，而且一度（如第一次世界大战时期）有过较大的发展，但是，在以后，国家垄断资本主义又有所减弱。在第二次世界大战以后，在所有发达资本主义国家里，国家垄断资本主义都得到了空前巨大的发展，以致我们可以说一般垄断资本主义已经转变为国家垄断资本主义。

帝国主义时期资本主义基本矛盾的尖锐化，是一般垄断资本主义转变为国家垄断资本主义的根据。科学技术革命推动生产力迅速发展，使企业的规模进一步显著地扩大，各企业之间的专业化和协作进一步发展，它们之间相互联系、相互依赖的程度大大提高。同时，垄断条件下的竞争，使生产进一步集中，不仅垄断组织吞并局外企业，而且大垄断组织吞并小垄断组织，出现了规模巨大的联合企业（同一部门里几个企业联合成的规模更大的企业）和混合联合企业（渗透和控制若干个部门的巨型企业）。由于生产力的发展，生产集中程度的提高，发达资本主义国家中生产的社会化比20世纪初达到了更高的程度。但是，在垄断资本的统治下，社会财富和生产资料越来越集中到少数垄断组织手里。这就不能不使资本主义的基本矛盾进一步加剧，其主要表现有四个方面。

第一，生产能力巨大增长和劳动人民有支付能力的需求相对狭小之间的矛盾加剧。

一方面，规模巨大的垄断组织不仅有可能提供巨额的资本积累，而且有可能在广大范围内组织社会化大生产，充分发挥现代科学技术成就所提供的一切潜力，从而使生产能力得到空前巨大的增长。另一方面，生产资料的垄断资本家所有制决定了生产目的是追逐垄断高额利润。这一目的促使垄断资本家进一步加强对工人阶级和其他劳动人民的剥削，把他们的有支付能力的需求限制在一个狭小的范围内。这样，巨大增长的生产能力与相对狭小的有支付能力的需求之间不能不发生更加尖锐的矛盾。这种矛盾尖锐化的集中表现就是周期性的生产过剩的经济危机更加深刻了。经济危机的频繁爆发，特别是如1929—1933年这样的大危机的爆发，迫使垄断资本家不得不求助于国家干预，企图依靠国家力量来保证资本主义再生产的顺利进行。

第二，国民经济按比例发展的客观要求和垄断资本主义所有制之间的矛盾加剧。

随着社会化大生产的发展，国民经济各部门以及一个部门内部各行业的数目越来越多,它们相互之间的依赖性日益加强;各地区之间的联系日益紧密;各企业之间的专业化和协作也日益发展。所有这一切,客观上要求国民经济各部门、各地区、各企业的协调发展。但是,垄断资本主义所有制所决定的追逐垄断高额利润的目的,促使垄断资本家只愿意投资到利润率高的部门,不愿意投资到利润率低的部门(而垄断又阻碍着不同部门之间利润率的平均化);愿意投资于能带来高额利润的地区,不愿意投资去开发需要大量资本并带有风险的落后地区。同时,为了追逐垄断利润,各垄断组织之间的竞争日益激烈和残酷,并带有很大的破坏性。所有这些,加剧了社会生产的无政府状态,阻碍着资本主义社会再生产的顺利进行,也是经济危机爆发的重要因素。这也要求国家进行干预和调节。

第三,社会化大生产所需要的巨额投资和私人垄断资本积累有限性之间的矛盾加剧。

马克思说:"一个独立的工业企业为进行有效的生产所必需的资本的最低限额,随着生产力的提高而提高。"[①] 随着生产力的发展,企业规模空前扩大,为开办这样的企业所需要的资本额也空前巨大。私人垄断资本自身的积累能力往往赶不上进行大规模生产对资本的需要,因而需要国家的资助。同时,随着社会化大生产的发展,基础设施对于资本主义再生产的意义日益重要。而建设现代的基础设施,如大型输电线路、航道、港口、高速公路、灌溉工程、供水工程等,都需要大量投资。这些建设工程周期长,资本周转慢,利润又没有保证,私人垄断资本家往往不愿意承担。这也需要国家投资。

第四,科学研究社会化和个别垄断资本局限性之间的矛盾产

---

① 《马克思恩格斯全集》第25卷,人民出版社1974年版,第292页。

生和发展了。

在资本主义发展的初期，科学研究和技术发明，基本上是以个体劳动的方式进行的。19世纪末，科学研究开始社会化，出现了科学技术的研究单位（如爱迪生1887年建立的研究所有一百多人）。随着现代科学技术的发展，需要解决的问题越来越复杂，学科、专业的分工越来越细。要完成某个科研项目，不仅需要巨额资本，需要复杂、昂贵的机器设备、仪器、建筑物等物质条件，而且需要组织不同专业的科学家、工程师、设计师等协同工作，需要组织各专业、各学科的众多研究单位在社会范围内互相配合。因此，许多重大科研任务，往往是个别垄断组织力所不及和无法解决的。同时，某些重大科研项目是否能够成功，还具有一定的风险，往往是个别垄断组织所不愿承担的。这不仅要求国家对私人企业进行的科研活动给予一定的资助和协调，而且要求国家直接主持某些庞大的科研项目，并且建立国家的科研中心。

可见，由于资本主义基本矛盾加剧而引起的上述种种矛盾（包括阶级矛盾）的加深，都迫使私人垄断组织不能不同国家日益密切地结合起来。从垄断组织方面来看，如果不与国家相结合，不借助国家的力量，就不可能使自己的资本再生产顺利进行，就会影响追逐垄断利润这个目的的实现。从国家方面来看，如果不同垄断组织结合，对它们的经济活动进行一定的调节，就不可能缓和严重的危机和困难，甚至会影响资本主义制度本身的生存。

世界范围内各种重大矛盾的发展，对这种转变起着促进的作用，是这种转变的重要条件。（1）一系列国家无产阶级革命的胜利以及社会主义体系的出现，动摇着资本主义的基础。为了维护资本主义制度的生存，各国垄断资本也要和国家结合起来。

(2) 帝国主义各国垄断资本为争夺资源产地、销售市场和投资场所的斗争日益尖锐,这也要求各国政府与本国垄断资本紧密结合起来,以增强本国垄断资本在这种竞争和斗争中的实力地位。
(3) 民族解放运动的日益高涨和旧殖民体系危机的日益加深,也要求帝国主义国家与垄断资本结合起来,以维护和扩大其殖民利益或势力范围。

由此可见,一般垄断资本主义转变为国家垄断资本主义是不以人们意志为转移的客观必然性。西方经济学家(如弗里德曼)认为国家是否干预经济,完全取决于政府的意愿,这是唯心主义的观点。

二 国家垄断资本主义的基本形态和实质

(一) 国家垄断资本主义的基本形态

由于结合的紧密程度不同,出现了三种基本形态:

(1) 国有垄断资本。这是国家与垄断资本融合为一体的形态。它的组织形式是国有垄断企业。

国有垄断企业通过两条途径建立起来:一条是资本主义国有化,另一条是国家投资建立新的企业。资本主义国有化实质上是垄断组织掠夺国家财产的一种手段。实行国有化的往往是那些技术陈旧或亏损巨大的企业。通过国有化,垄断组织从国家那里得到往往高于企业实际价值的补偿金,而把整顿企业的担子交给国家。国家投资建立的新企业除了银行、金融企业外,往往集中在投资大、资本回收期长和风险大的部门里,如科研部门、原子能工业、宇航工业、基础工业等。

国有垄断企业是推行垄断资产阶级政策的工具。它负有双重任务:一方面是调节社会经济的发展,改造国民经济的部门结构和地区结构,促进技术进步;另一方面以垄断低价向私人垄断组织供应商品和劳务,为私人垄断组织谋取垄断利润服务。发达资本主义国家有不少供应电力、煤气的国有企业和经营运输业的国营企业是亏本的,它们的亏本给私人垄断组织获得垄断利润创造了条件。

(2)国私共有的垄断资本。在这种形态中,国有垄断资本和私人垄断资本在一个企业内部直接结合。其组织形式是国私共有的垄断企业。这类企业的所有权为国家和私人共有。

国私共有的垄断企业又可以分为两类。一类是国家掌握了股票控制权的企业,另一类是国家不掌握股票控制权的企业。在前一类企业中,国家以较少的资本控制着私人垄断资本,它们实际上是国有企业的延长。在后一类企业中,国有资本的加入,实际上是国家对私人垄断资本的一种资助。

(3)与国家密切联系的私人垄断资本。这是三种形态中国家与私人垄断资本结合得较不紧密的一种形态。作为这种资本的组织形式的垄断企业,保持着私人公司的外观。但这种资本在整个运动过程中都同作为总垄断资本家的国家密切结合在一起,因而实质上是国家垄断资本主义的一种形态。这表现在以下几方面:

在剩余价值生产方面,国家通过各种形式直接地或变相地向私人垄断企业提供固定资本和流动资本。在剩余价值的实现方面,国家除了积极为垄断组织开辟国内外市场外,还有意识地扩大国家消费,增加国家采购,创造出一个国家市场。在发达资本主义国家里,社会最终产品中大约有五分之一到四分之一是由国家购买的。在剩余价值分割方面,国家和私人垄断资本共同参与剩余价值的分割,私人垄断组织的利润总额中有将近一半通过利润税的形式转入国家手里。

以上三种形态的总和构成了国家垄断资本主义生产关系的总体。

在国家垄断资本主义形态的问题上,有一种流行观点,认为有两种基本形态;一种是国有制,另一种是国家对经济的干预。前者是一种生产关系,而国家对经济的干预并不是一种生产关系,而属于政策、措施范畴。把两种不同性质的东西都当做国家垄断资本主义的形态是不科学的。

(二)国家垄断资本主义的实质

第一,国家和私人垄断组织共同榨取和共同瓜分比一般垄断利润更高更稳定的垄断利润。

国家和垄断组织共同榨取垄断利润的途径是:(1)在生产过程中,国家以直接或间接的形式给垄断组织以资助,为获得垄断利润创造条件;(2)在流通过程中,国家和垄断组织通过垄断价格的杠杆进一步把一部分价值转移到垄断组织手里,从而增大垄断利润。其具体形式包括:国家在有关垄断组织的参与下通过颁布法令来规定许多商品和劳务的价格;国家按照低于生产价格、价值、甚至成本的垄断低价,向垄断组织供应商品和劳务(如电力、公路、铁路运输、港口、码头、机场的使用等);国家按照高于生产价格、价值的垄断高价,向垄断组织购买商品和劳务,特别明显地表现在军事采购上。

由于国家垄断无论从经济实力还是从对整个社会经济生活的控制来说,都大大超过了私人垄断,所以凭借国家垄断和私人垄断的结合而带来的垄断利润率比一般垄断利润率更高、更稳定。在美国,1960—1970年整个加工工业纳税前的利润率平均为12.5%,而其中作为国家市场的主要供货者、国家委托研究工作主要承担者的最大垄断公司的利润率要高得多,如通用汽车公司纳税前的利润率为30.7%，通用电气公司为21.8%，波音公司为20.8%。同时，由于国家市场具有相对的稳定性，国家对经济的调节在一定程度上减少了经济发展的不稳定性，这就使这种垄断高额利润也具有稳定性。当然，这种稳定性是相对的，当发生严重危机时，利润率的下降仍然是不可避免的。

第二，推行资产阶级改良主义，以维护垄断资本的统治。

国家一方面代表着整个垄断资产阶级的利益，要尽力保证垄断组织的高额利润；另一方面它与个别垄断资本家不完全等同。对于个别资本家来说，只要有百分之百的利润率，就不怕冒上绞刑架的危险。而资产阶级国家则要更多地考虑资本主义制度的命运，因为如果资本主义制度不能继续存在下去，那么垄断资本的高额利润也会化为乌有。所以，当出现资本统治的基础可能发生动摇时，国家就会出于"长治久安"的考虑，实行资产阶级改良主义，对个别垄断组织的某些"竭泽而渔"的做法加以约束。同时，国家名义上是整个社会的代表，它在保证垄断资产阶级利益的前提下，也不得不实行某些改良主义措施，对其他阶级、阶层作某些让步，以便欺骗和麻痹广大人民。目前一些资本主义国家实行的社会福利措施，就是资产阶级改良主义的一种反映。

以上两点中，第一点是主要的。因为实行资产阶级改良主义，无非是为了维护资本主义制度的稳定性，归根结蒂还是为了保证垄断资本的高额利润。

三 国家垄断资本主义条件下资本主义基本矛盾的进一步尖锐化

国家垄断资本主义对资本主义基本矛盾起着双重作用。

第一，一般垄断资本主义转变为国家垄断资本主义，在一定时期内和一定程度上使资本主义基本矛盾有所缓和,给生产力发展提供了一定的余地。(1)国家实行的"反危机"措施和"计划化",调节(抑制或刺激)经济的发展,并在一定时期内,一定程度上使资本主义的市场问题得到缓和,从而减轻经济危机的冲击力。(2)国家直接和间接地对垄断组织提供的种种资助,使垄断组织有可能加速进行资本积累,从而为加速资本的扩大再生产创造条件。(3)国家对科学研究的大量投资(第二次世界大战后,美、英、法的科研经费中由国家开支的部分占一半以上,西德占40%,日本占30%)以及在全国范围内进行的组织工作,完成了大量的只靠私人垄断组织难以完成的科研项目,促进了科学技术的进步。

20世纪50年代到70年代初,发达资本主义国家的经济增长得比较迅速。这是多种因素共同起作用的结果。国家垄断资本主义生产关系在一定时期内对生产力的有限的推动作用是其中的一个重要因素。

第二,从根本上说,国家垄断资本主义不仅不能解决资本主义基本矛盾,反而使这种矛盾更加激化。因为正像垄断曾经促进了生产社会化一样,国家垄断使生产进一步社会化了。但另一方面国家垄断资本主义所有制仍然是资本主义私有制。这就不能不使资本主义基本矛盾加剧。其主要表现是:严重的经济危机和长期的生产停滞,以及经常的严重的通货膨胀和物价上涨。

(1)国家垄断资本主义加剧了生产能力巨大增长和有支付能力需求相对狭小的矛盾,造成了经常的生产过剩,在这一基础上必然爆发严重的经济危机和出现长期的生产停滞。

首先,国家对垄断组织在经济上的支持和资助,使垄断组织手里集中的资本量更加增大,这就使它们能够采用最新技术成就,大大提高劳动生产率,并在此基础上加强对工人的剥削。如美国制造业中的剥削率从 1947 年的 146% 提高到 1975 年的 263%，工人所创造的剩余价值中被资本家占有的部分从 1947 年的 60% 提高到 1975 年的 72%。这就意味着资本的积累能力、从而生产能力超过工人有支付能力的需求。其次，资本主义生产中新技术的采用，生产的日益全面的机械化和自动化，资本有机构成的提高，必然把越来越多的工人从生产过程中排挤出来，引起大量失业。失业人数的大量增加，在其他条件不变的情况下，显然会大大降低广大工人阶级和其他劳动人民的生活水平。再次，资产阶级国家调节经济的极大加强，必然引起政府财政支出的极大增加。如美国政府财政支出在国民生产总值中所占的比重，在 1913 年仅占 7%，到 60 年代将近 30%。财政支出的增加，要求增加财政收入，从而要求增加税收。税收直接和间接地来源于劳动人民。税收负担的增加进一步减少了劳动人民的可支配收入。最后，国家的"反危机"措施在一定时期内和一定程度上虽然有缓和资本主义市场问题的作用，但从长远来看，却使造成生产过剩的因素积累起来，从而准备着严重的经济危机和长期生产停滞。因为在国家进行"反危机"调节的情况下，国家人为地用种种措施刺激生产的增长，就会使已经过剩的生产能力更加过剩。

由于以上原因，在国家垄断资本主义条件下，生产能力巨大增长和有支付能力的需求相对狭小之间的矛盾加剧了。这就必然引起严重的经济危机和长期的生产停滞。

(2) 国家垄断资本主义加剧了通货膨胀和物价上涨，并使之成为一种经常性现象。

首先，国家利用财政手段调节经济是造成严重的持续的通货膨胀的一个重要原因。因为国家利用财政手段来调节经济的一切措施，都使国家的财政支出与日俱增，而财政收入却不能相应增长，以致财政赤字越来越经常化，赤字数额越来越大。如在1951—1980年间，美国和日本分别有24年发生财政赤字；法国和西德分别为26年；英国为27年；意大利则年年都有财政赤字。弥补财政赤字的途径，除了增加税收外，就是滥发纸币和公债，从而直接导致通货膨胀。其次，国家利用货币信用手段刺激经济，是造成经常的持续的通货膨胀的另一个重要原因。因为利用货币信用手段刺激经济，就是通过银行用种种措施对工商企业和个人增加贷款，从而刺激投资和消费。扩张信用的必然结果，是使流通中的通货量（包括借以支取活期存款的支票）急剧增加，从而造成通货膨胀。最后通货膨胀一旦发生，就有不断加剧和持续发展的趋势。因为在通货膨胀的情况下，通货贬值和物价上涨，必然促使人们加速购买。其结果使通货流通速度加快，这就使流通中的通货量超过商品流通实际需要的金币量的程度更加严重，从而进一步加剧通货膨胀。如此恶性循环，推动通货膨胀不断加剧和持续发展。

（3）经济危机、生产停滞和通货膨胀结合起来，形成所谓"滞胀"的状态。"滞胀"的出现使资本主义经济陷入了难以摆脱的困境。

"滞"和"胀"这两种病症是相互矛盾的。如果国家采取增加财政开支和扩大信用等刺激经济的措施，就会造成通货膨胀进一步恶性发展，从而给整个资本主义再生产带来严重后果。如果国家采取紧缩财政开支和减少信用等抑制通货膨胀的措施，就会使生产停滞趋势更加严重，甚至触发新的经济危机。这些相互冲突的经济因素，必然会使资本主义经济中的停滞现象长期持续下去。

上面的论述，可以从第二次世界大战以来主要资本主义国家的经济发展情况中得到充分的证明。

20世纪50年代和60年代，大多数发达资本主义国家的经济曾经经历了一个迅速发展的时期。在这期间爆发的几次经济危机都不是很严重的。但在1974—1975年爆发了比第二次世界大战后历次危机更加严重的世界经济危机，危机持续时间一年多，工业生产下降幅度相当大（美国15.3%，英国11.2%，西德12.3%，法国16.3%，日本20.8%）。此后，进入了经济停滞时期。发达资本主义国家的工业生产年平均增长率，从1961—1973年间的5.6%下降到1974—1979年间的2.2%。经济停滞使失业现象日益严重。1976—1979年，欧洲经济共同体的平均失业率分别为4.9%、5.3%、5.5%、5.6%，都高于1975年危机时期（4.3%），美国和日本的失业率都高于60年代。同时，通货膨胀也日趋严重。在60年代，通货膨胀以及由此而来的物价上涨的现象还不太严重（消费物价的年平均上涨率：美国2.8%，英国4.1%，西德2.6%，法国4.1%，日本5.9%）。进入70年代以后，通货膨胀加剧，物价上涨速度大大加快（1979年消费物价上涨率：美国13.3%，英国15.8%，西德4.1%，法国10.5%，日本3.6%）。80年代初，又在"滞胀"条件下爆发了一次新的世界经济危机。西方国家官方和大多数经济学家认为，这是第二次世界大战后最严重的一次世界经济危机。在这次世界性危机中，工业生产的下降幅度也相当大，一般地说还没有超过1974—1975年危机。如美国发生两次下降，第一次从1980年2—7月，下降8.6%；第二次从1981年8月开始，到1982年11月为止，下降11.9%；西德从1980年4月到1981年1月，下降9%；法国从1980年5月到1981年2月，下降10%。不过个别国家则已超过1974—1975年危机，如英国工业生产从1979年第三季度开始下降，到1981年第二季度止，下降14%，为英国第二次世界大战后下降的最高纪录。但是，这次危机持续时间特别长,从 1980 年年初到 1982 年年底,一直延续了三个年头,成为一次持久性的慢性危机,这在第二次世界大战后资本主义历史上是没有先例的。特别值得注意的是失业现象更加严重了。到 1982 年年底,欧洲共同体失业率达 10% 以上,美国失业率达 10.8%,失业人数都达到 1200 万,西方各国合计已达 3000 万,创第二次世界大战后最高纪录。通货膨胀在紧缩政策的抑制下有所下降,但仍保持高水平,而且由于财政赤字的继续增加,有再度上升的趋势。在"滞胀"持续的情况下,劳动者的实际工资开始绝对下降。如在美国,1982 年上半年工人实际工资比 70 年代初低 16%。席卷西方世界的严重经济危机,至今仍在谷底徘徊。

严重的持续的生产停滞和通货膨胀同时并进表明,国家垄断资本主义条件下资本主义基本矛盾进一步尖锐化,生产关系已成为生产力发展的严重障碍。

(原载《中国经济问题》1983 年第 3 期)

资本积累在世界范围内的作用和无产阶级贫困化

本文的中心内容是考察资本主义世界范围内资本积累和无产阶级贫困化问题。首先要在一国范围内加以考察,因为这是从世界范围内进行考察这个问题的基础和前提。在考察世界范围内的资本积累和无产阶级贫困化问题时,分两个层次:第一,要考察资本积累如何在资本主义世界范围内造成各类国家之间的两极分化,即发达国家和发展中国家的两极分化;第二,进而考察这种两极分化对它们各自的无产阶级和其他劳动人民的物质生活状况发生什么影响。

一 资本主义国家内资本积累和无产阶级贫困化

(一)资本主义国家资本积累和社会的两极分化

马克思从资本主义发展的历史事实出发,分析了资本积累对无产阶级的命运所产生的后果。

在资本主义发展的早期阶段,资本的增加是在资本的技术构成保持不变的情况下发生的,劳动生产率成为资本积累的最有力的杠杆。而劳动生产率的提高总是表现为资本技术构成的提高，从而表现为资本有机构成的提高。这样，资本积累就在资本有机构成提高的情况下实现。资本有机构成的提高，使资本对劳动力的需求相对减少，并使一部分工人找不到工作，形成了产业后备军。

资本积累不仅相对减少了对劳动力的需求，而且造成了劳动力这一商品供应量的绝对增加。因为：第一，资本积累是在小生产者破产的基础上进行的，大批破产的农民和小手工业者源源不断地补充着无产阶级大军。第二，资本积累是在激烈的竞争中进行的，在竞争中被击败的小企业主和小食利者，也不断地被抛入无产阶级队伍。第三，资本积累是伴随着分工的日益发展，机器的广泛使用进行的。这样，一方面使劳动日益简单化，资本家可以大量使用女工和童工，增加了劳动力的供应量；另一方面，原有资本在新技术基础上的更新，会使成批的工人游离出来，重新被抛到劳动力市场上。

劳动力的供给增加了，而对劳动力的需求却减少了，或对劳动力需求虽有增加，但赶不上劳动力供给的增加，这样就不可避免地会造成数量日益增多的相对过剩人口。

相对过剩人口或产业后备军的形成和扩大，是资本积累的结果，又是资本积累继续进行的条件。第一，产业后备军的存在是资本主义经济周期运行的基础。第二，产业后备军的存在，使资本家能迫使在业工人过度劳动，延长工作时间，提高劳动强度。第三，劳动力的经常供过于求，使资本家可以经常地把劳动力价格压低到劳动力价值以下，也就是说可以经常降低在业工人的工资。

马克思周密地考察了上述情况，发现了资本主义积累的普遍规律，并作了科学的表述："社会的财富，功能中的资本，它的增长的范围和力量,从而无产阶级的绝对人数和他们的劳动的生产力越是大,产业后备军也就越是大。可以自由处分的劳动力和资本的膨胀力会由相同的一些原因而发展。所以,产业后备军的相对量会和财富的各种潜力一同增加。但是这个后备军和现役劳动军相比越是大,常备的过剩人口也就越是大,这种人的贫困和他们所受的劳动折磨成反比例。最后,劳动者阶级中的求乞的阶层和产业后备军越是大,官方认为需要救济的贫民也就越是多。这就是资本主义积累的绝对的普遍的规律。"①

马克思还科学地论证了资本主义积累的对抗性质,指出了随着资本的积累,资本主义社会必然产生两极分化,在资产阶级一极是财富的积累和增长,在无产阶级一极是贫困的积累和增长,从而证明了资本主义积累必然使无产阶级和资产阶级之间的矛盾尖锐化,为无产阶级革命准备着条件。

我们要着重考察的是资本积累所引起的无产阶级的贫困化这一问题,可以从绝对的和相对的两个角度去考察。关于无产阶级绝对贫困化和相对贫困化的理论,是列宁对马克思关于资本积累和无产阶级贫困化理论的发展。下面首先考察无产阶级绝对贫困化问题。

(二) 无产阶级的绝对贫困化

无产阶级的绝对贫困化,是指在一定的时期内无产阶级物质生活水平的绝对下降或者物质生活状况的绝对恶化。列宁指出:"工人的贫困化是绝对的,就是说,他们简直越来越穷,生活更坏,吃得更差,更吃不饱,更要挤在地窖和阁楼里。"②

---

① 《资本论》第1卷,人民出版社1965年版,第708—709页。
② 《列宁全集》第18卷,人民出版社1972年版,第430页。

在资本主义条件下，无产阶级的绝对贫困化虽然不是任何时候都存在的现象，但却是一种时不时出现的现象。

第一，在资本主义发展的前期，撇开资本原始积累这种极其残酷的状况不说，由于机器的使用大量排挤工人以及小农破产大量流入城市等原因造成的大量产业后备军，使劳动力供过于求的情况十分严重，从而使工人的实际工资下降，物质生活日益恶化。例如英国纺织工人每周平均工资，1810年为42先令6便士，1821年下降为32先令，1825年下降为25先令6便士。

第二，在发生经济危机和经济停滞或慢性萧条时期，生产缩减或停滞，产业后备军大量增加，有时再加上物价上涨等因素，这就会引起无产阶级物质生活状况的绝对恶化。如1929—1933年的大危机时期，仅美国失业工人就达1283万人，失业率达25%，在此期间，美国在业工人的实际工资不断下降，如以1900年为100，1929年的指数为135，1930年为122，1931年为115，1932年竟降低到1900年的水平。又如美国在1973—1975年经济危机期间，全失业人数高达783万人，失业率升到8.5%；危机后的1976年和1977年，全失业人数仍保持在729万和686万的高水平上，失业率分别为7.7%和7%，如加上半失业者则超过1000万人。美国私人非农业部门生产工人的实际工资在1973年、1974年、1975年连续下降，1975年比1973年下降了7%，降到了1965年的水平，1979—1980年再次下降。

第三，在资本主义国家的战争时期，如第一次世界大战时期，德国成年男工劳动日长达12小时，苛捐杂税层出不穷，物价飞涨，平均实际工资比战前降低一半。

以上几方面的情况说明，无产阶级的绝对贫困化是确实存在的。

在资本主义国家中,虽然总有一部分人的生活经常处于极端贫困的状态,但是,不能认为,无产阶级的绝对贫困化是资本主义社会发展过程中任何时候都存在的现象,无产阶级的物质生活状况是不断地绝对地恶化的。资本主义社会发展的历史表明,无产阶级的绝对贫困化是相对地即有条件地存在的现象。恩格斯在批评《爱尔福特纲领草案》中关于无产阶级的贫困在日益增长的提法时指出:"这样绝对地说是不正确的。工人的组织,他们的不断增强的抵抗,会在可能范围内给贫困的增长造成某些障碍。"① 列宁在批评普列汉诺夫的第二个纲领草案时也说:"指出资本主义制度下'群众的穷苦和贫困'是十分必要的。我不主张说绝对地日益穷苦和贫困……"②

无产阶级的物质生活水平取决于无产阶级成员在一定时间内实际所得的生活资料量或者实际收入。由于整个无产阶级是由现役军(即在业工人)和后备军(即不在业工人)两个部分所组成,所以无产阶级成员的实际收入取决于四个因素:现役军人数,现役军每人平均实际收入,后备军人数,后备军每人平均实际收入。这四个因素形成了极其复杂的组合。为了简便起见,我们可以把现役军和后备军的每人平均实际收入向不同方向的变化舍去,假设两者的变化是一致的(事实上一般说也是一致的)。这样,无产阶级每人平均的实际收入是否经常地不断地下降,最终取决于两个因素:一是后备军在整个无产阶级中的比重是否经常地不断地增大;二是现役军和后备军各自的每人平均实际收入是否经常地不断地下降。其中后备军在整个无产阶级中的比重的增大又起着双重作用:第一,它自身会

---

① 《马克思恩格斯全集》第22卷,第270页。
② 《列宁全集》第6卷,第31页。

降低整个无产阶级的物质生活水平,因为后备军的实际收入总是低于现役军的实际收入;第二,它会加剧劳动力市场上供过于求的情况,使资本家易于压低劳动力价格,从而降低现役军的实际收入。

关于后备军的变化趋势,马克思在论述资本主义积累的普遍规律时指出,随着资本的积累,无产阶级中的产业后备军会增大。但是,在资本积累决定着后备军增大的同时,也存在着一些反趋势,它们阻碍着后备军的扩大,从而使后备军的扩大实际上不会形成一种不断地直线式地扩大的过程。这些因素主要是:

第一,资本有机构成的变化趋势。科学技术总是不断进步的,这种进步一般会表现为资本技术构成的提高。但是,在一定条件下,比如在技术进步的后果不是增加生产资料的消耗而是节约生产资料的消耗(如节约原材料和能源的消耗)时,那么技术进步不一定会表现为资本技术构成的提高,因为这时所消耗的生产资料量同推动它的劳动力数量相比较不一定会增加。其次,即使技术进步的后果引起了资本技术构成的提高,也并不都表现为资本有机构成按相同的比例提高。因为在劳动生产率增长的条件下,随着价值的下降资本有机构成提高的速度通常要比资本技术构成提高的速度更慢些。在资本主义发展过程中,当出现上述两种情况中的任何一种时,或者当上述两种情况同时出现时,就会形成资本有机构成提高得比较慢,或者处于停滞状态,甚至下降的情况。在这种情况下,资本积累的增大就会要求吸收更多数量的劳动力,从而减少产业后备军的数量。

第二,个体农民大量破产,流入城市,加入无产阶级行列,曾经是造成相对过剩人口增加的一个重要原因。但从长远来看,随着资本主义关系的发展，农村逐渐地资本主义化。当资本主义农场在农村占了统治地位，大部分小农已破产进城以后，个体农民补充无产阶级队伍，形成产业后备军的过程就会结束。在这以后，随着资本主义农业中劳动生产率的提高，农业中的雇佣工人向工业和其他部门转移的情况日益增多。但这是无产阶级从一个部门向另一部门的转移，而不属于非无产阶级人口向无产阶级队伍的转移，就无产阶级整体来说，不会造成外来的膨胀因素。

第三，国民经济部门结构的变化。资本主义社会中社会生产力的发展和科学技术的进步造成了两方面的后果。一方面，在物质生产部门中由于劳动生产率的提高，排挤出大量工人，抛入产业后备军队伍；另一方面，随着科学技术的进步，物质生产部门内部各部门和各行业越来越复杂和多样化，出现了许多新兴的部门和行业，同时为物质生产部门服务的许多非物质生产的部门和行业也愈益发展。国民经济部门结构的这种变化，又会从产业后备军吸收劳动力，特别是有许多服务性行业，由于其资本有机构成比较低，能够吸收较多的劳动力，这就在一定程度上减少了后备军的数量。

第四，实现生产自动化与机器代替手工劳动这两个过程的不同后果。资本主义发展的相当长的一个时期内，技术进步表现为机器代替手工劳动。机器的使用不仅把大批工人排挤到产业后备军之中，而且使劳动简单化，从而使工人的特种技艺成为无用，使资本可以雇用大量女工、童工和非熟练工，这就进一步扩大了产业后备军的队伍。但在科学技术的进一步发展中，机器代替手工劳动的过程必然要为生产自动化的过程所代替。生产的自动化，一方面同机器的使用一样排挤工人，另一方面却产生了同机器的使用不一样的后果，生产自动化使劳动复杂化，要求工人具有越来越多的科学知识、技能和更加熟练的劳动,所以工人的训练时间延长了,童工被禁止了,青少年的就业年龄提高了。这实际上等于减少了劳动力的供应。

第五,整个国民经济的发展速度,也会对工人阶级的就业状况产生直接影响。在生产发展缓慢或相对停滞时期,产业后备军会增加,而在生产发展比较迅速的时期,则会有更多的产业后备军被吸收到生产中来。

第六,在无产阶级没有形成有组织的强大力量的情况下,资本家几乎可以任意解雇工人。但随着资本主义的发展,无产阶级越来越成为有组织的力量,并且其力量日益壮大,能够采取罢工及其他手段制止资本家解雇工人。这也是阻碍产业后备军扩大的一个重要因素。

根据以上诸因素的分析,我们可以看到由于现实经济发展中诸种因素综合作用的结果,产业后备军不是不断扩大的,而是呈现出时而扩大时而缩小的波浪式发展的趋势。

其次,我们再来考察无产阶级的平均实际收入的变化情况。

在资本主义发展过程中,同样存在着一些阻碍无产阶级的平均实际收入不断下降的因素。

第一,前面所说的阻碍后备军比重不断扩大的诸因素,同样会成为阻碍无产阶级平均实际收入不断下降的因素。因为后备军比重的降低本身是削弱整个无产阶级平均实际收入下降的因素;同时,后备军比重的降低会改善劳动力市场上工人出卖劳动力的条件,使资本家难以不断地压低在业工人的工资。

第二,随着科学技术的进步与社会生产力的发展,整个社会经济生活水平在不断提高,从而由社会道德因素所决定的再生产劳动力所必要的生活资料范围会日益扩大。列宁指出:"资本主义的发展必然引起全体居民和工人无产阶级需求水平的增长。"①

第三，无产阶级有组织的力量日益强大及其同资产阶级的斗争，保卫了无产阶级的经济利益。这种斗争一方面在一定程度上制止了资产阶级压低在业工人的工资，提高了工人的实际工资，另一方面迫使资产阶级国家不能不采取某些"福利国家"的社会政策，以缓和无产阶级的不满，这些政策也在一定程度上改善了在业工人和失业工人的物质生活状况。

第四，对于发达的资本主义国家来说，由于那里的资产阶级可以通过商品输出和资本输出从发展中国家攫取大量超额利润，他们可以从超额利润中拿出一小部分来收买本国的无产阶级。

既然产业后备军不是经常不断地增大的，无产阶级的平均实际收入也不是经常不断地下降的，显然整个无产阶级的物质生活状况就不是经常不断地恶化的。

在第二次世界大战以后的20多年里，在发达的资本主义国家里，由于资本主义经济发展比较迅速（从1946—1970年的25年内工业生产年平均增长速度达6%），资本有机构成提高比较迟缓，某些国家中个体农民无产阶级化过程趋于结束，国民经济部门结构中非生产部门比重的上升，生产自动化的广泛发展，特别是无产阶级力量的日益强大和坚决斗争，再加上发达资本主义国家从商品输出和资本输出中所得到的大量超额利润——由于这一切，劳动力供过于求的现象有所缓和，工人的实际工资有所提高。从1949—1971年，实际工资的年平均增长率：美国1.6%，日本6.7%，西德6%，英国3%，法国3.9%。在第二次世界大战后的情况下，实际工资已经不能确切地反映劳动力的价格，比较能够反映劳动力价格的是工人的实际收入（实际工资加上从

---

① 《列宁全集》第1卷，第89页。

国家或社会取得的社会保险金或其他补助金）。据有人根据美国官方统计资料计算，美国物质生产部门的生产劳动者的实际收入，在1948—1977年期间增长了97.7%。

以上分析表明，绝对贫困化是相对地有条件存在的现象。

（三）无产阶级的相对贫困化

无产阶级的相对贫困化，是指无产阶级在社会国民收入中所得到的份额的下降。列宁说："工人的相对贫困化，即他们在社会收入中所得份额的减少更为明显。工人在财富迅速增长的资本主义社会中的比较份额越来越小，因为百万富翁的财富增加得越来越快了。"[①]

无产阶级相对贫困化的主要表现是在业的生产劳动者的劳动力价格在其所创造的全部价值中的比重的下降。假定以 v 代表劳动力价值，v+m 代表劳动力价值加剩余价值即新创造的全部价值，那么生产劳动者的相对贫困化就表现为 $\frac{v}{v+m}$ 这个比率的下降，$\frac{v}{v+m}$ 的倒数是 $\frac{v+m}{v} = 1 + \frac{m}{v}$，这样生产劳动者的相对贫困化又可以表现为剩余价值率的提高。所以，造成无产阶级相对贫困化的原因，可以还原为提高剩余价值率的因素。

追求越来越高的剩余价值率是资本主义生产的目的和决定性动机，这就决定了无产阶级的相对贫困化成为资本积累的一个必然趋势。

在绝对剩余价值生产的条件下，资本家是通过延长劳动日的办法来提高剩余价值率的。也就是说，生产劳动者的相对贫困化

[①] 《列宁全集》第18卷，第430—431页。

是延长劳动日的后果。但是，由于劳动日的延长是有一定限度的，更重要的是由于无产阶级的力量日益强大，进行了反对延长劳动日的斗争的结果，资产阶级被迫限制劳动日长度（如用法律形式规定 8 小时劳动日制）。在这种情况下，资本家就通过采用新技术，提高劳动生产率，降低劳动力价值的办法，来提高剩余价值率。也就是说，生产劳动者的相对贫困化是通过采用新技术，提高劳动生产率来实现的。在这种场合，即使工人实际所得的生活资料量增加了，他的劳动力价值仍然是下降的，他在全部新创造价值中的比重仍然是下降的，他同资本家之间的差距仍然在扩大。也就是说，相对贫困化可以在工人实际工资或收入提高的情况下发生。

例如，在美国，根据官方资料计算，采矿工业和加工工业工人的工资在他们创造的国民收入中所占的比重，1889 年为 40.8%，1919 年为 37.7%，1929 年为 32.3%，1939 年为 31.3%。在第二次世界大战后的一段时期里，虽然工人的实际工资有所提高，但相对贫困化的基本趋势仍然在持续下去。据统计除农、林、渔业外的物质生产部门生产劳动者的工资在其所创造的国民收入中的比重，从 1948 年的 34.5% 下降到 1977 年的 26.4%。如前所述，在第二次世界大战后，比较能够反映劳动力价格的不是实际工资，而是工人的实际收入，如换算成实际收入计算，除农、林、渔业外的物质生产部门生产劳动者的净收入在所创造的国民收入中的比重，从 1948 年的 29.7% 下降到 1977 年的 26.3%。工人实际收入的下降幅度虽稍小于实际工资，但其下降趋势依然未变。

无产阶级的相对贫困化，同绝对贫困化一样，既包括现役军，又包括后备军，如果把后备军加进来考察，无产阶级相对贫困化的状况就会更加严重。失业工人虽有失业救济金等收入，但其数额大大低于在业工人的收入,所以,产业后备军的经常存在,会进一步降低每个工人的实际收入在社会国民收入中的比重。特别是当发生经济危机、经济停滞、失业大军大量增加的时期,无产阶级相对贫困化的程度就会进一步加剧。

由于无产阶级相对贫困化有着不断增长的趋势,所以无产阶级和资产阶级的鸿沟日益加深。1970年,美国最富有的5%的家庭占有全部社会财富40%以上,而处于社会底层的50%的家庭只占有全部社会财富3%左右;在国民收入的分配方面,处于社会底层的20%的美国人占有国民收入3.2%,处在社会上层的20%的美国人占有国民收入的46%,其中最富有的5%则占有国民收入的19.1%。

正如列宁所指出的:"社会劳动和日益社会化的劳动的生产力在大力发展,而这种发展的主要利益却为极少数居民所垄断。社会财富增加的同时,是社会的更加不平等,是私有者阶级(资产阶级)与无产阶级之间的鸿沟加深和扩大。"[①]

二 资本积累在世界范围内的作用和资本主义世界的两极分化

本文第一部分仅从发达资本主义国家一国的范围来考察资本积累和劳动人民贫困化的问题。然而,资本主义的发展是超越国界的,因此,对于资本积累和劳动人民贫困化的问题,还必须从整个资本主义世界的范围来加以考察。

大家知道,资本的积累无非是剩余价值的资本化,因此,资本积累的过程也就是资本主义剥削关系扩大再生产的过程,即把

---

① 《列宁全集》第6卷,第11页。

更多的劳动者作为"人身剥削材料"吸收到资本主义剥削关系中去的过程。在发达资本主义国家，当资本积累已使大量农民和小业主破产，把大批小生产者抛入无产阶级队伍之后，资本必然要加紧对世界落后地区和国家渗透，以便为自己开辟新的市场，把越来越多的劳动者囊括到资本主义的剥削关系中去，从而使资本积累在世界范围内的作用不断加强。

早在资本主义生产关系确立的初期，先进的资本主义国家的殖民主义者就通过直接的抢劫、贩卖奴隶和欺诈性的贸易，从落后国家和地区榨取巨额的财富，进行"血与火"的资本原始积累。当时，世界范围的资本积累主要表现在对落后国家的物质财富和人身剥削的赤裸裸的掠夺，以便为先进国家资本主义的发展提供更多的资本和劳动力。这时的资本积累是用超经济的办法进行的。在以后的资本主义发展过程中，帝国主义者、殖民主义者仍然在它们所控制的殖民地继续采取各种超经济的办法来进行资本的积累，对那里的人民进行残酷的剥削和掠夺。在下面的分析中，我们将把这些因素舍去，而着重从经济上考察资本积累在越出一国界限以后对世界不同类型国家所产生的不同作用和后果。

资本积累在世界范围内的作用，是以商品交换、商品生产和资本的国际化为前提的。

在交换国际化和资本国际化有了一定程度的发展之后，资本积累在世界范围内的作用基本上是通过发达资本主义国家向发展中国家进行商品输出和资本输出的形式实现的。下面我们将从这两个方面及其总体来说明这个问题。

（一）商品输出与资本积累在世界范围内的作用

在资本积累的过程中，资本家为了追求剩余价值，总是要不断地改进生产技术。随着技术的不断进步，不变资本在资本总额中所占的比重越来越大，可变资本所占的比重则相应缩小，资本的有机构成有着逐步提高的趋势，而资本有机构成的提高总是要表现为劳动生产率的提高的。

某一种商品的社会劳动生产率的提高，在一国的范围内会引起该商品的价值的下降。但在国际范围内则不然。因为，在国际市场上，作为国际市场价格基础的国际价值，并不是由某一个国家生产该商品所耗费的社会必要劳动时间（即该商品的国别价值）决定的，而是由生产该商品的"世界劳动的平均单位"决定的。所以，劳动生产率较高的国民劳动，或者说"生产效率较大的民族的劳动，就会在世界市场上算做强度较大的劳动"，而劳动生产率较低的国民劳动则会被算做强度较小的劳动。"强度较大的国民劳动，比强度较小的国民劳动，将会在同等时间内生产出更多的价值，表现为更多的货币。"[1] 正因如此，在国际贸易中，即使按照国际价值来进行商品交换，劳动生产率较高的国家也能以国别价值较小的产品换取劳动生产率低的国家国别价值较多的产品，从而获得超额利润。所以，马克思指出："只要比较发达的国家的劳动会在这里（指世界市场——引者）当做比重较高的劳动来增值价值，利润率就会提高"。[2]

在整个资本主义世界范围内，各个国家的劳动生产率高低不同，千差万别，但基本上可以分为两类：一类是发达资本主义国家，它们资本主义发展得早，通过原始积累早已积累起大量的资本，随着机器大生产的建立和发展以及科学技术的不断进步，这些国家的社会劳动生产率不断提高，因而，从世界范围来看，它们的国民劳动表现为强度较大的劳动。另一类是殖民地附属国，

---

[1] 《资本论》第1卷，人民出版社1965年版，第610页。
[2] 《资本论》第3卷，人民出版社1965年版，第258页。

或政治上虽已独立但经济上仍十分落后的国家，那里资本主义很不发达，资本积累的规模很小，资本有机构成和劳动生产率都很低，从世界范围来看，它们的国民劳动表现为强度很低的劳动。因此，在国际贸易中，前一类国家可以从同后一类国家的商品交换中获得大大超过在国内市场的商品交换中所获得的价值，即超额利润。这种超额利润流进发达资本主义国家后，又进一步扩大了这些国家的资本积累。如果我们把前一类国家叫做富国，后一类国家叫做穷国，那么，资本积累在世界范围内作用的过程，在很大程度上就是富国在劳动生产率提高的基础上通过商品输出的形式从穷国攫取超额利润的过程，也就是富国和穷国两极分化的过程。

在资本积累在世界范围内作用的过程中，这种富国和穷国两极分化的过程存在着不断加强的明显趋势。大家知道，社会生产力是不断提高的，科学技术是不断发展的。可是，在资本主义条件下，科学技术的进步对富国和穷国所造成的后果却是不一样的。因为，不仅科学技术的研究发明需要大量的资金和科研人员，而且科学技术成果在生产中的实际应用也应有必要的物质技术基础、大量的资金、必要数量和适当质量的劳动力及技术人员。所有这些条件，在发达资本主义国家都充分具备了，因而它们能够研制出大批科技成果，并迅速应用于生产，从而大大提高了社会劳动生产率；而在落后国家则不具备或不充分具备上述条件，因而它们不能或者很难在生产中进行技术革新或应用先进的科技成果。在这种情况下，富国和穷国在生产技术水平方面的差距就会扩大。既然富国与穷国的差别主要是由劳动生产率的差距决定的，那么，当生产技术水平的差距扩大时，劳动生产率的差距也就扩大，从而这种富国和穷国两极分化的过程必然得到加强。

第二次世界大战以后，科技革命获得了迅猛的发展。但科技革命的成果绝大部分为发达资本主义国家所垄断，因此，广大发展中国家的生产技术水平依然十分落后，它们与发达资本主义国家科技水平的差距进一步扩大了。据美国经济学家的计算，发达国家与发展中国家按人口平均的科研和试制费用的差距为 200∶1，而它们所拥有的受过高等教育的专家数量则大约为 6.6∶1。[①] 科技发展水平差距的扩大，必然表现在劳动生产率水平的差距上。根据萨米尔·阿明载于美国《每月评论》的一篇文章提供的资料，外围地区（大体上相当于发展中国家）的生产率，在工业方面约只为中心地区（大体上相当于发达国家）的一半；在农业方面约只为中心地区的 1/10；在其他生产活动中，只接近于中心地区的 1/3。[②] 发达资本主义国家正是依仗生产技术水平和劳动生产率水平的这种优势地位，在国际贸易中攫取超额利润，成为它们的资本积累的一个越来越重要的途径。

我们假定在国际商品交换中，不论市场状况发生何种变动，价格总是围绕着商品的国际价值这个中心上下波动的；而且这种上下波动基本上是相互抵消的，因此可以认为商品基本上是按照国际价值进行交换的。然而，实际情况并非如此（或者并不完全如此）。特别是当资本主义进入垄断阶段出现了国际垄断价格之后，国际商品交换中价格与价值的背离就更为严重了。这种国际垄断价格的出现是由发达资本主义国家的垄断资本对世界市场的垄断地位决定的，是与资本主义世界旧的国际分工体系紧密联系在一起的。

第二次世界大战后，虽然许多殖民地附属国纷纷取得了政治

---

① 转引自《莫斯科大学学报》1980年第4期，第68页。
② [美]《每月评论》，1980年1月号。

上的独立,但它们的经济地位并没有根本改变,资本主义的旧的国际分工体系并没有显著的变化。发展中国家提供的商品仍然以原料和初级产品为主,而进口的则主要是机器设备。发展中国家出口总额中初级产品 1960 年占 85.3%,1970 年仍占 76.4%;而进口总额中 1960 年制成品占 60.6%,1970 年上升到 68.9%,其中机器设备占 33.4%。①

在旧的国际分工不断深化和资本国际化不断加强的过程中,发达资本主义国家与发展中国家的贸易获得了迅速的发展。这就为发达资本主义国家加强国际剥削提供了更加广阔的渠道,从而大大提高了商品输出在世界范围资本积累过程中的作用。

旧的国际分工的发展和国际垄断的加强,还大大加剧了国际价格制度的不合理性。正是在旧的国际分工体系下,国际垄断组织、国际卡特尔凭借对某些产品的生产和销售的国际范围的垄断地位,制定了国际垄断价格,包括主要由国际垄断资本控制其生产的某些工业制成品的垄断高价,以及主要由发展中国家生产而由国际垄断资本控制其销售的初级产品的垄断低价。此外,发达资本主义国家还在向发展中国家输出商品和提供"援助"时,广泛采用对世界市场价格加价的做法。据联合国贸易与发展会议的材料,发达资本主义国家按"国家援助"的双边协定提供的绝大部分商品的价格要比世界市场价格高 10%—20%,有时甚至更高。② 在这种不合理的价格制度下,发展中国家在与发达资本主义国家的商品交换中,贸易条件进一步恶化了。据联合国统计,如以 1963 年的价格指数为 100,那么,初级产品(主要由发展中国家生产)的价格指数从 1952 年的 115 下降为 1971 年的

---

① 联合国贸易与发展会议:《1972 年国际贸易和发展统计手册》。
② 联合国贸易与发展会议:《财政资源的流动》,1973 年 4 月 24 日。

112，而工业制成品（主要由发达国家生产）的价格指数则从1952年的95上升为1971年的124。两者相比，初级产品的贸易条件下降了1/3。仅由于贸易条件的这种变化，在1951—1971年的20年中，发展中国家就损失了1223亿美元。这些数字大致上反映了发达国家通过商品输出这种形式从发展中国家攫取越来越多的利润的发展趋势。

因此，从商品输出的角度来看，资本积累在世界范围内的作用是按这样的公式进行的：发达资本主义国家在资本积累的基础上的商品输出，在商品输出不断扩大的基础上的资本的进一步积累。

（二）资本输出与资本积累在世界范围内的作用

在发达资本主义国家，随着个别资本的积聚和集中，社会总资本的数量不断增大。资本的本性就是追逐利润，因此，它总是要流向利润率高的地方去，也就是说，总是要寻找最有利的投资场所。在社会总资本量较小的时候，在国内就可以找到这种有利的投资场所；而当社会总资本量增大到一定程度，在国内找不到有利的投资场所时，就会形成对国内来说是"过剩"的资本。这种资本必然要流往国外，到那里寻找更有利的投资场所。

早在垄断前的资本主义阶段，发达资本主义国家就已出现了资本输出的现象，当时资本输出的数量还不大。到了垄断资本主义阶段，"第一，所有资本主义发达的国家都有了资本家的垄断同盟；第二，少数积累了大量资本的最富的国家已经处于垄断地位。在先进的国家里出现了大量的'过剩资本'。"① 这时资本输

---

① 列宁：《帝国主义是资本主义的最高阶段》，人民出版社1964年版，第55页。

出已成为大量的、普遍的现象，成为帝国主义的一个基本的经济特征。

资本总是要流向利润率高的地方去的。这种地方可以是发达资本主义国家，也可以是发展中国家。第二次世界大战后，发达资本主义国家为了争夺世界市场和势力范围，以便在国际竞争中击败对手，取得垄断地位，大大加强了它们相互之间的资本输出，这种资本输出的发展速度甚至是很快的。但是，由于广大发展中国家拥有丰富的自然资源和大量廉价的劳动力；拥有不断扩大的、广阔的国内市场；而且对于新的工业建设来说尚无严重的生态障碍，因此，它们成了国际垄断资本最有利可图的投资场所。据美国《现代商业概览》的资料，1965年，美国私人对外直接投资的利润率在发达资本主义国家为8.4%，而在发展中国家则达17.2%，后者比前者高1倍多。所以，如果说商品输出的形式是通过商品交换的渠道间接地从发展中国家取得大量超额利润的话，那么，资本输出的形式则是通过把资本输往发展中国家，在那里直接实现生产过程中对剩余价值的榨取，它必然更加直接而迅速地增大发达资本主义国家垄断资本的积累量。

第二次世界大战后，发达资本主义国家对发展中国家资本输出的迅速扩大，除了一般追逐高额垄断利润的因素外，还有以下几方面的具体社会经济原因：

首先，第二次世界大战后国际经济关系的现状，加强了发达国家对发展中国家资本输出的必要性和可能性。第二次世界大战以后，少数帝国主义依仗其资本主义世界范围的垄断地位，聚敛了大量的社会财富，国内的"资本过剩"显得更加突出了；广大发展中国家的经济依然十分落后，在发展民族经济的过程中面临着缺乏资本的巨大困难，不得不在承受很高利息率的情况下大量举借外债，或允许外国资本直接投资。而旧的殖民壁垒的消除虽然破坏了宗主国在原有殖民地的霸权，但与此同时却更便于其他发达资本主义国家对这些国家的经济渗透和扩张。所有这些，都推动发达国家加紧对发展中国家的资本输出。

其次，国家垄断资本主义的发展加快了发达资本主义国家的资本输出。第二次世界大战后，国家垄断资本主义不仅在国内加强了对经济生活的干预，而且在许多方面参与了垄断资本的对外经济扩张。发达资本主义国家政府一方面大力加强国家资本的输出，并通过这种资本输出控制发展中国家的经济、政治甚至意识形态，以便巩固国际垄断组织在那里的地位；另一方面，它们又在财政、税收等方面采取了一系列措施，鼓励私人的资本输出，从而大大促进了发达国家对发展中国家的资本输出。

第三，跨国公司的出现和普遍发展，为资本与劳力的国际结合，即资本主义剥削关系的国际化提供了新的形式。跨国公司的出现把资本主义雇佣劳动的关系输出到了越来越众多的发展中国家，并在此基础上进一步推进了资本的国际化。跨国公司不仅可以通过扩大其公司的国外资产来实现资本在国际范围的自由流动；而且有利于国际垄断资产阶级利用世界各地的有利条件，把复杂的生产过程分解为若干独立的阶段，分散到最适宜的地区（往往把费工多和污染严重的企业设在发展中国家），从而使生产得到对国际垄断资本来说是"最适宜的组合"。因此，跨国公司的发展在第二次世界大战后的资本国际化中起着极其重大的作用，成了发达国家资本输出的最重要的形式。

总之，由于以上种种原因，第二次世界大战后发达资本主义国家对发展中国家的资本输出额迅速增长。据统计，发达资本主义国家对发展中国家的资本输出额（包括国家和私人的借款、信贷、补贴、私人的直接投资和有价证券投资，但扣除偿还的外债和回收的私人投资额）：50年代上半期平均每年约为26亿美元；50年代下半期平均每年约73亿美元；60年代上半期平均每年为93亿美元；1966年为104亿美元；1968年为135亿美元；1970年为150亿美元；1973年则达228亿美元。① 尤其是美国，对发展中国家资本输出额的增长更快。1977年，美国对发展中国家的私人直接投资总额达337亿美元，与第二次世界大战前的1936年相比增加了9倍多。

随着发达国家对发展中国家资本输出的扩大，以及跨国公司的广泛发展而导致的国际剥削的加强，第二次世界大战后发达国家对发展中国家的剥削量也获得了迅速的增长。《美国统计摘要》1977年版的资料表明，美国对亚非拉地区私人直接投资的利润，1950年为11.3亿美元，而到1977年已增至84.6亿美元。据不完全统计，1960年发展中国家支出的利润、利息和股息为36亿美元，到1971年已增加到94亿美元。② 发达国家的资本输出带来了巨额的利润，这种利润反过来又进一步扩大了它们本国的资本积累。正是在这种循环往复的过程中，发达国家的资本积累不断扩大。

因此，从资本输出的角度来看，资本积累在世界范围内的作用是按这样的公式进行的：在发达国家资本积累的基础上的资本输出，在资本输出不断扩大的基础上的进一步资本积累。

（三）资本积累在世界范围内的作用及后果——资本主义世界的两极分化

以上的分析表明，资本积累在世界范围内的作用是与商品输出

---

① 经济合作与发展组织：《1961—1965年流向不发达国家财政资源》，第201页；经济合作与发展组织：《1973年评论：发展合作》，第42页；W. P. 迈克尔：《国际资本运动的测定》，纽约1971年版，第6—11页；《世界银行：1974年年报》，第82页。

② 《1972年国际贸易和发展统计手册》，第221页；联合国贸易与发展会议：《财政资源的流动》，1973年4月24日，第7—8页。

和资本输出紧密联系在一起的。这一积累的一般规律可以大致表述如下：随着发达资本主义国家资本积累的扩大，它们向发展中国家输出的商品和资本的量就会增加，从而通过商品输出和资本输出而取得的利润量也会增长，发展中国家所受的剥削程度也会随之加深。因此，从世界范围的资本积累来看，一极是发达资本主义国家资本和财富的积累，另一极则是发展中国家贫困的积累。

当然，世界范围资本积累一般规律的这种表述，只能反映世界资本积累的一般趋势。而实际比之理论上的抽象要复杂得多。

首先，以上我们只分析了发达资本主义国家对发展中国家的商品输出和资本输出。实际上，无论是商品输出还是资本输出，无论是因各国劳动生产率的差异而在商品交换中所产生的超额利润，还是因资本输出而带来的海外利润，在各发达资本主义国家的相互经济关系中都是存在的，而且在不断扩大。此外，还应特别指出的是，跨国公司作为一种在世界不同国家都设有企业的国际性垄断组织，是拥有一些特殊的剥削手段的。例如，跨国公司可以根据各国的生产费用水平、经济增长速度和政治稳定程度对自己的生产进行符合其利益的分配和再分配；可以利用各国经济周期的非同期性，灵活机动地在对自己有利的国家出售产品和购买所需的产品；可以为一些在某些国家的市场上已被新产品排挤掉的陈旧制品，在另一些国家的市场上找到新的销路；可以利用各国银行利率水平的差异和货币牌价的变动，从事金融投机；还可以通过玩弄公司内部核算价格的方法来逃避所在国的捐税，等等。所有这些都大大加强了垄断资本的国际剥削。这种剥削的加强，必然使一些拥有大量跨国公司的帝国主义大国处于越来越有利的地位。因此，这种国际剥削的后果固然主要是广大发展中国家的日趋贫困，但它同时也在一定程度上引起发达资本主义国家之间的分化，这就是当前国际关系多极化的经济根源。所有这些在我们的上述理论分析中未予涉及的因素，实际上在考察资本主义世界范围的资本积累时，都是应该考虑到的。

其次，上述有关资本积累在世界范围内的作用揭示的只是一种总的发展趋势。而实际上还同时存在着一些反趋势的作用。就目前的情况而言，这种反趋势的作用主要表现在：（1）某些发展中国家，在自力更生的基础上迅速提高本国的生产技术水平、资本的有机构成和劳动生产率，有可能减弱贸易条件恶化的趋势；（2）发展中国家联合组成的反垄断组织（如石油输出国组织等），可以在某一方面破坏国际垄断组织通过垄断价格加强对发展中国家的剥削的趋势；（3）社会主义国家对发展中国家的低息贷款和无私的援助，在某种程度上也削弱了发达资本主义国家对发展中国家资本输出所进行的剥削。当然，所有这些反趋势的作用都是很微弱的，它们不可能抵消资本积累在世界范围内的作用。但它们作为在实际经济生活中起作用的因素，也是我们分析资本积累在世界范围的作用时必须予以考虑的。

总之，关于资本积累在世界范围的作用，我们的分析是着眼于经济过程的主要趋向。就第二次世界大战后的整个情况来看，由发达国家对发展中国家商品输出和资本输出的扩大而引起的国际剥削的加强和穷国与富国的分化，乃是十分明显的趋向。世界范围的资本积累在很大程度上表现为这种国际剥削的加强。据联合国贸易与发展会议的估计，多年来，外国垄断资本从发展中国家获得的收入就稳定地超过了向那里新流入的私人资本。1966—1970年，外国资本从发展中国家获得的收入超过向那里的新投资的2—3倍。① 有些外国经济学家估计，在1973年第三世界石油生产国联合提高油价以前，发达资本主义国家对发展中国家的

---

① 联合国贸易与发展会议：《财政资源的流动》，第53页。

剥削额，每年大约达 1000 亿—1500 亿美元。

正是在垄断资本的国际剥削不断加强的情况下，大大加深了发展中国家的贫穷和落后。目前，占世界人口 70% 的发展中国家，在世界工业总产值中只占 8%。① 在国际垄断资本的渗透和盘剥下，许多发展中国家债务累累，在国际收支中处于极为不利的地位。据统计，发展中国家的外债额大约每 5 年就增加 1 倍。70 年代初，发展中国家的外债已约占其国民总产值的 18%。② 由于外债的增加和信贷条件的恶化，发展中国家在 1956—1972 年间偿还债款本息的支出由 7.3 亿美元增加到 66.6 亿美元，1972 年这种支付额几乎达到新获得的借款和信贷额的一半。③ 不少发展中国家因此而发生了国际收支危机。而与此同时，社会财富却源源不断流入发达资本主义国家，从而进一步加深了穷国与富国的分化。1976 年，美国按人口平均的国民生产总值为 7890 美元，而第三世界 34 个低收入国家按人口平均的国民生产总值却只有 150 美元，后者不到前者的 1/50。

资本主义世界范围内穷国与富国的分化必然对各国的无产阶级贫困化产生重大的影响。

三　资本主义世界的两极分化对不同国家工人阶级贫困化的影响

以上分析说明，随着资本积累在世界范围内作用的加强，世

---

① 《第三世界的轮子转得快了》，[西德]《世界报》1979 年 10 月 30 日。
② 联合国贸易与发展会议：《国际发展策略执行的回顾和评价》，1973 年 3 月 21 日。
③ 参阅《和平与社会主义问题》1973 年第 10 期，第 95 页；《世界银行：1974 年年度报告》，第 91 页。

界的财富越来越集中到少数发达国家的垄断资产阶级手中，穷国与富国之间的差距扩大了。这种情况，对发达资本主义国家与发展中国家工人阶级的生活状况，都发生了重大的影响。为了说明这种影响，有必要对世界范围内劳动力的价值决定及其实现条件作进一步的分析。

（一）世界范围内考察劳动力的价值决定，以及各国劳动力价值水平的差距

劳动力作为一种特殊商品，它的价值首先决定于再生产劳动力所必需的消费资料的范围，其次决定于这些消费资料的价值。我们先从实物量的角度来考察，马克思指出："所谓必不可少的需要的范围，和满足这些需要的方式一样，本身是历史的产物，因此多半取决于一个国家的文化水平，其中主要取决于自由工人阶级是在什么条件下形成的，从而它有哪些习惯和生活要求。因此，和其他商品不同，劳动力的价值规定包含着一个历史的和道德的因素。"① 因此，在不同的国度内，由于生产力发展的水平不同，全体居民的平均生活水平以及社会道德标准不同，再生产劳动力所必需的生活资料的范围也是不一样的，尤其是在发达国家与发展中国家之间，存在着很大的差别，事实上，发达资本主义国家的社会生活与道德标准所规定的必要生活资料的范围，大大超过发展中国家。发达国家工人阶级的必要生活资料，较之发展中国家工人阶级的必要生活资料，其物质内容要丰富得多。

再从价值的角度来考察，在发达国家里，由于劳动生产率较高，它们所生产的商品的国别价值低于国际价值。因此，这些国家工人阶级所必需的、具有较多物质内容的生活资料，可以表现

---

① 《马克思恩格斯全集》第 23 卷，第 194 页。

为一个较小的价值量；相反，在发展中国家，由于劳动生产率低，它们所生产的商品的国别价值高于国际价值，因此，较少物质内容的生活资料，却可以表现为一个较大的价值量。但是，从国际范围来考察，这种背离就不存在了。无论是发达国家的工人阶级所必要的消费资料，还是发展中国家工人阶级所必要的消费资料，都要按照国际价值来计算。发达国家工人所必需的包含较多物质内容的生活资料，其价值当然也就会高些，而发展中国家所必需的、包含较少物质内容的生活资料，其价值也就必然会低些。把发达国家与发展中国家加以比较，前者的劳动力价值必然大大高于后者。

发达国家与发展中国家的劳动力价值之间的差距，在第二次世界大战后，由于社会生产力发展水平以及由它所决定的居民平均生活水平方面差距的扩大而进一步扩大了。劳动力价值的国际差距的扩大，是第二次世界大战后富国与穷国的工人阶级生活水平差距进一步扩大的基础。假设劳动力占人口的比重以及剩余价值率不变，那么，贫富国家之间，按人口平均的国民收入的差距的变化，即可反映劳动力价值差距的变化。事实上第二次世界大战后劳动力占人口的比重以及剩余价值率的变化都不太大，所以按人口平均的国民收入的变化，可以大体上反映劳动力价值差距的变化，从印度与美国、西德、法国、英国、日本这几个主要资本主义国家的比较来看，这个差距是大大扩大了。1960—1974年印度按人口平均的国民收入与美国比，从 1：36.2 下降到 1：43.6；与日本比，从 1：6 下降到 1：26；与西德比，从 1：17.5 下降到 1：40.3；与英国比，从 1：18.3 下降到 1：23.6；与法国比，从 1：17.3 下降到 1：33.2。可见在第二次世界大战后时期，贫富国家之间，随着劳动生产率差距的扩大，劳动力价值的差距也更加扩大了。

（二）资本主义剥削过程国际化的发展，对不同国家劳动力价值实现条件的影响

（1）对发达国家来说，一方面由于资本外流，将会直接影响本国经济的发展速度，会造成失业人数增加，促使国内经济和社会矛盾尖锐化。另一方面，对发展中国家的大量剥削，扩大了发达国家垄断资本的利润来源，而且一般地说，流回的利润会大大超过流出的资本，从而推进发达国家的资本积累，这又有利于加速发达国家的经济发展，有助于改善发达国家劳动力价值的实现条件。马克思早就分析过，在生产迅速增长时，资本对劳动的统治可能采取一种比较"可以忍受"的形式。"在工人自己所生产的日益增加的并且越来越多地转化为追加资本的剩余产品中，会有较大的份额以支付手段的形式流回到工人手中，使他们能够扩大自己的享受范围，有较多的衣服、家具等消费基金。"① 第二次世界大战后到20世纪60年代末，发达国家的情况正是这样，在生产迅速增长、劳动生产率大大提高的同时，工人所得到的生活资料也有明显的增加，实际工资得到了不同程度的提高。同时，生产的迅速发展，尤其是大量新兴部门的出现，为劳动者提供了更多的就业机会，使失业情况得到缓和。产业后备军的减少，有利于缓和劳动力供过于求的情况，从而有利于提高劳动力的价格，有利于提高在业工人的工资。第二次世界大战后，主要资本主义国家工人的实际工资得到了较大提高，从1949—1971年，美国提高41%，英国提高92%，法国提高1.31倍，西德提高2.64倍，日本提高3.16倍。此外，发达国家向发展中国家大量输出商品，有利于扩大发达国家本身的生产，从而给本国工人

---

① 《马克思恩格斯全集》第23卷，第677页。

增加了就业机会。据估计，近几年来，法国由于其产品在发展中国家销路的增加，同发展中国家增加贸易的结果，从1970—1976年间，就增加了10万个净就业机会，再加上为企业服务的部门、金融机构和培训部门所提供的就业机会，不少于160万个。在此期间，法国企业还以"转让工业技术"的名义，送往国外1万名工程技术人员，相应地给国内让出了1万个职位。整个失业状况的缓和，无疑有利于劳动力价值的实现，有利于工人阶级状况的改善。

其次，发达国家由于从发展中国家剥削了大量的超额利润，垄断资产阶级就有可能从中拿出一部分来收买本国工人阶级。第二次世界大战后，发达资本主义国家利用经济、技术上的优势，以及对某些原料、市场、产品的垄断地位，把资本主义剥削过程进一步推向国际化，攫取了空前巨大的超额利润。在这种情况下，垄断资产阶级为了缓和国内的阶级矛盾，有可能从超额利润中拿出一部分来提高本国工人的工资，增加社会福利。

（2）对发展中国家来说，国际垄断资本的统治与剥削，使劳动力价值的实现条件恶化，从而加深了无产阶级及劳动人民的贫困。

首先，发展中国家的劳动者在跨国公司的子公司中工作的，由于运用了比较先进的设备与技术，具有较高的劳动生产率，因而具有较高的国际价值。然而，他们并不能得到在发达国家大体同等的劳动力所得到的工资。跨国公司支付给他们的工资，只能维持在与当地较低生产率的劳动力大体同等或略高一点的水平。也就是说他们得到的工资大大低于同等劳动力的国际价值。对发展中国家工人的加重剥削，使跨国公司在发展中国家能够取得较高的利润率。

其次，民族主义国家在政治上取得独立后，在外国资本的推动下,一般说来,也加速了民族经济的发展。但由于这些国家的经济水平,大多数处于工业化的初期阶段,因而对劳动人民的影响,正如马克思所分析的资本主义发展初期所带来的种种后果,表现得比较明显。

从劳动力供求关系来分析,对劳动者是不利的。民族主义国家经济发展的条件,决定着对劳动力需求的增长缓慢;而劳动力的供给却增加十分迅速。这是因为在现代条件下发展工业,有可能通过引进、采用比较先进的技术与设备。由于资本有机构成的起点比较高,因此对劳动力需求的增长,相对于对资本需要的增长要缓慢得多。同时,在工业化初期,由于受到劳动生产率低下的限制,积累率也不可能很高。所以在这个阶段所能提供的就业机会就很有限。

从劳动力供应情况看,一方面随着商品经济的发展,大量破产的农民涌向城市,成为城市相对过剩人口的源泉;另一方面,人口的快速自然增长,也给劳动力市场造成很大压力。据联合国专家们估计,发展中国家在20世纪前30年,人口的平均年增长率为0.6%,而最近20年来,人口年平均增长率高达2.7%。

在这种情况下,发展中国家出现了西欧、北美资本主义发展历史上所从未经历过的严重失业现象。

发展中国家劳动力严重供过于求的情况,大规模失业的长期存在,必然使劳动力价值的实现条件严重恶化。在这些国家里,工资被压到了十分低下的水平,甚至压到了劳动力价值的最低界限以下,工资不能维持劳动者及其家属的正常生理要求,以致劳动力的再生产不能不在萎缩状态中进行。

(三) 发展中国家无产阶级和劳动人民贫困化的加深

第二次世界大战后,由于帝国主义国家通过多种渠道,对发展中国家剥削的加强，贫富国家之间在经济发展水平上的差距拉大了。在这种情况下，发展中国家的工人阶级和劳动人民，由于受到国际垄断资本以及本国资产阶级的双重剥削，不仅相对贫困化的状况严重存在，而且绝对贫困化的现象也表现得极其明显。

发展中国家工人阶级的相对贫困在双重意义上得到表现。首先是与本国资产阶级相比，贫富差别扩大了。目前在发展中国家两极分化现象空前严重。由于世界上存在着先进的富国，因此，这些落后国家的统治阶级，就可以通过进口各种高级消费品，进行在国内闻所未闻、见所未见的享受，他们的穷奢极欲远远超出本国生产力可能提供的水平。而这些负担归根结底都要落到本国劳动人民的肩上，这就不能不加重对劳动人民的剥削，从而加深了本国劳动人民的贫困，其结果是财富越来越集中在少数富有者手中，两极分化空前严重。

其次是与发达国家工人阶级的收入水平相比较，也可以从另一个角度，反映发展中国家劳动人民相对地更加穷困的状况。第二次世界大战后，特别是20世纪50—70年代初，发达资本主义国家，在科学技术迅速发展及劳动生产率大大提高的基础上，工人阶级的平均工资及社会福利都得到了比较明显的提高。而在发展中国家，由于劳动生产率提高缓慢，加之人口的自然增长一般均比发达国家快得多，故工人的实际工资增长极慢，甚至有所下降。据联合国的材料，从1952—1972年，发展中国家的人均年收入从175美元增加到300美元，20年仅增加了125美元，同一时期发达国家从2000美元增加到4000美元。1976年，占发展中国家人口56%的低收入国家，平均每人的国民总产值仅157美元，减去各种扣除，加上收入分配的不平等，每个劳动者所得实际收入之低微可想而知。而同年，美国制造业工人的平均收入在1万美元以上。可见，在第二次世界大战后，随着发达国家与发展中国家之间经济发展水平上差距的扩大，发展中国家劳动人民的生活水平，与发达国家的劳动人民相比较，也是差距越来越大了。

第二次世界大战后，发展中国家劳动人民的生活状况，不仅相对于本国统治阶级及发达国家工人阶级的生活水平更加贫困了，而且还有众多的劳动者，纵然从事极其繁重的劳动，仍然终年不得温饱，他们的生活陷于绝对贫困之中。据世界银行估计，发展中国家将近40％的人口，即大约有8亿人生活在绝对贫困之中。他们缺乏必要的衣、食、住的起码条件，其中大约有5亿人严重营养不良。

最后是在发展中国家，大多数工人的劳动条件十分恶劣。由于劳动条件恶劣，缺少或根本没有必要的安全装置，工人的健康与生命受到极大威胁，常常发生触电、中毒、爆炸、机器故障等种种事故，工人伤亡不断增加。

发展中国家劳动人民的一般居住条件均很差，在他们居住的地区，缺乏起码的卫生、交通及公共服务设施，甚至连自来水和照明设备都没有。

劳动人民的文化教育、医疗卫生方面的水平，也十分低。近年来，发达国家的垄断资产阶级，为了逃避本国环境保护法的制裁，把"有污染"的企业迁往发展中国家，排放出大量有害物质，危害当地人民的健康，加深了这些国家劳动人民的苦难。

发展中国家的贫困，是长期以来帝国主义统治与剥削的结果，只有改变资本主义制度，才能最后消除在世界范围内的劳动人民贫困状况。

（合作者林水源，原载《世界经济概论》上册）

在《资本论》的基础上深入研究现代资本主义经济

《资本论》是马克思的一部最伟大的著作。它深刻地研究了资本主义经济运动的规律,揭示了资本主义制度必然为社会主义制度所代替的客观规律,使社会主义从空想变成了科学。《资本论》实现了政治经济学中最伟大的革命,建立了无产阶级政治经济学。《资本论》自其诞生之日起就不断武装世界各国工人阶级和其他劳动人民,为推翻资本主义制度,实现社会主义、共产主义制度而斗争。

学习和研究《资本论》在学习和研究马克思的著作中占有极其重要的地位。学习和研究《资本论》,具有两方面的任务:一方面是学习和研究《资本论》本身的原理和方法,这一任务不仅包括研究《资本论》三卷,而且包括研究作为《资本论》第四卷的《剩余价值理论》,一系列的经济学手稿,以及其他经济学著作,同时还要研究马克思的亲密战友恩格斯的有关经济学著作。这是一个十分艰巨的任务。过去,我们对此作出了一些努力,但还很不够,还有待于继续作出更大的努力。另一方面是用《资本论》的立场、观点和方法去研究客观经济发展过程中出现的新情况、新问题,特别是研究现代资本主义经济和社会主义经济。这是比前面一项任务更加艰巨,也更加重要的任务。本文只想就运用《资本论》的立场、观点和方法研究现代资本主义经济的问题谈一些粗浅的意见。

一

用《资本论》的立场、观点和方法去研究现代资本主义经济,是我们坚持马克思主义的后继者的一项重大任务。完成这一任务,具有重大的理论意义和现实意义。

第一,马克思主义是随着客观实际情况的变化而不断发展的。同样,马克思主义关于资本主义经济的理论也要随着资本主义经济的发展而不断发展。固然,马克思在《资本论》中对资本主义经济的运动规律作了全面的、深刻的、系统的论述,但是,资本主义经济在其发展过程中必然会出现许多新情况、新问题。我们不能要求马克思预见到所有一切的发展和变动。马克思的后继者的任务,不能仅限于复述马克思已经说过的话,更重要的是用《资本论》的原理去研究资本主义经济发展中的新情况、新问题,以新的结论加以补充,从而发展马克思主义政治经济学。在这一方面,列宁给我们作出了光辉榜样。列宁根据19世纪末、20世纪初资本主义发展的新材料,写出了《帝国主义是资本主义的最高阶段》及其他一系列有关著作。在这些著作中,列宁指出,自由竞争的资本主义已经发展为帝国主义,在帝国主义条件下,自由竞争已经为垄断所代替;工业垄断资本已经与银行垄断资本融合起来形成了金融资本;金融资本的统治,不仅使资本主义国家内部的无产阶级和资产阶级、特别是垄断资产阶级的矛盾尖锐化,而且还通过资本输出向外扩张,形成了国际垄断同盟从经济上对世界的瓜分以及各帝国主义列强从领土上对世界的瓜分,这样就加剧了帝国主义宗主国和殖民地附属国之间的矛盾以及帝国主义国家相互之间的矛盾。由此,列宁得出结论:帝国主义是垄断的资本主义,是寄生的和腐朽的资本主义,是垂死的资本主义,是无产阶级社会革命的前夜,这时用社会主义代替资本主义已经成为无产阶级的直接革命实践。同时,列宁还指出,由于帝国主义时期资本主义各国经济政治发展不平衡规律作用的结果,社会主义革命有可能在一国或几国首先取得胜利,这样就以新的结论来代替了马克思和恩格斯在研究帝国主义以前的资本主义时所得出的结论——社会主义革命只有在一切或大多数文明国家同时举行进攻的条件下才能获得胜利。可见,列宁根据资本主义发展中的新情况以新的原理、新的结论来丰富和推进了马克思主义。正是在列宁的理论的指导下,社会主义革命先后在一系列国家取得了胜利。第二次世界大战后,在资本主义的发展中又出现了许多新情况和新问题,同样需要我们以马克思主义政治经济学的基本原理为指导,进行深入的研究,写出关于当代资本主义经济的新的著作来。这样的问题很多,在此只举出笔者认为最重要的一个问题,即国家垄断资本主义问题为例子。国家垄断资本主义的因素,在帝国主义发展的早期就出现了;特别是在第一次世界大战时期,国家垄断资本主义得到了较大的发展,列宁根据当时的情况论述了关于国家垄断资本主义的一些基本原理。但是,那时国家垄断资本主义的发展是为了应付战争所带来的种种困难这样的临时性因素引起的。一旦战争结束,经济生活恢复到正常状态,除了少数法西斯国家外,大多数资本主义国家都大大地减少了国家对经济的干预,重新实行"自由放任主义"的政策,国家主要仍然只起着"守夜人"的作用。第二次世界大战以后,情况发生了巨大变化。在所有的发达资本主义国家里，国家垄断资本主义都得到了很大的发展。这是资本主义基本矛盾进一步尖锐化的结果。垄断资产阶级国家对经济生活的干预和调节，已经不是一种临时性的措施，而是一种经常性的手段。国家不仅当做"守夜人"而且当做真正的总垄断资本家，参与经济生活的一切过程。国有垄断资本和私人垄断资本的结合运动贯穿于剩余价值的生产、实现和分割等一切方面。一般垄断已经转变为国家垄断。这一根本特征的转变给帝国主义的其他特征带来了新的特点：金融资本已经转变为与国家密切联系在一起的金融资本；在资本输出领域里，不仅国有资本输出在资本输出总额中的比重有了巨大增长，而且私人资本输出也与资产阶级国家密切结合起来，得到国家的支持、资助和保证，从而具有国家垄断资本主义性质；在国际垄断同盟方面，出现了国家垄断资本主义国际联合这样的新形式；以列强分割世界、直接占领殖民地为特征的旧殖民主义转变为以帝国主义国家用经济渗透、政治控制等形式扩大势力范围、继续剥削发展中国家为特征的新殖民主义，而新殖民主义的实行也以更加强化国家的干预为前提。由于国家垄断资本主义在资本主义经济发展中的重要性，有的学者认为国家垄断资本主义是垄断资本主义发展中的新阶段，有的学者则认为它是垄断资本主义当前存在的形态。尽管存在着不同的意见，国家垄断资本主义的巨大发展是第二次世界大战后资本主义经济中发生的重大变化，则是大家所公认的。因此，笔者认为，国家垄断资本主义是我们要研究的最重要的问题之一。可惜我们对于这个问题的研究还很不够，关于这个问题的有分量的著作还不多。除此以外，当然还有其他许多问题。从实际出发深入研究当代资本主义发展中的新问题，将把马克思主义政治经济学的资本主义部分进一步推向前进。

第二，马克思主义政治经济学是在同一切非马克思主义的经济学思潮的斗争中诞生和发展起来的。《资本论》有一个副标题，即《政治经济学批判》，这本身说明了《资本论》的批判性和战斗性。不仅《资本论》三卷中贯穿了对资产阶级经济学的批判，而且马克思还撰写了《剩余价值理论》，专门对资产阶级经济学的各种观点进行了批判。列宁继承了马克思的传统，他在《帝国主义是资本主义的最高阶段》这一著作中，也对关于帝国主义的形形色色的错误理论，特别是对考茨基的超帝国主义论，进行了批判。正像资本主义经济是不断发展的一样，资产阶级的经济学说也层出不穷，花样翻新，需要马克思主义的经济学者不断地对它们进行批判性的研究，进行新的斗争，而这种斗争是推动马克思主义政治经济学进一步发展的强大动力。特别值得注意的是，在马克思主义政治经济学诞生以后的资产阶级经济学，往往直接反对和批判马克思主义的基本理论观点，而且有些学者用资本主义经济发展中出现的新情况来否定马克思主义的基本原理。这里可以举两个例子，一个是所谓劳动价值论"过时"论。马克思的劳动价值论历来为资产阶级经济学者所攻击。现在由于生产的高度自动化和机器人的出现，有些人似乎找到了反对劳动价值论的新的论据，说什么工人越来越少，而创造出来的价值却越来越多，劳动创造价值的理论已经不能说明现实。另一个是无产阶级贫困化理论"过时"论。有些资产阶级学者说，马克思在论证资本主义积累一般规律的时候所说的无产阶级贫困化是根据当时的实际情况得出的结论，而现在工人的实际工资提高了，生活改善了，无产阶级贫困化的结论已经过时了。对于资产阶级经济学者的种种攻击，马克思主义的经济学者必须予以回击。特别是我们以马克思列宁主义作为理论基础的国家的经济学者更必须给予回击。如果我们不闻不问，没有反应，这是很不合适的。为了做好有说服力的反批判，如果仅复述马克思已经阐明了的基本原理，那是不够的。我们必须深入研究现代资本主义经济，结合新的情况来进一步阐明马克思的原理，因为人家是引用了新材料来进行攻击的，如果我们在进行反批判时不用新材料，或者不能说明新的情况，还是老一套，就不会有说服力。

西方还有一些激进的经济学者，与上面所说的资产阶级经济学者不同，他们不是垄断资本的辩护士，他们的立场是反对垄断资本的，但是在他们的理论观点中也有一些是背离了马克思的基本理论的。对于这类错误观点也要进行善意的批评。"经济剩余"论就是这样的例子。这种观点提出要以"经济剩余"的范畴（指"一个社会所生产的产品与生产它的成本之间的差额"）来代替"剩余价值"的范畴。其理由是马克思的"剩余价值"或许等于利润、利息、地租的总和，而其他项目，如国家和教会的收入、商品转变为货币时的支出、非生产性工人的工资等，被马克思"看做次要的因素，并将其排除在他的基本理论图式之外"。"经济剩余"论，据笔者所知，在国外的某些学者中还有一定的影响，应当引起我们的重视。笔者认为，这种说法是不正确的。剩余价值是物质生产部门的劳动者创造的，所以马克思首先要在物质生产领域内来分析剩余价值的生产和分配。至于非物质生产领域内的收入是属于剩余价值再分配范围内的问题，是要在第二个层次来分析的问题。只有这样分析，才能抓住客观事物内在的本质联系。"经济剩余"只抓住了事物的表面现象。这一范畴的提出，意味着从剩余价值理论的倒退，而不是前进。

总之，我们要把马列主义经典作家所倡导的在理论战线上批判各种错误思潮和观点的斗争坚持下去。我们在进行这种斗争时应采取的正确原则是实事求是。如果人家确实说得有道理，我们应当加以肯定。如果有些确实是胡说八道，歪曲攻击，我们就要给予坚决的批判和反击。而要真正做到实事求是，我们必须用

《资本论》的原理去深入研究现代资本主义经济。

最后,我们所以要在《资本论》的基础上研究现代资本主义经济,不仅是因为这种研究具有重大的理论意义和学术价值,而且更重要的是因为这种研究对于社会主义革命和社会主义建设具有重大的实际意义。

中国人民正在中国共产党的领导下为全面开创社会主义现代化建设的新局面而奋斗。为了完成这一伟大历史任务,我们应当着重研究社会主义经济发展的规律,这是不言而喻的。但是,同时我们也应当对于现代资本主义经济的研究给予足够的重视。实行对外开放,按照平等互利的原则扩大对外经济技术交流,是我国坚定不移的战略方针,是促进我国社会主义现代化建设的一个重要条件。在实行这一战略方针的过程中,我们要经常地通过各种渠道与资本主义国家和资本主义企业打交道。如果不研究现代资本主义经济,不了解它的运动规律,就不可能顺利地执行好这个战略方针。例如,西方国家与我国打交道的不少公司,不仅是垄断企业,而且是跨国公司,如果我们不研究、不了解垄断资本的本性、跨国公司的特点,那么我们在跟它们打交道时很可能会上当吃亏。不仅如此,资本主义世界经济中发生的重大变化,时时刻刻都在影响着我国的社会主义建设事业。例如,资本主义世界经济危机的发生,对我国社会主义建设就具有双重作用:一方面,国际上积聚着大量的相对过剩的商品、资本和技术,是我们可以利用的有利条件;另一方面,发达资本主义国家加强实行保护主义,并采取种种手段向发展中国家转嫁危机,又是对我们不利的。如果我们及时地研究和预见这些情况,就可以采取措施防止和缩小不利条件,发展有利条件。这说明,及时地、准确地预测和估计资本主义世界经济形势的发展和变化,对于我国社会主义现代化事业来说是何等的重要。而如果没有对现代资本主义经济的深入的研究，就不可能做到这一点。

更进一步说，从马克思主义的观点来看，在一个国家内建设社会主义并不是我们的最终目标。我们的最终目标是在全世界范围内实现共产主义制度。关于社会主义、共产主义代替资本主义的历史必然性，马列主义经典作家早已在理论上作了充分论证。但是，这并不等于说，在这个问题上我们已经可以一劳永逸了。资产阶级学者从来就鼓吹资本主义制度永存的谬论，尽管这些谬论早已被马克思主义者批驳得体无完肤，但是现在它们又以新的形式出现了，它们抓住世界经济发展中出现的某些现象加以歪曲，妄图证明资本主义制度将会永存，而社会主义制度则是没有前途的。这样的理论，举例来说，有"混合经济"（实际上就是我们所说的国家垄断资本主义）可以挽救资本主义制度的"理论"，资本主义和社会主义这两种社会制度正在融合的"理论"，还有一种就是所谓"后工业社会"的理论，它说什么这种社会将摆脱阶级矛盾，资本主义生产关系和生产力之间的矛盾，从而使资本主义制度永世长存。与此同时，在革命的人民中间也产生了一个糊涂观念，例如，有些人看到第二次世界大战以后发达资本主义国家在一段时间里经济发展比较迅速的情况，对列宁关于帝国主义是垂死的资本主义的观点发生了怀疑。凡此种种，都要求我们深入研究现代资本主义经济，进一步揭示其内部矛盾，以便在新的历史条件下用新的材料进一步论证社会主义、共产主义在全世界范围内代替资本主义的历史必然性。这样，才能使广大群众牢固地树立起共产主义必然在全世界胜利的信念，坚持不懈为共产主义事业而奋斗。

根据以上的理由，我认为应当把深入研究现代资本主义经济当做一项重大任务提出来，集中足够的力量来加以解决。我感到，从我国经济学界的现状来看，对社会主义经济的研究比较重视,这是完全必要的;但是对现代资本主义经济的研究却还重视不够。我们有关的理论工作者应当急起直追,努力把这方面的研究工作做得更好,拿出更多的科研成果来。

二

为了深入研究现代资本主义经济,需要解决方法论和理论体系的问题。

关于政治经济学的方法,马克思早已在《政治经济学批判》导言的"政治经济学方法"那一节里作了完整的精辟的论述。笔者认为可以把这种方法概括为:以辩证唯物主义和历史唯物主义为基础的抽象法或逻辑和历史相一致的方法。关于这种方法本身,许多教科书和学者都作了阐述,笔者不准备多讲。这里笔者只是指出,研究现代资本主义经济,也要运用这种方法。

现在我们面临的问题是如何运用这种方法来建立一个适合于深入地研究现代资本主义经济的理论体系和逻辑结构。这是一个尚未得到解决的十分困难的问题。

同样运用马克思主义政治经济学的方法,可以形成具有不同逻辑结构的理论体系。马克思的《资本论》和列宁的《帝国主义是资本主义的最高阶段》的理论体系是不同的,但都是运用同一政治经济学方法的产物。为了具有可比性,笔者只把这两部著作的结构的第一个层次来进行比较。

《资本论》的结构是:第 1 卷——资本的生产过程;第 2 卷——资本的流通过程;第 3 卷——资本主义生产的总过程。对于这种结构各部分的内在联系,马克思在《资本论》第 3 卷第 1 篇第 1 章开头作了一个简要的说明:"在第 1 卷中,我们研究的是资本主义生产过程本身作为直接生产过程考察时呈现的各种现象,而撇开了这个过程以外的各种情况引起的一切次要影响。但是,这个直接的生产过程并没有结束资本的生活过程。在现实世界里,它还要由流通过程来补充,而流通过程则是第2卷研究的对象。在第2卷中,特别是把流通过程作为社会再生产过程的媒介来考察的第3篇指出:资本主义生产过程,就整体来看,是生产过程和流通过程的统一。至于这个第3卷的内容,它不能是对于这个统一的一般的考察。相反地,这一卷要揭示和说明资本运动过程作为整体考察时所产生的各种具体形式。……我们在本卷中将要阐明的资本的各种形式,同资本在社会表面上,在各种资本的互相作用中,在竞争中,以及在生产当事人自己的通常意识中所表现出来的形式,是一步一步地接近了。"① 从马克思的这一说明中,我们可以清楚地看到,这种结构完全符合从抽象到具体、从本质到现象、从简单到复杂的方法,也就是完全符合抽象法。

《帝国主义是资本主义的最高阶段》的结构根据笔者的体会是这样的:第一,论述自由竞争是如何转变为垄断的;第二,分析垄断,实际上是工业生产中的垄断,而把其他部门中的垄断予以舍弃;第三,进一步分析工业生产以外的垄断中最重要的一种垄断,即银行业的垄断,再把工业生产中的垄断同银行业中的垄断综合起来考察,提出了金融资本的范畴(工业垄断资本与银行垄断资本融合);第四,分析了在金融资本统治的基础上形成的资本输出的必然性,而资本输出意味着垄断从国内扩张到了国外;第五,分析了由于各个帝国主义国家的垄断资本都向外输出资本,在国际上发生了垄断集团和垄断集团之间、帝国主义国家和帝国主义国家之间的矛盾和斗争,结果形成了从经济上瓜分世

---

① 《资本论》第3卷,人民出版社1975年版,第29—30页。

界的国际垄断同盟;第六,分析了国际垄断同盟从经济上瓜分世界,决定了列强从政治上、从领土上瓜分世界;第七,对帝国主义进行综合考察,指明了帝国主义的历史地位,得出了帝国主义是无产阶级社会主义革命的前夜的结论。这样,我们看到,列宁对帝国主义的分析也是按照抽象法进行的:从抽象到具体,从本质到现象,从简单到复杂,从国内到国际,从经济到政治。

那么,我们在研究现代资本主义经济时应当采用哪一种理论结构呢?

按照《帝国主义是资本主义的最高阶段》一书的结构进行分析是比较方便的。因为现代资本主义经济实质上是垄断资本主义,现在发展起来的国家垄断资本主义不过是垄断资本主义的转化形态,所以按照列宁的结构来阐述,易于顺理成章。但是也存在着问题。在这方面,笔者有一些体会。笔者与几位同志合作写了《现代垄断资本主义经济》一书(由中央党校出版社出版)。那本书的理论结构基本上是按照列宁的结构来建立的。第一,分析一般垄断资本主义向国家垄断资本主义的转化;第二,分析国家垄断资本主义基本形态和实质;第三,分析资本输出领域内国家垄断资本主义的发展;第四,分析由国家垄断资本主义的国际联合所形成的现代国际垄断同盟;第五,分析新殖民主义和国家垄断资本主义在推行新殖民主义方面所起的作用;第六,分析国家垄断资本主义的历史地位。但是,确实也遇到了一些困难。按照这样的结构,当前资本主义经济中存在着的某些重大问题就很难写进去,就是勉强写进去了,也无法充分展开。所以,我们不得不在"第五"和"第六"之间加进了三章,即社会资本的再生产和经济危机,货币信用制度及其危机,无产阶级贫困化。即使这样,有些重要问题还是没有包括进去,如当代资本主义条件下的地租问题。但加进了几章,就破坏了原来理论结构的逻辑一贯性。因此，根据笔者的体会，沿用《帝国主义是资本主义的最高阶段》一书的理论结构，虽有其方便之处，但不利于深入地充分展开地阐述现代资本主义经济中的一些重大问题。列宁当时采用这样的结构是完全可以理解的，那时是战斗的环境、革命的环境，列宁没有足够的时间和条件对大量的经济问题进行充分的探讨。正如列宁自己所说的，这是一本"小册子"，其目的是"帮助读者去理解帝国主义的经济实质这个基本的经济问题"[①]。而现在条件完全不同了，特别是我们专门进行这方面理论研究的同志，应当寻求能够更充分地论述现代资本主义经济的理论结构。

笔者认为，应当试图以《资本论》的理论体系为基础来分析现代资本主义经济。其最大的优越性，就是能深入到生产过程、流通过程和总过程内部，展开地分析资本的多种多样的具体形式，这是十分明显的。但是这样做的难度却比前一种方案大得多。首先，在生产过程、流通过程和总过程内部在《资本论》原有的经济范畴的基础上，根据资本主义经济发展中的新情况应该提出哪些新的经济范畴，按照什么样的逻辑结构来安排所有这些经济范畴，这仍然是一个难题。其次，在这样做的时候，必然遇到一系列新的前人没有研究过的或者研究得十分不够的理论问题，需要我们搜集大量的资料，进行艰苦的、创造性的研究才能加以解决。笔者和几位同志在设计《现代垄断资本主义经济》一书的理论结构时，曾经设想采用这种方案，由于遇到了上述两大困难，同时又由于我们想用较短的时间把这本书写出来，结果还是放弃了这个方案，转而采取了前一方案。尽管如此，笔者认为，只要下工夫研究，这两个困难是可以克服的。

---

① 《列宁选集》第2卷，人民出版社1972年版，第731页。

以《资本论》为基础来设计理论体系的确是有重大意义的。但是，笔者认为，这不等于完全照搬《资本论》的体系，而是要加以补充和发展。因为，《资本论》三卷所解决的是一个资本主义国家范围内的资本运动问题，除个别章节外，一般把对外贸易和世界市场的因素舍去了，从而也就把资本在国际范围内的运动舍去了。此外，在《资本论》中，国家的问题也舍去了。事实上，马克思在研究资本主义制度的整个规划中并没有忽视对外贸易、世界市场和国家的问题。他在《政治经济学批判》序言中说："我考察资产阶级经济制度是按照以下的次序：**资本、土地所有制、雇佣劳动；国家、对外贸易、世界市场。**"① 这表明，按照他的规划，关于资本主义经济制度的全部论著，不仅包括三卷《资本论》（这大体相当于"资本、土地所有制、雇佣劳动"）和作为第四卷的《剩余价值理论》，而且包括关于国家、对外贸易、世界市场等论著。我们对自由竞争的资本主义的分析并不是只能限于三卷《资本论》的范围。现在通行的政治经济学资本主义部分的教材，一般都满足于简要复述三卷《资本论》的内容，不讲对外贸易和世界市场，这是重大缺陷。由于前面未曾分析商品输出，而到了帝国主义部分又谈到商品输出的统治地位为资本输出所代替，在逻辑上就明显地缺了一块。

笔者认为，马克思关于研究资本主义经济制度的规划，也是我们设计关于现代资本主义经济的理论体系的基础。考虑到自由竞争已发展为垄断，资本运动过程的分析应代之以垄断资本运动过程的分析。考虑到资本输出的决定作用以及国际垄断同盟的形成，应有专卷来分析垄断资本的国际运动。考虑到国家作用的增

---

① 马克思：《政治经济学批判》，《马克思恩格斯选集》第 2 卷，人民出版社 1972 年版，第 81 页。

长，特别第二次世界大战后国家垄断资本主义的巨大发展，应有专卷论述资产阶级国家的作用和国家垄断资本。最后，与当做《资本论》第四卷的《剩余价值理论》相应，应有专卷用于专门批判现代资产阶级经济学说。因此，可以把关于现代资本主义经济的专著分为六卷，即：垄断资本的生产过程；垄断资本的流通过程；垄断资本主义生产的总过程；垄断资本的国际运动；国家和国家垄断资本；对现代资产阶级经济学说的批判。考虑到《资本论》已经把关于一国范围内资本运动的规律讲清楚了，这里只需要分析垄断资本主义条件下产生的新的特点，也可以把前面三卷合成一卷，叫做《垄断资本在一国范围的运动》。

以上只是笔者的一些粗浅想法，还不成熟。而且还只是涉及这一理论结构的第一个层次，下面的层次的设计，可能更花气力。这里只是作为探讨，希望其他同志有更完善的理论体系提出来。很可能现在提出一个完善体系的条件还不成熟，那么可以根据初步设想，提出若干问题来研究，随着研究的深入，再使理论体系进一步完善。

三

为了按照上述理论结构深入研究现代资本主义经济，需要研究和突破一系列理论问题。这些理论问题大致上可以分为五类。

（一）

第一类是在资本主义的自由竞争阶段上与对外贸易、世界市场和资本国际运动有关的问题。这些问题还不能包括在上述理论结构中，因为这些是属于补课性质的问题，但如果不研究这些问题，就不可能进一步研究垄断资本主义阶段资本的国际运动问题。

1. 国际价值和世界劳动的平均单位

马克思在论述"工资的国民差异"时提出了"国际价值"和"世界劳动的平均单位"的范畴。他说:"每一个国家都有一个中等的劳动强度……国家不同,劳动的中等强度也就不同;有的国家高些,有的国家低些。于是各国的平均数形成一个阶梯,它的计量单位是世界劳动的平均单位。"又说:"一个国家的资本主义生产越发达,那里的国民劳动的强度和生产率,就越超过国际水平。因此,不同国家在同一劳动时间内所生产的同种商品的不同量,有不同的国际价值……"① 但是,马克思并没有展开论述。这方面有不少问题值得研究,如:国际价值的实体与国内价值相比有何异同之点?国际价值量是由什么决定的?是否由世界劳动的平均单位来决定?什么是世界劳动的平均单位(在这个问题上存在着不同的看法:有人认为是各国生产该商品所需的国内社会必要劳动时间的加权平均数,有人认为是各国劳动生产率之间的比例)?是否存在世界的平均必要劳动时间的范畴?国际价值是何时、在何条件下形成的,等等。

2. 资本积累在国际范围内的作用

马克思论述了资本主义积累的一般规律。这一规律显然是以一个资本主义国家为基础的。当资本的积累不断扩大,商品生产规模不断扩大,而国内市场又相对不足,使商品资本向货币资本的转化要在国际范围内才能实现时,资本积累以及伴随着积累的资本有机构成的提高将会产生什么后果呢?我们知道,发达资本主义国家里资本有机构成较高,从而劳动生产率较高,那里所生产的商品的国别价值低于国际价值。当这些商品在世界市场按照国际价值出售时

---

① 《资本论》第 3 卷,人民出版社 1975 年版,第 613—614 页。

就会获得超额利润。与此相反，资本有机构成较低的不发达国家生产商品的国别价值却不能在国际商品交换中得到全部实现。这样，获得超额利润的发达国家的资本就扩大了自己的积累能力，而不发达国家的资本积累能力却受到了限制。因此，正像资本积累在国内的作用对工人阶级的命运发生重大影响一样，资本积累在国际范围内的作用也会对被压迫民族的命运发生重大影响。

3. 资本循环在国际范围内的实现

马克思在《资本论》第2卷第1篇中论述的资本循环是以一国范围内的资本运动为基础的。资本循环包括三个阶段，其中一个阶段（生产资本的功能）是生产过程，另外两个阶段（货币资本转化为生产资本，商品资本转化为货币资本）都是流通过程。当生产能力增大到一定程度，个别资本生产所需的原料的部分或全部要到国外去购买，它生产出来的商品的部分或全部要在国外市场上才能实现时，尽管生产资本的功能仍然在一国内实现，但是，货币资本到生产资本的转化以及商品资本到货币资本的转化，则要依靠国际商品交换才能实现。所以我们可以说，这时，资本循环部分地是在国际范围内实现的。这里可以研究的问题很多，如：在国际范围内三种资本循环（即货币资本循环、生产资本循环、商品资本循环）实现的条件，同国内比较发生了什么变化？国际范围内资本循环的过程中存在着什么新的矛盾，会产生什么后果？什么叫资本国际化？资本国际化是只包括生产资本的国际化，还是也包括商品资本向货币资本的转化在国际范围内实现这种情况？

4. 在国际商品交换条件下资本主义世界经济中各国的社会总资本的再生产和流通

马克思在《资本论》第2卷第3篇中论述了一国的社会总资本的再生产和流通，并且舍去了对外贸易的因素。在此基础上，我们要把外贸的因素加进来考察，研究这一因素会给一国的社会总资本的再生产和流通带来什么影响。进一步，我们还要研究在资本主义世界经济范围内各国的社会总资本的再生产和流通通过国际商品交换形成了什么样的相互关系，揭示由此产生的种种矛盾。笔者考虑，在这里，还提不出资本主义世界经济范围内世界总资本的再生产和流通问题，因为各国的社会总资本要形成世界总资本，必须以货币资本和生产资本的国际化以及资本在国际范围内的自由流动为前提，这个前提在资本主义的自由竞争阶段上显然不具备。

5. 国际生产价格

马克思在《资本论》第3卷第2篇中论述了平均利润率的形成和商品价值到生产价格的转化问题。在这里，人们会很自然地提出这样的问题：在世界市场上，是否会发生国际价值到国际生产价格的转化呢？埃曼纽尔在其《不平等交换——帝国主义贸易的研究》一书中断言，从长期趋势来看：国际上同样存在着利润平均化的倾向，因此国际价值会转化为国际生产价格。但有些学者（如柯尔梅、斯威齐）则持不同观点，认为国际上的资本和劳动力都难以自由流动，所以，国际生产价格这一范畴是不可能形成的。

（二）

第二类问题是从一国范围来考察垄断资本运动所产生的理论问题，相当于前述理论体系第1—3卷的内容。在这里，要根据《资本论》的原理和列宁关于帝国主义的理论，充分展开地从生产过程、流通过程、总过程方面分析垄断资本的运动，但要暂时把垄断资本的国际运动和国家的作用予以舍去。举例来说，这类问题有：

1. 剩余价值规律在垄断资本主义条件下的具体表现形式

剩余价值规律是资本主义的基本经济规律。这个规律在资本主义的自由竞争阶段具体化为平均利润的规律。它在资本主义的垄断阶段具体化为什么规律？这时的生产目的是什么？斯大林在《苏联社会主义经济问题》中指出："必须把剩余价值规律具体化并加以发展，使之适应于垄断资本主义的条件，同时要考虑到，垄断资本主义所要求的不是随便什么利润，而正是最大限度利润。这才会是现代资本主义的基本经济规律。"[①] 但什么是"最大限度利润"，斯大林并没有说清楚。有些学者认为，"最大限度利润"的提法比较一般，因为"平均利润"也是在自由竞争条件下资本家所能获得的最大限度利润，所以主张以"垄断利润"代替"最大限度利润"。不管是哪一种提法，都应当像马克思分析剩余价值和平均利润那样进行详尽的理论分析，可惜的是这方面理论著作太少了。

2. 垄断资本主义条件下的市场价格问题

首先，需要研究的是：在垄断资本主义条件下，国内的市场价格包括哪几种价格，除了垄断价格外，是否还有非垄断价格？

其次，垄断价格究竟是市场价格，还是决定市场价格的基础？如果垄断价格是市场价格，那么，决定垄断价格的基础是什么？有的学者笼统地说，垄断价格的基础是价值，这话并不错，但却不确切。因为在简单商品生产条件下，市场价格的基础才是价值，但是在资本主义的自由竞争阶段，市场价格的基础已经是价值的转化形式——生产价格了。由此推论，垄断价格也应当有自己的基础。有的同志主张：垄断价格的基础是垄断生产价格。

---

① 《斯大林选集》下卷，人民出版社1979年版，第567页。

这种观点又牵涉到在垄断资本主义条件下，在各垄断化部门之间的垄断利润是否有平均化的趋势，资本在垄断化部门之间是否能自由转移等问题。这个问题远远没有研究清楚。

最后，决定非垄断价格的基础是什么？是否仍然是生产价格？在垄断资本主义条件下，垄断阻碍着资本在全社会的自由流动，有无可能形成全社会的平均利润和生产价格？如果不可能，那么仅在非垄断化部门中能否形成平均利润和生产价格？

3. 资本主义积累的一般规律作用的新特点

马克思论述的资本主义积累的一般规律，是资本主义的一个极其重要的规律。它表明：产业后备军经常同积累的范围和力量保持均衡，贫困的积累和资本的积累相适应。这一规律发生作用的经济基础在当代帝国主义条件下有无变化？同时，马克思又指出："像其他一切规律一样，这个规律在实现中也会由于各种各样的情况而有所变化。"[①] 在当代帝国主义条件下，有哪些因素会使这一规律在实现中发生变化？所有这一切，会对贫困积累的总趋势发生什么影响？

4. 在帝国主义条件下利润率倾向下降的规律的作用的新特点

马克思在《资本论》第3卷中论证了利润率倾向下降的规律，同时又分析了起反作用的趋势。现在国外有的学者认为，利润率倾向下降的规律已经失效，因为正趋势和反趋势作用的合力并未引起利润率的下降（如西方的所谓新李嘉图学派就持有这种观点）。笔者认为，以现实经济生活中利润率不下降来否定这一规律，缺乏说服力。在帝国主义条件下，利润率倾向下降的规律仍然有效。不过，起反作用的因素确实有了新的发展，如平均

---

① 《马克思恩格斯全集》第23卷，人民出版社1975年版，第707页。

利润向垄断利润的转化提高了劳动的剥削程度；一定时期内不变资本的低廉化使资本有机构成增长缓慢，甚至发生停滞；对外贸易有了巨大发展（因为投在对外贸易上的资本能提供较高的利润率）；资本输出有了巨大发展（因为投在国外特别是投在落后国家的资本能提供较高的利润率）等等。这些反作用力量的加强，抵消了利润率下降的倾向，但不能否定这一规律本身。

5. 新的历史条件下资本主义地租问题

国内外学者有争论的主要是现代资本主义条件下的绝对地租问题。马克思在《资本论》第3卷中论述绝对地租时曾指出，绝对地租在价值上来源于农业超额利润，即农产品价值超过生产价格的余额，这个余额存在的条件是农业的资本有机构成低于社会平均资本构成。在目前，由于出现了新的情况，绝对地租是否存在，成为国内外学者讨论的一个课题。一种观点认为，目前在发达资本主义国家里，农业资本有机构成已经赶上社会平均资本构成，绝对地租业已消失，马克思的绝对地租理论已经过时。另一种观点认为，马克思的观点主张绝对地租的存在取决于土地私有制的垄断，只要存在这种垄断，绝对地租就不会消失；不过，在农业资本有机构成接近或赶上社会平均资本构成的条件下，绝对地租在价值上不再来源于农业超额利润，而是来源于别的方面（如国家对农业的补贴，或者对利润和工资的扣除）。这个问题并未解决，需要进一步研究。

（三）

第三类问题是从国际范围来考察垄断资本运动所产生的理论问题，相当于前述理论体系第4卷的内容。在这里，要根据马克思主义关于自由竞争阶段上对外贸易、世界市场和资本国际运动的理论以及列宁的帝国主义理论分析垄断资本的国际运动，这时要把国家作用予以舍弃。举例来说，这类问题有：

1. 垄断资本主义条件下资本积累在国际范围内的作用

在自由竞争条件下，资本积累在国际范围内的作用主要是通过商品输出实现的，而且国际的商品交换基本上是按等价原则进行的。在垄断资本主义条件下，资本积累在国际范围内的作用，不仅通过商品输出，而且通过资本输出来实现。同时，在垄断组织的统治下，国际的商品交换往往是不等价的（垄断组织以垄断高价出售自己的制成品，以垄断低价收购原料等初级产品）。这就进一步扩大了垄断资本的积累能力，进一步加深了发展中国家和发达国家间的贫富两极分化。这是一个值得深入研究的问题。

2. 垄断资本主义条件下资本循环在国际范围内的实现

在垄断资本主义条件下，由于资本输出占了统治地位，垄断组织在国外直接投资，开办工厂，所以生产资本也国际化了。这也就是说，资本循环的国际化过程进一步发展了。这种情况对资本主义世界经济会带来什么后果？

3. 垄断资本主义条件下各国社会总资本的再生产和流通

在垄断资本主义条件下，资本主义世界经济中各国社会总资本的再生产和流通，不仅要放在国际商品交换即各国相互输出商品的条件下来考察，而且要放在各国相互输出资本的条件下来考察，并且还要进一步考察由于各民族垄断资本在国际范围相互矛盾和斗争而产生的国际垄断同盟在这里所起的作用。同时，还要研究，各国资本在世界范围内的流通和相互联系，是否已经达到这样的程度，以致已经形成了世界总资本，如果是这样，那么就要研究世界总资本的再生产和流通问题。

4. 国际垄断价格

垄断资本主义条件下的国际价格是个很复杂的研究课题。其中包括许多问题，如：什么是国际垄断价格？它只包括垄断组织出售自己的商品时规定的垄断高价，还是同时包括垄断组织购买别的企业生产的商品所支付的垄断低价？在世界市场的商品价格中，除了国际垄断价格外，是否还存在着非垄断的国际价格？

（四）

第四类问题是把资产阶级国家对经济的作用加进来考察所产生的理论问题，相当于前述理论体系第五卷的内容。这里要根据马列主义的国家学说，特别是列宁关于国家垄断资本主义的论述，论述国家在垄断资本运动中所起的作用（同时适当回顾国家在自由竞争阶段上对资本的作用），特别要着重分析垄断资本主义发展为国家垄断资本主义以来国家与垄断资本的结合运动；不仅要分析国家在垄断资本国内运动中所起的作用，而且要考察国家在垄断资本国际运动中所起的作用。这一部分问题具有综合考察性质，是前面各卷考察的总结。这里所分析的资本形态可能最接近于现代资本主义经济中的现实形态。例如：

1. 在资本主义发展的过程中，资产阶级国家的作用发生过哪些变化

在自由竞争阶段，国家起着"守夜人"的作用，这是马列主义经典作家已经明确指出过的。进入垄断阶段以后，国家作用发生了什么变化？在国家垄断资本主义条件下，国家作用又发生了什么变化？能不能说，在这种条件下，国家不仅当做上层建筑起着"守夜人"的作用，而且当做真正的总垄断资本家，当做经济基础的组成部分来发生作用？

2. 什么是国家垄断资本主义

它只是国家调节经济的政策措施，还是由国家与垄断组织结合而形成的一种生产关系？它是垄断资产阶级可以采取或可以不

采取的一种政策，还是垄断资本主义生产关系发展过程中出现的一种部分质变？在第二次世界大战以后，垄断资本主义是否已经进入了国家垄断资本主义阶段？

3. 在国家垄断资本主义条件下剩余价值规律的具体表现形式

有的学者认为，在国家垄断资本主义条件下，资本主义的生产目的又发生了部分质变。国家垄断资本主义意味着资产阶级国家和私人垄断资本共同榨取、共同瓜分比一般垄断利润更高、更稳定的国家垄断利润。此观点妥否可以研究。

4. 国家垄断资本主义条件下的资本循环问题

国家垄断资本主义条件下的资本运动，总的来说，是国有垄断资本和私人垄断资本的结合运动。从个别资本的循环来看，有的是国有垄断资本的循环（在资本主义国有企业的场合），有的是私人垄断资本的循环（在私人垄断企业的场合），有的是两者结合在一起的循环（在"公"私合营企业的场合）。但是从整个社会来看，都是国有垄断资本和私人垄断资本的结合运动，国有垄断资本参与了私人垄断资本的运动，私人垄断资本运动再也离不开国有垄断资本的运动。这一总的背景给各个个别资本循环带来什么新的特点，产生什么新的矛盾和后果，这是一个很值得深入研究的课题。

5. 国家垄断资本主义条件下的社会资本再生产和流通的特点

在国家垄断资本主义条件下，由于国有垄断资本和私人垄断资本的结合运动，必然会给马克思在《资本论》第2卷中所述的社会资本再生产的图式带来新的特点。这些新的特点究竟是什么？对于这个问题，国外有的学者已经进行了一些研究。如美国的佩洛就写过一篇题为《适应于国家垄断资本主义的商品流通图式》①。其中列出了四个部类：除了马克思说过的第一部类、第二部类外，还增加了第三部类（军火和为政府使用而生产的其他商品）和第四部类（政府活动）。但是，这种划分是否妥当，很值得研究。特别政府活动是一种非生产性活动，但佩洛也把这种活动划分为 c、v、m，有些不可思议。这个问题十分重要。现在产生的一些新因素（国家的干预、军火生产的扩大或国民经济的军事化、非物质生产部门的迅速扩大等等）用什么方式纳入再生产和商品流通的图式，借以观察这些新因素对资本主义社会再生产过程所产生的后果，这是尚未解决的问题，需要在这方面作出努力。

6. 国家垄断资本主义条件下再生产周期和经济危机的新特点

在这个问题上，意见比较分歧。有的同志认为新的特点是周期更加缩短，危机更加频繁，但每次危机的严重程度则有所减轻。有的同志认为再生产周期并未更加缩短，危机并未更加频繁，也不能笼统地说经济危机更加缓和了。笔者认为，分析经济危机是否缓和，不能只从第二次世界大战后一段时期内发生的现象出发，而要从国家垄断资本主义这一总的历史条件出发。如果我们只考察 20 世纪 50 年代和 60 年代的现象，说经济危机缓和看来有些道理。如果我们考察国家垄断资本主义条件下再生产周期和经济危机的特点，那么仅说"经济危机有所缓和"是不够的、片面的，而应当说"暂时的缓和准备着或酝酿着严重的危机和长期的停滞"。这样的概括更为全面，它不仅概括了 50 年代和 60 年代的现象，而且概括了 70 年代中期以来一直延续到 80 年代的现象。这样的概括能够更准确地揭示国家垄断资本主

---

① 《世界经济译丛》1979 年第 6 期。

义的生产关系从根本上阻碍生产力发展这一实质。

7. 对于资本主义积累的历史趋势的论述需要作哪些补充和发展

马克思在《资本论》第 1 卷将近结尾的地方论述了资本主义积累的历史趋势。他指出:"生产资料的集中和劳动的社会化,达到了同它们的资本主义外壳不能相容的地步。这个外壳就要炸毁了。资本主义私有制的丧钟就要响了。剥夺者就要被剥夺了。"① 马克思在这里讲的是资本主义基本矛盾的尖锐化,必然造成资本主义制度自身的否定。这个论断完全正确,并且已为实践所证实。但是,资本主义发展的历史证明,这一论断还需要补充和发展。资本主义基本矛盾的发展,经历着一个曲折的、复杂的过程。马克思在《资本论》第 3 卷中论述股份公司时提出的关于资本主义生产方式内部资本关系自我扬弃的理论给我们以巨大的启示。它告诉我们:随着生产力的发展和生产的社会化,资本主义基本矛盾会尖锐起来,但是资本关系并不是一成不变的,它会在资本主义生产方式所容许的限度内社会化,社会化了的资本关系会给生产力的发展提供一定的余地。然后,生产力的进一步发展和生产的进一步社会化,又使资本主义基本矛盾重新尖锐起来。如此推动着资本关系在资本主义生产方式内部逐步地社会化。事实证明:资本关系的社会化经历了私人资本→社会资本(股份公司的资本)→垄断的社会资本(垄断组织的资本)→国家垄断资本这样几种形态。当然,资本关系的社会化并不是可以无限制地进行下去的,这样资本主义制度就可以永存了。国家垄断资本主义是资本关系社会化的最高形式,再进一步社会化,就要否定资本主义制度自身。正如列宁所指出的,国家垄断资本

---

① 《资本论》第 1 卷,人民出版社 1975 年版,第 831—832 页。

主义是社会主义的入口。

8. 国家垄断资本主义的发展对垄断资本的国际运动的影响

如国家垄断资本主义生产关系在资本主义国家内部统治地位的确立会给垄断组织的商品输出和资本输出带来哪些新的特点？会对资本积累在国际范围内的作用带来哪些新的特点？会对资本主义世界中各国社会总资本的再生产和流通带来哪些新的特点？会对国际垄断同盟带来哪些新的特点？会对世界经济危机带来哪些新的特点？如此等等。

笔者在上面提出这些问题，目的在于说明，为了完成像前面设想的那样六卷本的研究现代资本主义经济的著作，我们会遇到哪些困难的问题。列宁、斯大林或其他马列主义的理论家早已解决了而且后来又没有什么争论的问题，则都一概略去。笔者在这里主要是提出问题，在个别问题上讲的一些观点是很不成熟的，很可能是错误的，希望读者批评指正。

（本文是作者在 1983 年为纪念马克思逝世一百周年而写的论文，原载中央党校出版社 1983 年 8 月出版的论文集《学习马克思主义，捍卫马克思主义》）

关于南北关系和国际经济新秩序的几个问题

一 "依存"、"依赖"、"依附"等概念问题

我们在国外研究南北关系的文献中经常遇到dependence或interdependence这些英文词。有些问题之所以有争论，往往是由对这些词的理解不同引起的。所以，首先必须把它们的含义弄清楚。我认为，dependence这个英文词实际上有以下三种意思：

第一，从哲学意义上讲，是指在一个对立统一体中矛盾的一方受到另一方制约或一方的存在以另一方的存在为条件这种状况，我们可以把它译成"依存"。interdependence可以译为"相互依存"。在任何一个对立的统一体中，矛盾双方都存在着相互依存的关系。比如在资本主义社会资产阶级和无产阶级之间就存在着相互依存的关系，即一方不存在，另一方也不能存在。从这个意义上讲，在资本主义经济体系内部，发达资本主义国家和发展中民族主义国家之间也存在着相互依存的关系。请注意，这里的发展中国家不包括发展中的社会主义国家，因为后者并不是资本主义世界经济体系的组成部分。

第二种含义是在生产国际化、国际分工的基础上产生的不同国家之间的相互依赖关系。这里所说的生产国际化是指由于生产社会化越出一国范围向国际上扩展，使各国的生产过程相互连接起来形成一个国际性的生产过程。生产社会化是资本主义基本矛盾（生产社会化和资本主义占有形式之间的矛盾）的一个侧面，属于生产力范围，因此作为生产社会化在国际范围内延伸的生产国际化也属于生产力范畴。随着生产国际化的发展，随着国际分工的扩大，各国经济之间的相互依赖关系也日益扩大。因此，一个国家经济的发展，不能闭关自守，不能孤立地进行，而要依靠别的国家给它提供某些产品和再生产的必要条件，才能顺利地进行下去。这种相互依赖的关系，不仅包括发达资本主义国家和发展中民族主义国家之间的关系，而且包括进入世界市场和国际分工体系的所有国家之间的关系，如发达资本主义国家之间的关系，发展中国家之间的关系，社会主义国家和资本主义国家之间的关系，等等。我国作为一个发展中的社会主义国家，是国际分工体系的一个组成部分，当然也要发展对外经济关系。

第三种含义是从生产的国际关系或国际经济关系的角度来考察各国之间的关系，虽然仍然可以叫做相互依赖，但实际的内容是复杂的。仅从资本主义世界经济体系内部来看帝国主义对发展中国家的关系，和发展中国家对帝国主义的关系，就具有不同的含义。帝国主义对发展中国家是一种依赖的关系（这里的"依赖"与第二种含义的"依赖"也有区别），而发展中国家对帝国主义国家是一种依附的关系。

关于帝国主义对发展中国家的依赖问题，列宁在《帝国主义是资本主义的最高阶段》中论述帝国主义的第五个基本特征时讲到，资本主义的垄断阶段"是全世界殖民政策的特殊时代"①,在这个阶段殖民地作为帝国主义的资源产地、投资场所和销售市场的意义更加重要了,殖民地成了帝国主义生存的重要条件。斯大林在《苏联社会主义经济问题》中论述现代资本主义基本经济规律时更明确地把"奴役和不断掠夺其他国家人民,特别是落后国家的人民"当做"保证最大限度的资本主义利润"的一个重要手段。② 有的学者认为帝国主义没有殖民地照样可以生存,理由是马克思在《资本论》中论述资本运动时显然把国外条件舍弃了,他仅仅根据资本主义自身的分析,论证了资本积累、资本扩大再生产能够进行下去的条件。因此,资本可以不凭借它在国外的条件运转,为什么到了帝国主义时代,殖民地这样的国外条件成了帝国主义的生存条件呢?不错,马克思在《资本论》中在论述社会资本再生产时确实舍弃了国外的条件,不仅没有谈到当时还没有发展起来的资本输出,而且连当时已经相当发达的对外贸易都舍弃了。笔者认为在自由资本主义时期,生产目的是谋取平均利润,从理论上讲不需要殖民地附属国完全可以实现平均利润。到了帝国主义时期,随着自由资本主义转变为垄断资本主义,生产目的也从平均利润转变成垄断利润了。而殖民地附属国是垄断利润的一个重要的来源,如果帝国主义不剥削殖民地附属国,从那里获得大量的利润,那么垄断利润就不能实现,从而垄断资本的扩大再生产也就不能实现。这就涉及垄断资本的生存问题。第二次世界大战后,殖民地附属国纷纷独立,形成了发展中的民族主义国家。但是这些发展中国家作为帝国主义生存条件的意义并未降低,因此,帝国主义对发展中国家的依赖

---

① 列宁:《帝国主义是资本主义的最高阶段》,《列宁选集》第2卷,人民出版社1972年版,第797页。
② 《斯大林选集》下卷,人民出版社1979年版,第568页。

程度仍然是很大的。

另一方面，发展中国家对帝国主义是一种依附的关系。这种依附之所以形成，是因为帝国主义国家在资本主义世界中处于垄断地位，它有大量的垄断资本，这些垄断资本输出到世界各地形成金融资本统治的密网（在第二次世界大战后特别明显地表现在跨国公司的巨大发展上），同时，还形成了从经济上瓜分世界的国际垄断同盟。这就使得以前的殖民地附属国、今天的发展中国家不能不处于从属于帝国主义的地位。这种依附不是指一般的依赖，而是一种从属的关系。西方资产阶级鼓吹"相互依赖"，其用心之一显然在于想掩盖发展中国家对于帝国主义的这种依附关系。上面讲的依附，是从帝国主义对发展中国家的关系的总体上讲的。至于一个个具体的发展中国家是否处于依附的地位，则要进行具体分析。依附大致上可以分为政治上的依附和经济上的依附。政治上的依附，在殖民地条件下是很明确的，因为殖民地在政治上不独立，受宗主国的统治，显然从属于宗主国。但是，在政治上已经取得独立的发展中国家，是否在政治上就不依附于帝国主义，这还需要进行具体分析。因为有的发展中国家的政治独立可能仅是名义上的，实际上它的政权仍然受到某个外国资本的操纵，受到某一个帝国主义国家的控制。这样的发展中国家在政治上仍然可以是不独立的。经济上的依附在殖民地条件下也是明确的，那时殖民地经济是完全依附于帝国主义经济的。但在殖民地取得政治上独立，并且发展自己的经济以后，经济上的依附就不那么一目了然了。经济上的依附能否找出几个指标来说明，这很值得研究。有些指标是明显地可以说明依附性的，如一国的经济命脉掌握在外国资本手里；它的经济政策受到外国资本或跨国公司的支配。有些指标就不是那么明显地可以作出判断。如一个国家引进了外资，借了外债，受外国的剥削，是否就是依附呢？笔者认为在这方面应当防止简单化的倾向。当然，一个国家有了外国资本的投资，借了一定的外债，受到外国资本的剥削，确实有可能使自己走上依附的道路。但是不能把这些东西的存在与依附等同起来。就中国来说，既有外国投资，也借外债，也受剥削，是否是依附呢？谁也不同意说我们中国依附于哪个帝国主义国家。笔者认为，一个国家是否真正处于依附的状态，一方面要看这个国家对外资采取什么政策，另一方面在外资、外债问题上还有一个量的界限，即外资、外债的比重究竟达到什么样的程度，经济上就不再是独立的了。那时你想独立也独立不成了。这种量的界限是一个需要研究的课题。

二 帝国主义没有对发展中国家的依赖究竟能不能生存下去，发展中国家没有对帝国主义的依赖究竟能不能生存下去

笔者在上面已经说过，发展中国家是帝国主义的生存条件，是垄断资本进行扩大再生产，实现其追逐垄断高额利润的生产目的的必要条件。从这一意义来说，没有对发展中国家的依赖，帝国主义是难以生存下去的。有的同志认为，上面这种说法，对第二次世界大战以前的情况来说是正确的，但是第二次世界大战后，发达资本主义国家相互之间的资本输出和商品输出超过了发达国家对发展中国家的资本输出和商品输出，各发达国家可以主要通过相互之间的资本输出和商品输出来谋取垄断利润。因此说帝国主义离开对发展中国家的依赖就不能生存的说法，不再符合实际情况了。笔者认为，发达国家相互间的资本输出和商品输出带有各国垄断资本相互竞争的性质。在两国势均力敌的情况下，双方从对方取得的利润往往会相互抵消。即使两国力量不平衡，一国从另一国取得了更多利润，也仍然是在发达资本主义国家范

围内榨取的，一般说来其利润率不可能很高，如果没有从发展中国家榨取的利润补充，垄断资本扩大再生产所必要的高额垄断利润仍然不可能实现。因此，资本输出和商品输出流向的变化并不能改变发展中国家作为帝国主义生存条件的性质。有的同志认为，没有对发展中国家的剥削，要维持高标准的利润确实是困难的，但是如果维持低标准的利润却是可能的，这样发达国家仍然可以生存下去。笔者认为，这种假设是不现实的。资本主义发展到目前这个阶段，要退回去是不可能的。在垄断资本主义条件下，一个垄断组织要在激烈的竞争中生存下去，必须获得垄断利润。如果它只能获得低于垄断利润的利润或平均利润，它就会在竞争中被淘汰。这就迫使每个垄断组织不仅要加强对本国人民和其他发达国家人民的剥削，而且要加强对发展中国家人民的剥削。这是不以哪一个垄断资本家的意志为转移的。

发展中国家不依赖帝国主义能不能生存下去？如果这里的"依赖"指的是依附，那么没有对帝国主义的国家的依附，发展中国家可以生存得更好，而不是生存得更坏。如果这里的"依赖"指的是由于国际分工而引起的发展中国家对发达国家的依赖，那么发达国家提供的资金、技术等条件，当然是有利于经济的发展的。但是，即使没有发达国家提供的这些条件，发展中国家作为一个总体仍然是有可能发展它们的经济的，它们可以通过相互之间的经济合作和集体自力更生来解决发展所需的资金、技术和市场等问题，不过发展速度可能要慢一些。至于从个别国家看，各国的情况是不一样的。如果是一个小国，没有资源，资金积累能力和国内市场都小，如果没有别国的帮助，面临的困难是很大的。如果是一个大国，有大量的资源，有足够的资金积累能力，又有广大的国内市场，即使没有别国帮助，也可以发展自己的经济。当然，有了国外提供的一些条件，发展就快些，没有这些条件，发展就慢些，但是不涉及能不能生存的问题。

三 第二次世界大战以后，发展中国家在经济上对发达资本主义国家的依附是趋向于扩大，还是趋向于缩小

为了回答这个问题，首先要弄清楚前面所讲的经济上依附的概念。特别要注意到，被剥削和依附这两个概念既有联系，又有区别。所以受剥削程度的加深不等于依附程度的同步加深。有的同志用发展中国家受剥削程度的加深来说明依附程度的同步加深，这是过于简单化了。其次，即使就发达资本主义国家对发展中国家的剥削程度来说，也不能简单化，而应当分析两种趋势：一种是资本积累的趋势，一种是反趋势。资本积累趋势是使发达资本主义国家对发展中国家的剥削趋于加强。笔者曾经写过一篇题为《资本积累在国际范围内的作用》的文章，那里谈到，随着发达资本主义国家的资本在国际范围内的积累，发达资本主义国家对发展中国家的剥削有加强的趋势，资本主义世界会发生两极分化，在发达资本主义国家一极是资本和财富的积累，在发展中国家一极是贫困的积累。除了其中个别观点（发达国家和发展中国家按国际价值的交换中有价值转移）外，这篇文章的观点我现在认为仍然是正确的，这里不再重复。总之，笔者认为，资本积累在国际范围内作用的趋势是使剥削逐步加强。但是资本积累在国际范围发生作用的趋势，还受到若干反趋势的限制。笔者想到的资本积累的反趋势，至少有下面几条：（1）发展中国家社会主义革命的胜利，这是一个很大的反趋势。如半殖民地半封建的中国过去是帝国主义剥削的一个十分重要的对象。一个六亿人口的大国，脱离资本主义体系，走上社会主义道路，这样就使得垄断资本国际剥削的范围大大地缩小了。（2）发展中国家

取得政治上的独立,并且努力发展自己的民族经济,这个因素应该说是反趋势。诚然,没有经济上的独立,政治上的独立是不巩固的。但另一方面,我们也要看到,上层建筑对经济基础是有反作用的,政治上的独立可以为发展经济、取得经济上的独立开辟道路。只要政治上独立的国家,致力于发展民族经济,它就必然会对外国垄断资本进行限制,实行国有化以及其他种种限制措施(如哪些部门可以投资,哪些部门不可以投资),就会设法减轻垄断资本的剥削,摆脱对帝国主义的依附,这就会形成一个反趋势。(3)发展中国家在国际范围内的反垄断斗争。典型的例子就是石油输出国组织在石油价格问题上所进行的斗争。有人说石油输出国组织是一个国际垄断组织。笔者的看法,它是一个国际反垄断组织,是为反对国际垄断资本对石油价格的垄断而建立的国际组织。由于石油输出国组织的斗争,把石油原来的垄断低价提高了,这就缩小了国际市场价格上的剪刀差。所以它有限制垄断资本国际剥削的作用,对资本的国际积累也形成了一种反趋势。(4)发展中国家的集体自力更生,加强了发展中国家在经济上的相互支援和合作,可以适当地减轻垄断资本的剥削。(5)建立国际经济新秩序的斗争。这个斗争是明显地以减轻国际垄断资本的剥削,减少发展中国家对发达资本主义国家的依附为目标的。这里就不多说了。这些反趋势的作用,当然会削弱资本积累所引起的加强剥削的趋势。

第二次世界大战以后,发展中国家对发达国家依附的趋势是扩大了还是缩小了?发达国家对发展中国家的剥削是加强了还是减弱了?对这些问题,要全面分析上述正反两方面的趋势,才能得出确切的结论。这方面需要做一些深入的调查研究。但是有一点是可以肯定的,直到目前为止,发展中国家对发达国家的依附这个总的局面并没有改变,而且严重地存在着。正是因为如此,发展中国家才要发动建立国际经济新秩序的斗争。

四　关于建立国际经济新秩序的斗争性质

笔者认为，首先应该划清一个界限，发展中国家的资产阶级提出来的国际经济新秩序，同马克思主义者赋予它的含义是有区别的。发展中国家资产阶级提出的国际经济新秩序是改良主义的纲领，因为它无非是要减轻和限制帝国主义、垄断资本的剥削，争取在比较公平合理的基础上同发达资本主义国家打交道，它并没有要求根本消除垄断资本的剥削，更没有以最终消灭资本主义制度为目标。但是我们马克思主义者把建立国际经济新秩序的斗争当做在世界范围内打击帝国主义、削弱帝国主义、削弱殖民主义这个总的斗争的重要组成部分，它为在世界范围内根本推翻帝国主义、资本主义制度的统治创造了有利条件。这样，这一斗争就具有了革命的性质，具有了反帝的、民族解放运动的性质。建立国际经济新秩序的斗争，是民族解放运动在国际经济关系领域内的延长。有的同志提出，这一斗争是世界范围内的一次民族民主革命。笔者觉得这个说法不妥当。我们知道，历史上早在18世纪就发生过世界范围的资产阶级革命（如法国的革命、英国的革命、德国的革命等）。十月革命以后，马列主义经典作家都指出世界已进入了无产阶级革命的时代。现在又出现了一个民族民主革命的阶段，这在理论上有点讲不通，所以"民族解放运动的继续"这一提法比较好。

五　发展中国家有没有可能走上资本主义发展的道路

这个问题同发展中国家有没有可能成为发达的资本主义国

家,是两个不同的问题。在当代条件下,发展中国家一般不可能成为发达资本主义国家。这个问题别的同志进行了论证,笔者这里就不谈了。发展中国家走上资本主义发展的道路,不是成为发达资本主义国家,而是成为资本主义有一定程度发展的国家,是不是可能呢?笔者觉得是有可能的。在当代条件下之所以有此可能,是由第二次世界大战后的国际国内条件决定的。

(1) 第二次世界大战以前,在帝国主义旧殖民体系的条件下,存在着宗主国对殖民地的独占性统治,它不允许,也完全有能力扼杀那里的资本主义发展。而第二次世界大战后,民族解放运动已成为不可抗拒的历史潮流,许多原殖民地附属国取得了政治上的独立,旧殖民体系趋于瓦解,新殖民主义代替了旧殖民主义。在新殖民主义条件下,一个帝国主义国家对已经独立的发展中国家不能进行独占性统治,这就为其他帝国主义国家渗入这些国家创造了条件,从而使发展中国家有可能利用各个帝国主义国家之间的矛盾来发展资本主义,同时帝国主义国家也不再可能像过去那样扼杀那里资本主义的发展了。不仅如此,在已经独立的发展中国家是走社会主义还是走资本主义道路的问题上,帝国主义宁愿把发展中国家纳入资本主义体系内,希望它们走资本主义道路,反对它们走社会主义道路。所以帝国主义总是支持那里的资产阶级反对无产阶级,也是使这些国家走资本主义道路的有利条件。

(2) 无产阶级对革命的领导权是使原殖民地附属国在革命胜利后走上社会主义道路的决定性的条件。只有在无产阶级领导下,完成民族民主革命以后建立起来的人民民主专政的政权,才能把民主革命转变为社会主义革命,才能走上社会主义道路。而在第二次世界大战后许多独立的发展中国家中,由于种种原因,无产阶级和共产党的力量比较弱小,资产阶级的力量比较大,领导权往往掌握在资产阶级手中。这就决定了这些国家不可能走上社会主义道路，而只能走资本主义道路。有些国家虽然标榜走上了社会主义道路，实际上由于政权在资产阶级手里，走的还是资本主义道路。

（3）尽管社会主义在世界范围内的影响在日益扩大，但在社会主义和资本主义两大体系的力量对比中，资本主义体系暂时还处于优势地位。世界社会主义力量还不够强大，特别在其发展过程中出现了严重的曲折（主要表现是苏联走上霸权主义道路），这对发展中国家选择社会主义道路来说是一个不利的因素。

我国党和国家的领导人与一些发展中国家的领导人谈话时，经常鼓励他们走独立自主地发展民族经济的道路。所以这样讲，是因为走这条道路有着现实的可能性。同时，说某个国家走上资本主义道路，这不等于说它的经济一点依附性也没有。尽管在不同程度上还存在着依附性，只要它基本上致力于发展民族资本主义经济，就可以说它走上了资本主义道路。至于哪些国家已经走上资本主义道路，哪些国家将来有可能走上资本主义道路，需要根据具体情况进行具体分析。

（原载《世界经济》1983年第10期）

资本主义积累一般规律对现代资本主义未必适用吗

马克思的《资本论》第1卷在论述了剩余价值生产和工资以后，进一步论述了资本积累，揭示了资本主义积累的一般规律，也就是"使相对过剩人口或产业后备军同积累的规模和能力始终保持平衡的规律"①；然后再把前面已经阐明的有关剩余价值生产的规律进行综合考察，指出资本积累必然在一极造成财富的积累，在另一极造成贫困的积累。资本主义积累的一般规律是在资本主义生产方式基础上产生的一个极其重要的经济规律，它揭示了资本积累必然造成无产阶级和资产阶级在经济上的鸿沟加深，从而造成两大阶级之间阶级矛盾和阶级斗争的尖锐化，而后者是引起无产阶级革命爆发的一个重要前提。马克思关于资本主义积累一般规律的论述，无论过去和现在都是武装全世界各国的无产阶级，提高他们的阶级觉悟，激励他们去为推翻资本主义制度而斗争的强大思想武器。

最近，国内刊物上有文章说马克思关于资本主义积累一般规

---

① 《资本论》第1卷，人民出版社1975年版，第708页。

律的原理只是"从资本主义前期的实际情况中概括出来的","未必适用于资本主义发展的一切阶段"。换句话说,这个原理只适用于资本主义发展的前期,在当代资本主义条件下已经过时。笔者认为这个观点是不正确的。

现在,让我们分析一下这篇文章提出这一论点的三个论据。

一

其一,"在资本主义前期,社会生产力水平比较低,资本数量比较小,限制和压低工资,琐细的欺诈行为,乃成为提高剩余价值率和积累率的手段。"而"现代资本主义是以发达的生产力为基础的,它基本上是依靠相对剩余价值的生产方法获取利润的"。

应当指出,这些话所涉及的内容,其实不属于资本主义积累一般规律的范围,而是属于剩余价值生产的范围;但是由于它们与无产阶级贫困的积累有关,须略加评论。显然,这里是把"压低工资"来"提高剩余价值率",与相对剩余价值生产对立起来了。马克思主义政治经济学告诉我们,相对剩余价值生产的增加,正是依靠使劳动者新创造的价值中劳动力价值部分减少,剩余价值部分增加来达到的,其办法就是提高劳动生产率,使再生产劳动力所必要的生活资料的价值降低。所以,相对剩余价值生产的特点正在于降低工资价值来提高剩余价值率。而在资本主义前期,生产力水平较低,劳动生产率不高的情况下,资产阶级主要采用绝对剩余价值生产,其特点是通过延长工作日来提高剩余价值率。至于"现代资本主义……基本上是依靠相对剩余价值生产的方法获取利润的",这句话并没有错,但这不是新发现,而是马克思早就阐明了的。马克思说:"自从工人阶级不断增长的反抗迫使国家强制缩短劳动时间,并且首先为真正的工厂强行规定正常工作日以来,也就是说,自从剩余价值的生产永远不能通过延长工作日增加以来,资本就竭尽全力一心一意加快发展机器体系来生产相对剩余价值。"[1] 随着生产力的发展和劳动生产率的提高,相对剩余价值的生产具有越来越重要的意义,资本家所攫取的巨额利润除了在某种程度上仍然依靠绝对剩余价值生产方法(主要是提高劳动强度)外,在越来越大的程度上要依靠相对剩余价值生产的方法来取得。这种趋势,马克思在揭示资本主义积累一般规律时是预见到了的。

对于劳动力价值和剩余价值之间的量的关系,该文在批评马克思的方法是"静态分析"(这个看法也是错误的,需另有专文探讨)时说:"如果我们正视这一世纪、特别是第二次世界大战后生产力大发展的现实,不难看到,剩余价值和积累的增加,对工人生活状况的影响是多种多样的",其中的第三种情况是"在生产有较大发展、国民收入有较大增长时,剩余价值、积累和工人收入可以同时增加。这种情形又可以分两样:或者工人的收入绝对量增加,但在国民收入中所占比重减少;或者工人的收入不仅绝对量增加,而且相对量(即在国民收入中所占的比重)也增加了"。文章尽管主张"重视"量的分析,但在这一段话中对上述种种变量的分析却是含糊不清的、不科学的。这种分析,一没有区分这些变量是价值量还是使用价值量,二没有说清引起生产和国民收入的增长的诸因素(如劳动投入量、劳动生产率)的变动情况,所以得出的结论是经不起推敲的。例如,如果产品量的增长不是依靠提高劳动生产率,而是依靠延长劳动时间来达到的话,那么剩余价值和工人收入就不会同时增加,所增加的只

---

[1] 《资本论》第1卷,人民出版社1975年版,第449页。

是剩余价值的绝对量和相对量，劳动力价值的绝对量不会发生变化，而相对量则会降低。又如，如果产品量的增长不是依靠延长劳动时间，而是依靠提高劳动生产率来达到的话，那么劳动力价值和剩余价值从价值量来说都不会增长，但其使用价值量则会随劳动生产率的提高而增长。

为了对劳动力价值和剩余价值的量的变化情况进行科学的分析，我们仍然必须向马克思求教。马克思在《资本论》第1卷第15章《劳动力价格和剩余价值的量的变化》中对这个问题作了详尽的分析（他分析了在工作日长度、劳动强度和劳动生产力三种因素的四种最主要的组合的条件下劳动力价值和剩余价值的变化）。在这里，我不想重复这些分析。但是，就分析第二次世界大战后发达资本主义国家的情况来说，马克思分析的第一种组合可能是比较合适的。第一种组合是"工作日的长度和劳动强度不变（已定），劳动生产力可变"[①]。第二次世界大战后，工作日长度略有缩短，而在若干部门劳动强度有所提高。但是劳动强度的实际资料难以得到。假定工作日的缩短与劳动强度的提高正好相互抵消，那么整个劳动投入量可以说是不变的。即使工作日的缩短所减少的劳动投入量与劳动强度提高所增加的劳动投入量之间稍有出入，不能完全抵消，因而总的劳动投入量稍有增加或减少，但是在劳动生产率极大提高的条件下，这种差异是微不足道的，我们仍然可以假定劳动投入量基本上是不变的。如果这一假定能够成立的话，那么我们可以说，马克思所提出的在第一种组合的条件下决定劳动力价值和剩余价值的三个规律基本上适用于第二次世界大战以后的情况，这三个规律是：

"第一，不论劳动生产率如何变化，从而不论产品量和单个

---

① 《资本论》第1卷，人民出版社1975年版，第568页。

商品的价格如何变化，一定长度的工作日总表现为相同的价值产品"，但是"所生产的使用价值量随劳动生产力的变化而变化"①。在劳动生产率大大提高的情况下，一定价值产品表现为大量的使用价值量，但其价值量并不发生变化。

"第二，劳动力的价值和剩余价值按照相反的方向变化。劳动生产力的变化，它的提高或降低，按照相反的方向影响劳动力的价值，按照相同的方向影响剩余价值。"② 这就是说，在劳动生产率提高的情况下，劳动力价值就会降低，剩余价值就会提高。

"第三，剩余价值的增加或减少始终是劳动力价值相应的减少或增加的结果，而绝不是这种减少或增加的原因。"③ 这就是说，正是劳动生产率提高引起的劳动力价值下降，是剩余价值增加的原因。

特别值得注意的是马克思在综合上述三个规律的基础上提出的下面这段论述："劳动力的价值是由一定量的生活资料的价值决定的。随着劳动生产力的变化而变化的，是这些生活资料的价值，而不是它们的量。在劳动生产力提高时，工人和资本家的生活资料量可以同时按照同样的比例增长，而劳动力价格和剩余价值之间不发生任何量的变化。……如果劳动力的价格下降，但没有下降到由劳动力的新价值所决定的最低界限……那么这个下降了的价格也还是代表一个增加了的生活资料量。可见，在劳动生产力提高时，劳动力的价格能够不断下降，而工人的生活资料量同时不断增加。但是相对地说，即同剩余价值比较起来，劳动力

---

① 《资本论》第1卷，人民出版社1975年版，第568页。
② 同上。
③ 同上书，第570页。

的价值还是不断下降,从而工人和资本家的生活状况之间的鸿沟越来越深。"① 这就是说,在劳动生产率提高的情况下,尽管工人的实际工资会有所提高,但是劳动力价值还是不断下降,它在劳动者新创造价值中的比重仍然在不断下降。

马克思得出的结论显然与上述文章得出的结论完全不同。该文作者认为第二次世界大战后不仅剩余价值和工人收入可以同时增加,而且工人收入在国民收入中所占的比重也增加了。这就是说,剩余价值率下降了。究竟是马克思的观点过时了,还是这位作者的观点错了?我们可以用实际来检验。

据德意志民主共和国经济学家汉斯·塔梅尔计算,第二次世界大战后联邦德国的剩余价值率的变化情况是:1950 年 181.4%,1960 年 236.3%,1970 年 273.9%,1975 年 260%。②

据上海国际问题研究所姚廷纲同志计算,第二次世界大战后美国物质生产部门剩余价值率的变化情况如下:1948 年 236.7%,1950 年 241.2%,1960 年 247.6%,1970 年 255%,1977 年 280.9%。1948—1977 年的 30 年中,生产劳动者实际收入占国民收入的比重从 29.7% 下降到了 26.3%。③

据日本学者泉弘志计算,在 1960—1975 年间,日本的劳动力价值从 1199 小时下降到 791 小时,剩余价值从 1488 小时提高到 1623 小时,剩余价值率从 124% 提高到 205%;在 1961—1975 年间,美国的劳动力价值从 745 小时降低到 621 小时,剩余价值从 1330 小时提高到 1433 小时。剩余价值率从 178% 提

---

① 《资本论》第 1 卷,人民出版社 1975 年版,第 571 页。
② 参见塔梅尔《国际政治经济研究所报告》,《世界经济译丛》1979 年第 2 期。
③ 参见姚廷纲《战后美国工人阶级被剥削程度进一步提高》,《世界经济》1980 年第 11 期。

高到231％。①

上述三位学者都是基本上按照马克思的有关理论计算的。由于计算的口径和方法不完全一致，有些数字有出入，但计算出来的数字所表明的剩余价值率提高的总趋势则是一致的。可见，第二次世界大战后发达资本主义国家的实际情况表明，马克思《资本论》的观点并未过时，而上述文章的观点是错误的。

二

其二，"伴随着资本的积累，是资本主义大生产排挤小生产，广大农民破产，沦为无产者，成为相对过剩人口的主要来源。也只有在这样的历史条件下，马克思讲的'工人人口本身在生产出资本积累的同时，也以日益扩大的规模生产出他们自身成为相对过剩人口的手段'的结论，才能成立。""随着资本主义的大发展……农业人口在社会总人口中所占的比重及其绝对数量越来越小。……因此，马克思主要依据存在大量农村过剩人口概括的'相对人口过剩规律'已经失去客观基础。"

把"广大农民破产，沦为无产者"看做"相对过剩人口的主要来源"和唯一历史条件，这是对马克思论述的误解。

马克思论述资本主义积累的一般规律，并不是从资本积累造成广大农民破产、沦为无产者这一点出发的，而是从资本积累过程中劳动生产率的提高和资本有机构成的提高出发的。他认为，在资本积累过程中，随着技术的进步和劳动生产率的提高，资本有机构成不断提高，总资本中的不变部分越来越大，可变部分越

---

① 参见泉弘志《根据劳动价值计算剩余价值率并进行国际对比》，《世界经济译丛》1983年第10期。

来越小。而对"劳动的需求,不是由总资本的大小决定的,而是由总资本可变组成部分的大小决定的,所以它随着总资本的增长而递减,而不像以前假定的那样,随着总资本的增长而按比例增加。"① 这样,"资本主义积累不断地并且同它的能力和规模成比例地生产出相对的,即超过资本增值的平均需要的,因而是过剩的或追加的工人人口。"② 马克思从来没有说过"广大农民破产、沦为无产者"是"相对过剩人口的主要来源"和唯一历史条件。他分析三种形式的相对过剩人口,其中第一种形式(即流动的形式)和第三种形式(即停滞的形式)的相对过剩人口都是在城市中形成的,只有第二种形式的相对过剩人口才是资本主义侵入农业造成农业人口转入城市无产阶级队伍而形成的。马克思说:"资本主义生产一旦占领农业,或者依照它占领农业的程度,对农业工人人口的需求就随着在农业中执行职能的资本的积累而绝对地减少,而且对人口的这种排斥不像在非农业的产业中那样,会由于更大规模的吸引而得到补偿。因此,一部分农村人口经常准备着转入城市无产阶级或制造业无产阶级的队伍,经常等待着有利于这种转化的条件。"③ 但是,马克思接着指出,这种过剩人口是"潜在的","这种过剩人口的数量只有在排水渠开放得特别大的时候才能看得到。"④ 把这种形式的过剩人口的意义加以极度夸大,无疑地远离了马克思的原意。

　　第二次世界大战以后,在发达资本主义国家里农业人口的绝对数量及其在社会总人口中的比重日益缩小,这是一个客观的事实。但是,能不能把这一事实作为宣布资本主义积累一般规律已

---

① 《资本论》第1卷,人民出版社1975年版,第690页。
② 同上书,第691页。
③ 同上书,第704页。
④ 同上书,第705页。

经过时的论据呢？

如果我们按照马克思的原意来理解资本主义积累的一般规律，即把相对过剩人口形成的原因归结为资本积累过程中资本有机构成的不断提高，那么我们没有任何理由说这一规律已经过时。事实上，第二次世界大战以后，随着技术的进步，发达资本主义国家的资本积累过程中资本有机构成仍在继续提高，尽管由于生产资料生产部门中劳动生产率的急剧提高使生产资料的价值急剧下降，再加上技术进步中生产资料的节约，资本有机构成提高得较缓慢。例如，据德意志民主共和国汉斯·塔梅尔计算，第二次世界大战后联邦德国的资本有机构成从1950年的3.15提高到1975年的4.02。① 又据美国《基本统计手册》和《现代商业概览》有关统计资料计算，美国固定资本与工资的比值从1949年的1.45提高到1975年的2.11。② 既然资本有机构成仍在继续提高，那么我们有什么理由说资本主义积累一般规律失效了呢？不仅如此，从发展趋势上看，由于技术是不断地进步的，资本有机构成将继续不断地提高，所以资本主义积累一般规律在将来仍将继续发生作用。

说资本主义积累一般规律仍然有效，不等于说资本主义国家的相对过剩人口即失业人口总是绝对地不断地增加的。事实上，第二次世界大战后发达资本主义国家里失业问题确实不如第二次世界大战前那么严重。例如，美国是主要资本主义国家中失业最

---

① 参见塔梅尔《国际政治经济研究所报告》，《世界经济译丛》1979年第2期。
② 这个数字不能确切反映资本有机构成的变化状况。因为除了固定资本不能代表全部不变资本外，较大的一个问题是固定资本与工资都是按当年价格计算的，因而不能确切反映资本价值构成的变化。为了确切反映资本价值构成的变化，一要扣除两大部类物价上涨率的差距，二要扣除两大部类中劳动生产率的差距。如何确切计算资本有机构成，是一个尚待研究的课题。

严重的国家，第二次世界大战后大部分年份的失业率都在3%—5%之间，1961年危机期间达到了6.7%（这是1974—1975年严重经济危机以前失业率的最高数字）；而在第二次世界大战前1929—1933年经济危机期间，从1931年起失业率一直超过20%，危机结束后一直到第二次世界大战开始时失业率未能低于14%。如何解释这一现象呢？

失业现象同历史上任何其他现象一样，都不是一个单一因素引起的，而是许多有关因素共同起作用的结果。第二次世界大战后失业问题有所缓和，从资本主义积累一般规律本身来说，这无疑地与资本有机构成提高较缓慢有关。但是，正如马克思在表述了资本主义积累一般规律时所说的，"像其他一切规律一样，这个规律在实现中也会由于各种各样的情况而有所变化"[①]。第二次世界大战后由于农业人口的日益减少而使农业人口转入城市无产阶级队伍这一趋势日益减弱，只是影响资本主义积累一般规律实现的一个情况，而且还不是最重要的情况。据笔者看，除此以外，还有以下一些情况：

第一，第二次世界大战后的50—60年代，由于资本主义经济发展比较迅速（其原因的分析，不是本文的任务，这里从略），社会总资本增长较快，使就业人口有所增加，人口相对过剩的情况有所减轻。马克思说："现代工业这种特有的生活过程，由中等活跃、生产高度繁忙、危机和停滞这几个时期构成的、穿插着较小波动的10年一次周期形式，就是建立在产业后备军或过剩人口的不断形成、或多或少地被吸收、然后再形成这样的基础之上的。"[②] 这就是说，过剩人口并不是不断地直线地

---

① 《资本论》第1卷，人民出版社1975年版，第707页。
② 同上书，第694页。

增长的，在工业周期的中等活跃、生产高度繁忙的阶段上，相对过剩人口会在不同程度上减少。对于一个工业周期来说是这样，对于较长期的经济发展过程来说也是这样。在20世纪50—60年代资本主义经济发展较迅速时期吸收了一部分相对过剩人口，是很自然的。

第二，随着工人阶级力量日益壮大，某些发达资本主义国家一些工会经过斗争取得了限制资本家随意解雇工人的条款，这对于抑制失业人数大量增加，也起了一定作用。

第三，在国家垄断资本主义条件下，垄断资产阶级国家采取一些措施限制失业人数急剧扩大。如果仅从私人资本积累的角度来看，要求失业人口的大量增加，因为这有利于把劳动力价格压低到劳动力价值以下。但从作为总垄断资本家的国家的角度来看，失业工人的大量存在易于造成社会危机，造成资本主义制度的不稳定性，为了维护资本主义制度和资产阶级政权的"长治久安"，要求适当地限制失业人口。因此，垄断资产阶级国家实际上实行着一种双重政策：一方面维持一定量的失业，作为限制在业工人的要求和压低其工资的手段；另一方面又把失业人数控制在一定范围内，以排除失业人口过多在政治上对资本主义制度的威胁。

在以上影响资本主义积累一般规律作用的因素中，资本主义经济增长的情况是最重要的。当资本主义经济陷入严重危机和停滞时期以后，相对过剩人口就显著地大量增加。1973—1975年爆发了第二次世界大战后以来最严重的世界经济危机，危机期间失业人数大量增加，1975年美国失业率上升到8.5%，英国为4.4%，联邦德国为4.7%，法国为4.3%，都创第二次世界大战后最高纪录。到20世纪80年代初，发达资本主义国家的失业人数已增加到3200万人，从绝对量来说已接近1929—1933年大危机时期3500万人的水平。美国的失业人数超过1200万,失业率接近11%;西欧共同市场国家失业人数超过1200万,失业率超过10%,其中英国失业人数超过300万,失业率达13%。这些都达到了20世纪30年代以来的最高纪录。事实证明,资本主义积累一般规律仍然以不可抗拒的力量在发生着作用。

三

其三,"与资本主义发展不充分相联系的,是工人阶级本身不成熟。因而,资本家可以肆无忌惮地奴役工人。如任意压低和克扣工资,延长劳动时间,恶化劳动条件,残酷剥削女工、童工,等等。""工人阶级的发展壮大,迫使资本家及资产阶级政府不得不作出让步。""现代资本主义国家通过一些政策、法律,调节国民收入的分配,限制劳动时间,改善劳动条件,禁止使用童工,保障女工权益,实施社会保险救济,等等,不能不在某种程度上限制资本家对工人的剥削,改善工人的社会经济地位。"

与资本主义前期相比,工人阶级力量空前壮大了。不仅工人阶级在一部分国家已经推翻了资本的统治,建立了社会主义制度,而且在仍然处于资本统治的国家内,工人阶级对资产阶级的斗争无疑是抑制和削弱资产阶级的剥削和压迫,改善自己的生活条件和社会经济地位的重要因素。但是,怎么可以从这里得出资本主义积累一般规律已经过时的结论呢?

资本主义社会里工人阶级的命运、生活状况和社会经济地位是由多种多样的、十分复杂的经济的和政治的因素决定的,是这些因素共同起作用的结果。资本主义积累只是一个重要的经济因素,而不是唯一的因素。马克思在《资本论》第1卷第23章《资本主义积累的一般规律》一开始就表明:"我们在这一章要研究资本的增长对工人阶级的命运产生的影响。在这种研究中，最重要的因素就是资本的构成和它在积累过程进行中所起的变化。"① 他在表述了资本主义积累的一般规律后又说，对影响这个规律实现的各种各样情况的分析"不属于这里的范围"②。按照马克思的说明，在这一章只分析资本积累过程中资本有机构成的提高对工人阶级命运所产生的影响，而把其他因素予以舍弃。

工人阶级斗争无疑是影响工人阶级命运、生活状况和社会经济地位的一个极其重要的因素。对这一因素作了精辟论述的正是马克思。他在《资本论》中以大量的事实论述了工人阶级争取缩短工作日的斗争，争取限制妇女劳动和儿童劳动的斗争，反对使用机器的斗争，农业工人的斗争，等等。马克思在《工资、价格和利润》中号召工人阶级开展提高工资的斗争，告诉他们不能"驯服地接受资本家的意志……"并把它当做"最高的经济规律"；指出利润率水平、工资水平要通过资本和劳动之间的不断斗争来确定；指出工人阶级斗争对劳动立法的重要意义，说对限制劳动日的立法上的干涉"如果没有工人方面的经常压力，是永远也不会出现的"③。特别值得指出的是，马克思多次论证了在资本主义条件下发生作用的另一条规律，即随着资本的积累，工人阶级日益壮大，日益联合和组织起来，其反抗日益增长。他在《资本论》中指出："随着资本的积累，阶级斗争日益发展，工人的觉悟日益提高"④；"随着那些掠夺和垄断这一转化过程（指劳动资料日益转化为只能共同使用的劳动资料——引者注）的全部利益的资本巨头不断减少，贫困、压迫、奴役、

---

① 《资本论》第1卷，人民出版社1975年版，第672页。
② 同上书，第707页。
③ 《马克思恩格斯选集》第2卷，人民出版社1972年版，第197、201页。
④ 《资本论》第1卷，人民出版社1975年版，第717页。

退化和剥削的程度不断加深,而日益壮大的、由资本主义生产过程本身的机构所训练、联合和组织起来的工人阶级的反抗也不断增长。"① 马克思、恩格斯在《共产党宣言》中指出:"资产阶级无意中造成而又无力抵抗的工业进步,使工人通过联合而达到的革命团结代替了他们由于竞争而造成的分散状态。于是,随着大工业的发展,资产阶级赖以生产和占有产品的基础本身也就从它的脚下被挖掉了。它首先生产的是它自身的掘墓人。资产阶级的灭亡和无产阶级的胜利是同样不可避免的。"②

由此可见,在资本主义社会里事实上存在着两种相互对立的趋势:一种是资本主义积累的一般规律所决定的趋势,这种趋势要求扩大和加强资本对劳动的剥削,造成无产阶级的贫困化;另一种是工人阶级不断壮大、联合起来对资产阶级进行斗争的趋势,这种趋势要求削弱和抑制资本对劳动的剥削,改善工人阶级的生活状况和社会经济地位,以至最后结束资本的统治。工人阶级的命运、生活状况和社会经济地位就取决于这两种趋势斗争的结果。这样两种相互对立的规律同时存在的情况是客观上存在的,是时常可以看到的。马克思在论述工人和资本家围绕着工作日而展开的斗争时说:"资本家要坚持他作为买者的权利,他尽量延长工作日……工人也要坚持他作为卖者的权利,他要求把工作日限制在一定的正常量内。于是这里出现了二律背反,权利同权利相对抗,而这两种权利都同样是商品交换规律所承认的。"③与此相类似,资本主义积累一般规律和工人阶级从相反方向进行抵抗的规律,都是资本主义发展的规律。我们没有任何理由以一

---

① 《资本论》第 1 卷,人民出版社 1975 年版,第 831 页。
② 马克思、恩格斯:《共产党宣言》,《马克思恩格斯选集》第 1 卷,人民出版社 1972 年版,第 263 页。
③ 《资本论》第 1 卷,人民出版社 1975 年版,第 262 页。

条规律的存在去否定另一条规律。根据工人阶级的壮大限制了资本剥削的情况的出现就宣称资本主义积累的一般规律已经过时，这是毫无道理的。

以上分析表明，上述文章宣称资本主义积累的一般规律未必适用于现代资本主义时所提出的三个论据，没有哪一个是能站得住脚的。事实证明，在第二次世界大战后的历史条件下，尽管出现了许多新的情况，因而资本主义积累的一般规律在其实现中也具有一些新的特点，但这一规律并未过时。

（原载《经济研究》1984年第1期）

国家垄断资本主义的基本形态及其在美国的具体表现

目前我国国内研究帝国主义和世界经济的学者对美国国家垄断资本主义的特征存在着不同的看法。究其原因,并非在于他们对美国的实际情况的了解有所不同,而在于他们对国家垄断资本主义及其基本形态的看法有所不同。例如:

有些同志认为,美国的国家垄断资本主义并不发达,其原因在于他们认为国家垄断资本主义就是垄断资产阶级的国家所有制,而美国国家所有的经济在国民经济中的比重远较西欧国家为低,于是就得出了上述结论。

有些同志认为,美国的国家垄断资本主义是比较发达的,但是发达程度却低于西欧国家,其原因在于他们把国有制当做国家垄断资本主义的高级形态,而把其他形态(具体地有哪些形态,又有不同看法,这里姑且不论)当做低级形态,既然美国国有制经济的比重低于西欧,那么,美国国家垄断资本主义的发达程度当然也低于西欧。

有些同志认为,美国的国家垄断资本主义很发达,同西欧比较,有过之而无不及,其原因在于他们认为国家垄断资本主义就是垄断资产阶级国家对经济的干预和调节,而在美国,国家对经济的干预和调节十分强大,于是很自然地就得出上述结论。

可见,关于国家垄断资本主义及其基本形态的观点如何,对评价美国国家垄断资本主义的特征具有重要意义。

在这里,笔者就这个问题发表一些个人的粗浅想法。首先,笔者准备从理论上谈一下笔者对国家垄断资本主义及其基本形态的一般看法;然后再结合美国的情况,简单地谈一下笔者对美国国家垄断资本主义的特征的看法。

笔者在1980年与黄苏、解德源同志合写过一篇文章,题目是《国家垄断资本主义是垄断资本主义生产关系的部分质变》(刊《南开学报》哲学社会科学版1980年第1期,下简称《部分质变》)。该文扼要地表述了笔者当时对国家垄断资本主义及其基本形态的看法。

从那时到现在,已有两年半时间。现在笔者对国家垄断资本主义的看法,基本上没有变化,不过,笔者认为在论证上需要作若干补充。《部分质变》一文关于国家垄断资本主义基本形态的观点,尚有不妥之处,需要作若干修正。在这里,笔者想就两个问题重新作一扼要的论述。

第一,什么是国家垄断资本主义?

一般学者都接受的定义是:国家垄断资本主义是资产阶级国家和私人垄断资本相结合的资本主义。但是,这一定义并未揭示国家垄断资本主义的性质。为了做到这一点,必须作进一步的考察。列宁说:"帝国主义就其经济实质来说,是垄断资本主义。"[1] 这就是说,垄断资本主义是一种经济关系,即生产关系。同时,列宁又多

---

[1] 列宁:《帝国主义是资本主义的最高阶段》,人民出版社1964年版,第112页。

次论述，国家垄断资本主义是一般垄断资本主义的转化物。由此可以推论，国家垄断资本主义必须同垄断资本主义一样，也是一种生产关系，否则它就不可能成为垄断资本主义的转化物。但是，按照马克思主义的观点，国家是一种上层建筑。这样，说国家垄断资本主义是国家与私人垄断资本相结合的资本主义，等于说一种生产关系内部可以包含着一种上层建筑，这里存在着明显的逻辑上的矛盾。另外一种抉择是，国家垄断资本主义是一种上层建筑和一种生产关系（私人垄断资本）的结合体，这样就等于否定了国家垄断资本主义是一种生产关系的论断。如何解决这一矛盾呢？唯一的出路是对作为国家垄断资本主义的组成部分的国家的性质进行重新考察。为了使国家垄断资本主义是一种生产关系的命题能够成立，这里的国家必须不是一种上层建筑，而是生产关系的组成部分，或者说是经济基础的组成部分。

有些同志或许会提出质疑：这样一来，不是同马克思主义关于国家是一种上层建筑的命题发生矛盾了吗？笔者认为，这种矛盾只是表面的，而在事实上并不存在。按照马克思主义的辩证逻辑，概念是客观事物的反映，随着客观事物的发展，概念也会发展。作为国家垄断资本主义组成部分的国家，与作为上层建筑的垄断资产阶级国家，具有不同的含义。作为上层建筑的垄断资产阶级国家，是组成为统治阶级的垄断资产阶级，或者是垄断资产阶级进行政治统治的工具。而作为国家垄断资本主义组成部分的国家，则是直接占有垄断资本的总垄断资本家。马克思主义经典作家实际上早就指出了这一点。恩格斯在论述国家资本主义时指出："现代国家……越是把更多的生产力据为己有，就越是成为真正的总资本家，越是剥削更多的公民。"[①] 请注意恩格斯所说

---

① 《马克思恩格斯选集》第 3 卷，人民出版社 1972 年版，第 436 页。

的"真正的"三个字。恩格斯的意思显然是说，占有了大量生产力的资产阶级国家，已经不仅是资产阶级的政治代表，而且已经成为总资本家本身。恩格斯所说的，当然也适用于国家垄断资本主义。不过，这里的国家已经不是一般的总资本家，而是总垄断资本家。

再进一步分析，我们可以看到，作为国家垄断资本主义的组成部分的国家是国有垄断资本的占有者。马克思曾经把资本的占有者——资本家看做资本的人格化。所以，我们也可以把作为国家垄断资本主义的组成部分的国家当做国有垄断资本的人格化。这样，国家与私人垄断资本的结合，就表现为国有垄断资本与私人垄断资本的结合。考察国家垄断资本主义，就是要考察这两种资本是如何结合运动的。

根据上述观点，笔者不同意那种把国家垄断资本主义与垄断资产阶级国家所有制等同起来的观点。因为垄断资产阶级国家所有的资本，即国有垄断资本，只是国家垄断资本主义的一个组成部分，而不是全部。

笔者也不同意那种把国家垄断资本主义与垄断资产阶级国家对经济的调节等同起来的观点。因为垄断资产阶级国家对经济的调节实际上由两个部分组成：一部分是当做上层建筑的国家对经济的调节，是上层建筑对经济基础的反作用；另一部分是当做经济基础的组成部分的国家对经济的调节，是经济基础内部总垄断资本家对经济的调节，实际上就是国有垄断资本和私人垄断资本的结合运动。属于国家垄断资本主义的只是后面一种调节，而不是前面一种调节。

根据上述理由，那种把国家垄断资本主义说成是垄断资产阶级国家所有制加上国家对经济的调节的观点，同样是站不住脚的。

第二,关于国家垄断资本主义的基本形态。

《部分质变》一文认为,它具有三种基本形态:第一,与国家有密切联系的私人垄断资本,其组织形式是与国家有密切联系的私人大垄断企业;第二,国私共有的垄断资本(原文为"公私共有",因"公"字不确切,现改为"国私共有"),其组织形式是国家和私人共有的合营企业;第三,独立存在的国有垄断资本,其组织形式是国有企业。

现在来看,当时表述的这一部分观点不甚妥当,有加以修正的必要(这只是笔者个人的想法,并不代表该文的合作者的观点)。因为上述观点存在着两个问题:第一,第一和第二两种形态是国家与私人垄断资本相结合的形态,这是一目了然的。但是第三种形态为什么是国家与私人垄断资本结合的形态,这一点并未得到说明。这一观点多少受到那种把国有垄断资本当然地当做国家垄断资本主义的组成部分的传统观点的影响。第二,所谓独立存在的国有垄断资本,只是从微观的角度,即从个别垄断企业的角度来看,才是独立的;如果从宏观的角度,即从社会的角度看,它并不是独立的,它仍然同私人垄断资本密切结合在一起运动。同时,"与国家有密切联系的私人垄断资本"里的"国家",按照该文的观点,实质上就是国有垄断资本的体现。而与私人垄断资本相结合的国有垄断资本,不仅包括非独立运动的国有垄断资本,而且包括独立运动的国有垄断资本,即第一形态。这样,第三形态就与第一形态发生了交错,这显然不符合分类的原则。

根据以上考虑,笔者把现在对国家垄断资本主义基本形态的看法重新表述如下:

如前所述,国家垄断资本主义是国家和私人垄断资本相结合的资本主义。国家垄断资本主义的根本特征,是国有垄断资本与私人垄断资本结合在一起运动,构成了社会总资本再生产的整个过程。这种结合运动贯穿在剩余价值的生产、分配和分割的全过程。没有这种结合运动，就没有国家垄断资本主义。因此，国家垄断资本主义的基本形态，要以国有垄断资本和私人垄断资本的结合方式来划分。两者的结合方式，基本上可以分为两类：一类是两者在社会范围内结合，另一类是两者在企业范围内结合。

国有垄断资本和私人垄断资本在社会范围内的结合，是国家垄断资本主义的主要形态。这是因为，国家垄断资本主义是在生产进一步社会化的条件下资本主义基本矛盾尖锐化的产物。这种矛盾的尖锐化要求国有垄断资本这种社会化程度更高的垄断资本在社会范围内与私人垄断资本结合运动，以减缓私人垄断资本自身所难以克服的矛盾。这两种资本仅在企业范围内结合，而不在社会范围内结合，就不可能缓和资本主义基本矛盾。[1]

国有垄断资本与私人垄断资本，在社会范围内的结合，形成国私结合的垄断资本。它又具有两种不同的形态。

（1）一种是国有垄断资本当做财政资金的转化形式与私人垄断资本相结合。财政资金是国家通过财政手段集中在自己手里的价值。我们知道，资本是带来剩余价值的价值。当财政资金的使用不能带来剩余价值时，它并不是资本。但当财政资金与私人垄断资本以榨取剩余价值为目的而结合在一起运动时，它就转化为资本了。这种结合运动贯穿在剩余价值的生产、实现和分割等各个方面。

在剩余价值的生产方面，当做财政资金转化形式的国有垄断资本与私人垄断资本直接或间接地结合，以扩大垄断资本的规模。直接结合的形式首先包括国家以财政拨款、财政补贴的形式

---

[1] 仇启华：《一般垄断资本主义转变为国家垄断资本主义》，《经济研究》1981年第10期。

向私人垄断企业提供它们进行生产所必需的固定资本和流动资本,以保证它们获得高额的剩余价值。除了明显的财政拨款、财政补贴外,国家通过廉价出售或几乎是免费出租国有企业或国家财产等途径向私人垄断企业直接提供生产资料,也是国有垄断资本与私人垄断资本直接结合的一种形式。间接结合的形式可以国家投入科学研究的大量资金为例。这种资金从形式上看并不是一种资本。但是,实际上,国家投入巨额资金进行科学研究,然后把这些科研成果无偿地交给私人垄断企业使用,或者把国家科研经费交付私人垄断企业,委托它们从事某项科研任务,这些都在实际上增加了私人垄断企业进行科学研究所必需的那部分资本,从而扩大了私人垄断资本的规模。

在剩余价值的实现方面,国有垄断资本与私人垄断资本的结合,表现在它为后者从商品资本到货币资本的顺利转化,从而为剩余价值的实现创造了条件。我们知道,私人垄断企业在资本循环第三阶段形成的商品资本虽然包含着剩余价值,但是剩余价值能否实现,取决于商品资本能否顺利地全部地转化为货币资本。如果商品资本只能部分地转化为货币资本,只能偿付预付资本的价值,那么,剩余价值就不会实现。只有当商品资本全部转化为货币资本,才能在偿付预付资本的价值外取得足够的剩余价值。在垄断资本主义条件下,生产能力无限增长与劳动人民有支付能力的需求之间的矛盾十分尖锐,使商品资本向货币资本的转化和剩余价值的实现异常困难。在这种场合,国有垄断资本当做商业资本,创造了一个巨大的国家市场,以促使私人垄断企业的商品资本能较顺利地转化为货币资本,从而促进了剩余价值的实现。

在剩余价值的分割方面,国有垄断资本与私人垄断资本的结合是通过两者共同瓜分剩余价值来实现的。当代发达资本主义国家的一个突出现象是利润税在公司利润总额中的比重大大提高了。私人垄断企业利润总额中,将近一半通过利润税的形式转归国家所有。这样利润税就成为国家瓜分剩余价值的一种形式。利润税比重的提高,并不意味着私人垄断资本所获得的利润的下降,而是意味着国家与私人垄断资本结合起来加强对工人阶级和其他劳动人民的剥削,因为私人垄断资本总是把利润税转嫁给工人阶级和其他劳动人民。所以,现在私人垄断企业所榨取的剩余价值,是由国家和私人垄断资本家共同瓜分的。

当我们只考察剩余价值的生产和实现时,国有垄断资本似乎并不是一种资本,它似乎只是为私人垄断资本服务(为它提供补贴、提供市场等)。但当我们考察剩余价值的分割时,国有垄断资本的资本属性就呈现出来,它通过瓜分私人垄断资本所榨取的很大一部分剩余价值而表现自己是一种资本。

(2)另一种形态是国有垄断资本以企业资本的形式与私人垄断资本相结合。国家以手里掌握的国有垄断资本,或者直接投资建立新企业,或者以偿付补偿金形式对私人垄断企业实行国有化,从而建立起国有企业。这样,国有垄断资本就转化为国有的企业垄断资本。这种企业垄断资本,从微观来看,是独立运动的,但从宏观来看,无不与私人垄断资本紧密地结合在一起运动。这种结合运动同样贯穿在剩余价值的生产、实现和分割等方面。

在剩余价值的生产方面,这种结合又具有不同的表现形式。例如,采取企业资本形式的国有垄断资本可以采取工业垄断资本的形式与私人垄断资本相结合。其具体表现是:经营电力、煤气、铁路、邮电等的国有企业以垄断低价向私人垄断企业提供商品和劳务,从而为私人垄断企业提供高额的剩余价值。国有的企业垄断资本也可以采取银行垄断资本的形式与私人垄断资本相结合。其具体表现是:国家银行通过扩大银行信贷来扩大私人垄断资本的规模。

在剩余价值的实现方面,采取企业资本形式的国有垄断资本与私人垄断资本的结合,是通过国有企业以垄断高价向私人垄断企业购买商品、促进商品资本向货币资本顺利转化来实现的。在这里,采取企业资本形式的国有垄断资本在实现剩余价值中的作用,将随着国有企业在国民经济中的比重大小不同而发生差异,但显然不能与当做财政资金转化形式的国有垄断资本的作用相比。

在剩余价值的分割方面,采取企业资本形式的国有垄断资本与私人垄断资本的结合,没有独立的表现,而必须与全部国有垄断资本结合起来才能得到表现。因为在现代发达资本主义国家里,国有企业大多数只能实现很少剩余价值,在很多情况下没有剩余价值,甚至还要亏本。如果仅仅考察采取企业资本形式的国有垄断资本,那么,这种资本不仅不能实现自身的扩大再生产,而且连简单再生产也不能维持,也就是说,资本循环的结果发生了资本的贬值。因此,从国有企业资本的自身运动来说,其资本属性并不能表现出来,看起来反而觉得它似乎不再是带来剩余价值的价值,似乎已丧失了资本属性。同时,国有企业资本的资本属性也不能通过它与私人垄断资本的结合运动得到表现。国有企业资本虽然在剩余价值的生产和实现的过程中为私人垄断资本获得高额剩余价值创造了条件,但它并不能凭借这一点来瓜分私人垄断企业所获得的剩余价值。因此,采取企业资本形式的国有垄断资本只能通过全部国有垄断资本的所有者——国家来参与对剩余价值的瓜分。前面笔者在分析当做财政资金的转化形式的国有垄断资本如何与私人垄断资本结合起来共同瓜分剩余价值时,实际上是把采取企业资本形式的国有垄断资本撇开了,而是假定国家仅仅凭借当做财政资金的转化形式的国有垄断资本来参与对剩余价值的瓜分。笔者要补充说明,国家参与对剩余价值的瓜分,不仅凭借这一种资本,而且还凭借采取企业资本形式的国有垄断资本。通过这种迂回曲折的途径,采取企业资本形式的国有垄断资本也成为一种带来剩余价值的价值,也具有资本的属性。

如果把国私结合的垄断资本的两种形态加以比较,可以看到:在第一种形态中,两种资本的结合比较充分,而且这种结合运动在剩余价值的生产、实现和分割的全部过程中都表现得比较明显;而在第二种形态中,两种资本的结合就不那么充分,而且这种结合运动在剩余价值的实现过程中有着较大的局限性(因为国有企业实现私人垄断企业所生产的商品的能力受到国有企业有限的购买方的限制),在剩余价值的分割过程中则并不能得到独立的表现。所以,笔者认为,第一种形态是国家垄断资本主义的更为典型的形态。

国有垄断资本与私人垄断资本除了在社会范围内结合以外,又在企业范围内结合运动,形成国私共有的垄断资本。其组织形式是国家和私人共有的企业。这种企业,按国家是否持有股票控制权,可以分为两类:一类是国家掌握了股票控制权的企业,这类企业实际上是国有企业的延长。另一类是国家不掌握股票控制权的企业,这类企业基本上是私人企业,国有垄断资本的加入,实质上是国家对私人垄断资本的一种资助。国私共有的垄断资本是一种企业资本,从微观来说,它是独立运动的;但从宏观来说,它又不是独立运动的。从社会的观点看,前一类企业的资本,实质上是国有企业资本的延长,它在社会范围内与私人垄断资本结合运动;后一类企业的资本,实质上是私人垄断资本,它在社会范围内与国有垄断资本结合运动。因此,国有垄断资本与私人垄断资本在企业范围内结合所形成的资本形态,又加入到两者在社会范围内结合所形成的资本形态中去,成为其组成部分。

可见，两者在企业范围内结合所形成的资本形态，只具有从属的意义。

综上所述，国家垄断资本主义具有三种形态：（1）国私结合的垄断资本的第一形态；（2）国私结合的垄断资本的第二形态；（3）国私共有的垄断资本。由于第三形态只具有从属的意义，研究国家垄断资本主义的形态，应着重研究前面两种形态。

根据笔者对国家垄断资本主义基本形态的上述观点，笔者认为，美国国家垄断资本主义的主要特点有二：

第一，在国私结合的垄断资本的两个形态中，第一形态比较发展。这是因为：尽管美国财政支出在国民生产总值中所占的比重接近于西欧（如1975年，美国为35%，英国为45.7%，法国为39.3%，联邦德国为46.8%），但美国国有企业投资在投资总额中所占的比重却远远低于西欧国家（如20世纪70年代初，美国为18.4%，英国为30%，法国为33.5%，联邦德国为22.7%）。这就说明，在美国，国有垄断资本主要不是以企业资本的形式，而是以财政资金的转化形式来与私人垄断资本相结合的。

第二，在国私结合的垄断资本的第一形态中，国有垄断资本与私人垄断资本的结合突出地表现在剩余价值的实现方面。美国联邦政府开支中，对私人资本津贴的支出只占6%左右，而对商品和劳务的采购支出却占将近一半，其中除了采购个人劳务部分（约占1/4，这部分间接地为消费品提供市场）外，直接用于商品采购的部分占1/4。同时，美国政府采购开支在国民生产总值中所占比重高于西欧国家（如1970年美国为22.3%，英国为17.6%，法国为12.4%，联邦德国为15.9%）。这就说明两种资本在剩余价值实现方面的结合在美国具有特别重要的意义。

此外，在美国，国有垄断资本和私人垄断资本在剩余价值分割方面的结合也达到了很高的水平。如美国各公司的利润税在利润中所占比重，1937年为13%，1956年为43%，1960年为48%，1970年为46%，1972年为44%。不过，考虑到国有垄断资本参与对剩余价值的分割，不仅是国有垄断资本以财政资金转化形式，而且也是以企业资本的形式与私人垄断资本结合运动的结果，笔者没有把这一点当做美国国家垄断资本主义的特点提出来。

那么，美国与西欧各国相比，哪个国家垄断资本主义的发展水平较高呢？目前在比较国家垄断资本主义发展水平高低的方法论尚未解决的情况下，很难对这个问题作出明确的答复。不过，从上面的分析中可以看到，美国国家垄断资本主义的发展水平并不低于，可能还高于西欧。因为：

第一，美国财政支出在国民生产总值中所占的比重虽略低于西欧各国，但由于其国民生产总值大大高于西欧各国，所以其财政支出的绝对值大大高于西欧各国。这就是说，国家可以用来转化成国有垄断资本的财政资金的绝对规模较西欧各国为大。

第二，美国的国有企业在国民经济中所占的比重较西欧各国为低，只说明美国的国家垄断资本主义的特点与西欧各国不同。如前所述，美国国家垄断资本主义主要不以国有垄断资本与私人垄断资本在社会范围内结合的第二形态为特点，而以第一形态为特点。而在西欧各国，结合的第二形态有较大程度的发展。这显然并不能说明国家垄断资本主义发展水平高低的不同。不过，如果笔者所说的"第一种形态是国家垄断资本主义的更为典型的形态"的观点能够成立的话，那么美国在国家垄断资本主义的典型形态方面较西欧各国有着更高程度的发展。

美国国家垄断资本主义上述特点产生的原因是什么？

有些同志在论述美国国有企业比重较小时往往强调美国私人垄断资本力量较西欧各国更为强大这个因素。笔者认为，美国私人垄断资本确实比西欧各国更为强大，而且它对国有企业比重较小这一事实有一定的影响,但还不是主要因素。因为私人垄断资本力量强大只能说明它能抵制政府对私人垄断企业的国有化,以及它能迫使政府对国有企业实行非国有化(以廉价出售给私人垄断资本家,从而限制国有企业的扩大,而这些都是"一次性"行动,不是经常起作用的)。但这并不能说明为什么美国政府不能经常地用更多投资来建立国有企业。要知道,许多国有企业以垄断低价向私人垄断企业供应商品和劳务,而由国家来承担由此而产生的亏损,它们对私人垄断资本是有利的,私人垄断资本没有理由反对这类国有企业的建立。但事实上,在美国,除了邮政部门已全部是国有企业外,在电力和铁路部门中国有企业只占1/4,在煤气、航空、电信这些部门都没有国有企业。这种现象就不能从私人垄断资本力量强大这一因素得到说明。

笔者认为,在美国,国有垄断资本与私人垄断资本的结合以第一形态为主而不以第二形态为主,并且在第一形态中又以剩余价值实现方面的结合为主,主要是由下面两个原因决定的:

第一,在美国,生产能力无限增大与劳动人民有支付能力的需求相对狭小的矛盾特别尖锐,生产过剩问题特别突出。美国经济在第二次世界大战期间并未遭到战火的严重破坏,相反积累了大量资本。第二次世界大战后,当西欧各国正在医治战争所带来的严重创伤时,美国生产能力仍在继续膨胀。同时,美国是资本主义世界的霸主,是最大的国际剥削者,它通过大规模的商品输出和资本输出又大大地扩大了自己的资本积累和生产能力。而劳动人民有支付能力的需求在垄断资本的剥削下却相对狭小,它与日益膨胀的生产能力之间的差距日益加大。在这种情况下,解决商品的实现问题、剩余价值的实现问题,就成为国家和垄断资产阶级面临的最迫切的课题。由国家投资建立国有企业,有助于扩大生产能力,但无助于解决严重的商品实现问题,因为正如笔者在第一节中所说的,国有企业在实现私人垄断企业所生产的商品方面的能力是很小的。国家对私人垄断企业的财政补贴也只能解决生产方面的问题。在国家手里掌握的可以当做国有垄断资本来加以运用的财政资金有限的情况下,国家只能把使用的重点放在国家采购方面,即放在商品的实现、剩余价值的实现方面,而不能放在投资建立国有企业方面,也不能放在对私人垄断企业的财政补贴方面。

第二,美国是当代帝国主义国家中国民经济军事化程度最高的国家。这是美国垄断资本追求特别高额的垄断利润的需要,缓和经济危机的需要,以及在全世界推行霸权主义政策的需要。在这里,笔者不想专门论述国民经济军事化,不准备引用这方面的材料,笔者只想指出,由于国民经济军事化的高度发展,也促进美国政府把国有垄断资本和私人垄断资本结合的重点放在商品采购方面。因为如果不是这样,那么从事军事用品生产的私人垄断企业的商品就无法实现,就不能得到高额垄断利润。

美国军事采购在联邦政府商品和劳务采购中的比重

年份	联邦政府商品劳务采购总额(亿美元)	其中:军事采购(亿美元)	军事采购所占比重(%)
1950	187	140	74.9
1955	445	384	86.3
1960	537	445	82.9
1965	673	494	73.4
1970	956	735	76.9
1975	1231	837	68.0
1979	1666	1083	65.0

资料来源:《美国基本经济统计手册》1980年9月号。

上表表明，美国军事采购在联邦政府商品和劳务采购中具有决定性的重要作用。这也就说明了美国的高度国民经济军事化在美国国家垄断资本主义上述特点的形成中具有何等重要的意义。

形成国家垄断资本主义特点的原因是多方面的，十分复杂的。上面所说的，只是经济方面的主要原因，至于政治方面的、历史传统方面的原因，这里都没有涉及。同时，这里所说的特点，只是从国家垄断资本主义的形态的角度出发说的。至于从其他角度出发，还可以得出其他的特点。

（原载《美国国家垄断资本主义与经济危机》，商务印书馆1984年3月版）

论世界经济学的对象和方法

一　引言

　　以马克思主义为指导的世界经济研究工作，在中华人民共和国成立以后，就已受到人们的重视。但是，当时人们所研究的主要是世界上一些重要国家的经济以及国际经济关系中的一些重大问题，人们还没有提出建立马克思主义世界经济学的问题。

　　在20世纪60年代，有的学者提出了建立马克思主义世界经济学的问题，并就这一学科的对象和方法在报刊上进行了一些讨论。但是，这一讨论由于进行所谓的"文化大革命"而中断了。

　　在粉碎"四人帮"以后，特别是在中国共产党的十一届三中全会以后，随着社会主义现代化建设的开展，随着对外开放政策的贯彻实施，世界经济研究工作越来越受到人们的重视。在这种形势下，建立马克思主义世界经济学的任务很自然地提到了议事日程上来。

　　为了建立马克思主义世界经济学，最根本的问题是要弄清楚这一学科的对象和方法。弄清楚该学科的对象具有特别重要的意义。如果不能确定该学科的与其他有关学科或邻近学科的对象不同的特定对象，该学科就不可能建立起来。该学科的方法论也十分重要。如果没有正确的方法论，就不可能建立该学科的完整的理论体系；而如果没有完整的理论体系；就不可能把该学科真正地建立起来。

自从中国世界经济学会成立以来，有关学者对世界经济学的对象和方法问题进行了讨论，发表了不同的意见。到目前为止，不能说这一问题已经解决了。下面，笔者就这一问题发表一些个人的看法。

二 世界经济学的研究对象

初看起来，世界经济学的对象是清楚的。只要顾名思义，它要研究的就是世界经济。而对于什么是世界经济，许多学者的意见也是比较一致的，即世界经济不是全世界范围内各国国民经济的简单的总和，而是全世界范围内各国国民经济在国际分工、国际交换、世界市场的基础上通过各种方式和渠道相互联结起来而形成的有机整体，它是资本主义生产方式的产物。事情似乎是简单明了的。

但是，进一步考察却不然。如前所述，要使世界经济作为一门独立的学科存在，必须确定该学科的与其他有关学科或邻近学科的对象不同的特定对象。在这里，最困难的是如何把世界经济学的对象与政治经济学的对象区别开来的问题。在20世纪60年代的讨论中，有的学者就发表了不同意把世界经济学当做一门独立学科看待的观点，认为它的对象已经包括在政治经济学的对象之中，因而它只是政治经济学的一个组成部分。今天，我们仍然面临着这一难题。

试看一位权威学者关于这个问题的观点。他说："马克思主义世界经济学的对象是研究从世界经济形成以来,世界范围内生产方式的总体,兼及有关的上层建筑,而重点则是研究国际生产关系。就当前来说,主要研究资本主义和社会主义这两种生产方式及其相互关系在世界范围内的运动形式和规律。"按照这一看法,能不能把世界经济学的对象和政治经济学的对象区别开来呢?不能。

第一,人们通常说政治经济学的对象是社会生产关系。但是政治经济学是在生产力与生产关系之间的矛盾运动中研究生产关系,所以它所研究的实际上也是社会生产方式。同时,政治经济学是在经济基础和上层建筑之间的矛盾运动中研究生产关系,所以它的研究势必涉及上层建筑。

第二,广义的政治经济学研究的是人类社会发展各个阶段上的社会生产方式。因此,它的研究对象不只是一个特定社会的生产方式,而势必要包括一种社会生产方式到另一种社会生产方式的过渡,以及在两种生产方式并存的条件下它们之间的相互关系。事实上目前通行的马克思主义政治经济学教科书都是既阐述资本主义生产方式和社会主义生产方式,又阐述资本主义生产方式向社会生产方式的过渡和两种生产方式之间的相互关系。

第三,政治经济学对社会生产方式的研究,不仅包括它在一国范围的运动规律,而且包括它在国际范围内的运动规律。不错,马克思的《资本论》基本上未涉及资本主义生产方式在国际范围内的运动规律。但是,马克思在《〈政治经济学批判〉导言》中谈到他的研究资本主义的规划时,设想分为5篇,其中第4篇是"生产的国际关系。国际分工。国际交换。输出和输入。汇率。"第5篇是"世界市场和危机"。[①] 列宁在《帝国主义

---

① 《马克思恩格斯选集》第2卷,人民出版社1972年版,第111页。

是资本主义的最高阶段》一书论述了帝国主义的五个基本经济特征，其中的后面三个特征，即资本输出、国际垄断同盟从经济上分割世界、列强瓜分世界领土，都涉及资本的国际运动。

从上述三点看，按照上述的对世界经济学的对象的表述，世界经济学不能作为一个独立学科存在，而只能作为政治经济学的一个组成部分存在。

不要以为，笔者反对建立世界经济学。恰恰相反，对于建立世界经济学，笔者是举双手赞成的。问题在于要对世界经济学的对象作出恰当的表述。

政治经济学是经济科学中最抽象的学科，它的研究对象——社会生产方式，具有极高的抽象层次。在一个资本主义国家的国民经济里，很可能存在多种生产方式，除了占统治地位的资本主义生产方式以外，还存在封建主义生产方式、小商品生产方式等的残余。政治经济学在研究这样的国民经济的时候，并不是要研究所有这些生产方式，而是把封建主义生产方式等舍去，只研究资本主义生产方式。马克思的《资本论》正是这样做的，它不是研究一个具体的、现实的资本主义国家的国民经济，而是研究纯粹形态的资本主义生产方式。

对世界经济学的对象来说，如果它的抽象层次也定在社会生产方式的一级上，是不可能把它同政治经济学的对象区别开来的。笔者认为，世界经济学是比政治经济学更为具体的一种经济学科，因此，它的对象的抽象层次必须低于政治经济学。根据这一考虑，世界经济学的对象应当包括：（1）作为世界经济的有机组成部分的各国国民经济；（2）各国国民经济之间的经济关系；（3）世界经济整体。所有这三者都是较生产方式更为具体的事物，其抽象层次显然低于生产方式。世界经济学在研究上述诸对象时当然要运用政治经济学所揭示的关于资本主义生产方式、社会主义生产方式以及两种生产方式相互关系的运动规律，而且世界经济学研究上述对象的结果也一定会丰富和发展政治经济学的有关原理，但这同把世界经济学的对象确定在生产方式一级的抽象层次上是两码事。

世界经济学的对象的抽象层次虽然低于政治经济学，却高于国别经济研究、国际贸易、国际金融等学科。

研究国别经济，只是具体地研究一个一个国家的经济，如美国经济，日本经济，苏联经济，等等。而世界经济学对各国国民经济的研究则不是这样。它要从世界经济整体的高度出发，对各国国民经济进行分类和比较研究，揭示其发展和变化的一般规律和特殊规律。例如，世界经济学在研究当代世界经济时，可以首先把各国国民经济主要划分为社会主义国家国民经济，发达资本主义国家国民经济，发展中民族主义国家国民经济；然后，还可以把每一类国家的国民经济按照其发展的不同特点，进一步划分为若干种模式，进行比较研究。比较经济学应当成为世界经济学的一个组成部分。对全世界各国的国民经济，不是孤立地研究，而是把它们联系起来进行比较研究，这样做能够更好地把握整个世界经济的运动规律。世界经济学对各国国民经济的研究当然要以国别经济的研究为基础，但其内容要比后者丰富得多，绝非后者可以代替。

世界经济学对国际经济关系的研究，不仅就其范围来说，比国际贸易、国际金融等更为广泛，而且它要研究国际贸易关系、国际金融关系等之间的相互作用、相互渗透。而且，国际贸易、国际金融等的抽象层次更低，它要研究有关的具体的经营业务，这些显然不是世界经济学的研究对象。

除了政治经济学、国别经济研究、国际贸易、国际金融等外，部门经济学也是世界经济学的一个邻近的学科。部门经济学和世界经济学的对象是比较容易区别的。部门经济学研究的是国民经济的各个部门（如工业、农业、商业等）经济的特殊运动规律，而世界经济学则是研究各国国民经济的总体和世界经济的总体。由于国民经济是由各部门组成的有机整体，世界经济学在研究各国国民经济和世界经济时也不能不运用部门经济学所揭示的一些原理，但这不等于我们就可以把部门经济学和世界经济学的对象混为一谈，或者可以把部门经济学的对象包括到世界经济学中去。

以上笔者只是在马克思主义经济科学的范围内进行比较，借以确切地确定马克思主义世界经济学的对象。至于马克思主义世界经济学与目前西方资产阶级经济学所倡导和研究的国际经济学，其区别更是显而易见的。资产阶级国际经济学从资产阶级立场出发，用资产阶级庸俗经济学的方法，研究国际经济关系，其目的是在国际范围内维护和扩大资本主义制度。而马克思主义世界经济学则是用马克思主义的立场、观点和方法来研究世界经济，以揭示社会主义世界经济体系必然取代资本主义世界经济体系的规律性。除了这个根本区别外，世界经济学的对象的范围也比国际经济学宽广得多。国际经济学的对象，不同学者有不同的表述。例如，按照德尔伯特·斯奈德（Delbert A. Snider）的说法，国际经济学主要研究国际经济关系，其中包括国际分工、国际商品交换、国际劳动力和资本的流动等。按照彼得·凯能（Peter B. Kennen）的说法，国际经济学是把国家作为一个经济单位，考察国与国之间的经济关系的一门学科。尽管说法有所不同，其研究对象无非是国际经济关系，也就是只限于笔者列举的世界经济学对象所包括的三个方面的第二个方面，而世界经济学还要研究其他两个方面。

经过以上的种种比较分析以后，笔者认为，世界经济学确实是有自己的有别于有关的或邻近的经济学科的独特研究对象，所以它可以而且应当作为一门独立的经济学科存在和发展。

三 世界经济学的研究方法

与马克思主义政治经济学的方法一样，马克思主义世界经济学的方法也是辩证唯物主义和历史唯物主义的方法。这就是说，研究世界经济，不是从人们的主观愿望、心理状态出发，也不是从抽象原理出发，而是要从世界经济的客观实际出发，详尽地占有材料，进行"去粗取精、去伪存真、由此及彼、由表及里"的加工制作工夫，特别是要分析世界经济中内在的各种矛盾及其性质，区别主要矛盾和次要矛盾，揭示各种矛盾运动的趋向，这样才能找出世界经济中固有的而不是臆造的客观规律。

这里有这么一个问题，即在世界经济学的研究中要不要应用抽象法？抽象法是辩证唯物主义和历史唯物主义的方法在政治经济学研究中的特殊表现。马克思在《政治经济学批判》导言的《政治经济学的方法》一节对抽象法作了精辟的阐述。他说："如果我从人口着手，那么这就是一个混沌的关于整体的表象，经过更切近的规定之后，笔者就会在分析中达到越来越简单的概念；从表象中的具体达到越来越稀薄的抽象，直到笔者达到一些简单的规定。于是行程又得从那里回过头来，直到笔者最后又回到人口，但是这回人口已不是一个混沌的关于整体的表象，而是一个具有许多规定和关系的丰富的总体了。""在第一条道路上，完整的表象蒸发为抽象的规定；在第二条道路上，抽象的规定在思维行程中导致具体的再现。"[①] 他在《资本论》第1卷第2版

---

① 马克思：《政治经济学批判》，《马克思恩格斯选集》第2卷，人民出版社1972年版，第103页。

跋中写道:"在形式上,叙述方法必须与研究方法不同。研究必须充分地占有材料,分析它的各种发展形式,探寻这些形式的内在联系。只有这项工作完成以后,现实的运动才能适当地叙述出来。这点一旦做到,材料的生命一旦观念地反映出来,呈现在我们面前的就好像是一个先验的结构了。"① 从马克思的这些话来看,研究方法是从具体到抽象,从复杂到简单,而叙述方法则是从抽象到具体、从简单到复杂。这也就是说,理论体系的建立必须遵循从抽象到具体、从简单到复杂的原则。《资本论》的理论体系就是按照这一原则建立起来的。第1卷分析资本的生产过程,"撇开了这个过程以外的各种情况引起的一切次要影响";第2卷分析资本的流通过程,指出"资本主义生产过程就整体来看是生产过程和流通过程的统一";第3卷分析资本主义生产的总过程,"揭示和说明资本运动过程作为整体考察时所产生的各种具体形式"。②

在世界经济学的研究中,要不要运用这种方法呢?笔者认为,在世界经济的研究中同样要运用这种方法,尽管由于世界经济学的对象的抽象层次较低,其经济范畴的"稀薄"程度要低于政治经济学。我们在建立世界经济学的理论体系时同样要遵循从抽象到具体、从简单到复杂的方法。

世界经济作为全世界范围内各国国民经济有机结合的整体,显然是一个具有许多规定和关系的复杂的总体,是一个混沌的表象。所以,世界经济学的理论体系不能从世界经济出发,而须找到更简单的东西。如果我们对世界经济进行分析,那么当代整个世界经济基本上是由资本主义和社会主义两大经济体系构成的,

---

① 《资本论》第1卷,人民出版社1975年版,第23页。
② 《资本论》第3卷,人民出版社1975年版,第29页。

是两大体系并存的局面，正处于从前者到后者过渡时期。据此，世界经济学的理论体系的第一个层次，按照从简单到复杂的方法可以分为三篇：第一篇考察资本主义世界经济体系，舍去社会主义体系；第二篇考察社会主义世界经济体系；第三篇综合考察两大体系之间的相互关系，以揭示从资本主义过渡到社会主义的规律性。而在每一篇的考察中也要遵循同样的方法。例如，在对资本主义世界经济体系的分析中，要把资本主义国家经济分成发达资本主义国家经济和发展中民族主义国家经济两大类，然后先分别加以分析，再综合考察它们相互间的关系，在分析发达资本主义国家经济时，也要先按照不同模式对个别国家的经济进行分析，然后再分析其国际经济关系；对国际经济关系的分析，也要从简单的关系开始再进入复杂关系的分析，如此等等。按照这一方法，就可以找到这个理论体系的第二个层次、第三个层次等的结构。这样，就可以建立起一个完整的世界经济学理论体系来。

当然，这只是一个极其粗略的设想。要给一个新兴的学科建立一个理论体系不是一件容易的事，绝非一蹴而就的。对于资本主义世界经济体系，人们研究得较多，比较熟悉，但是要在政治经济学已经揭示的那些较抽象的经济范畴外，再提出一些较具体的经济范畴，也须下很大工夫。至于对社会主义世界经济体系的分析，由于客观经济过程尚未充分展开，则困难更大。但笔者相信，在世界经济的未来发展中，随着客观经济过程的进一步展开，将有可能对社会主义世界经济体系进行更充分的理论分析。

总的来说，在建立世界经济学理论体系和进行各方面的理论研究时，只能采取马克思主义的方法，因为只有马克思主义的方法才能透过现象，抓住本质，揭示世界经济发展和变化的规律性。但是，在某些具体问题的分析上，可以利用资产阶级经济学者所提出的某些方法（如计量经济学、投入产出法、系统工程学等）中的合理成分。

只要我们能够正确地解决马克思主义世界经济学的对象和方法问题，再加上有关学者、研究工作者的艰苦努力，我们一定能把马克思主义世界经济学建立起来。

（原载《世界经济文汇》1984年第4期，发表时该刊作了删节，这里用的是未删节的原文）

再论世界经济学的对象

拙著《论世界经济学的对象和方法》在《世界经济文汇》1984年第4期发表以后，有些同志对其中的某些观点发表了不同的看法。这些看法大致上可以分为两类。一类意见是，一方面同意世界经济学可以作为一门独立的学科成立，另一方面不同意笔者提出的世界经济学对象的三个组成部分（即作为世界经济的有机组成部分的各国国民经济、各国国民经济之间的经济关系、世界经济整体），认为这种提法"给人的印象似乎是世界经济学的研究对象只是国别经济加国际经济关系的总和，而世界经济整体作为世界经济学研究对象的第三部分，显然给人有同义反复之感"。[①] 另一类意见根本否定世界经济学作为一门独立学科的存在，说"认为世界经济学的研究对象抽象层次比政治经济学低些，是比政治经济学更为具体的一门经济学科的观点很难成立"，因为"如果说马克思的研究更多地是从理论上进行的，那么列宁在论述帝国主义的几个大特征时已经把较具体的事物包含在政治经济学中了……马克思主义政治经济学应该既包括很高的

---

① 《世界经济文汇》1985年第3期，第54页。

抽象层次，也包括较为具体事物"①。本文想同上述不同观点进行一些商榷，并借此进一步阐明笔者对世界经济学的对象的观点。

为了行文方便，笔者先从第二种观点谈起。这种观点显然是把一门学科的研究对象的抽象层次与在围绕着这一研究对象阐明有关的基本原理时所涉及的具体事物混淆起来了。一门学科具有很高的抽象层次，这不等于它在阐明有关的基本原理时就不能涉及许多比研究对象抽象层次更低或低得多的具体事物。恰恰相反，要把有关原理说清楚，许多具体事物的涉及不仅是可以允许的，而且是完全必要的。但是，这样做，并不等于要把这些具体事物也包括到研究对象中去，从而排斥把这些具体事物作为研究对象的学科的独立存在。为了说明这个道理，举两个例子。第一个例子：哲学的研究对象是自然界、人类社会和思维的最一般的发展规律，它具有最高的抽象层次。它在阐述其基本原理时不能不涉及许多抽象层次较低的具体事物，这些具体事物是自然科学和各门社会科学的研究对象。但这并不排斥自然科学和各门社会科学的独立存在。特别值得指出的是，历史唯物主义在阐述生产力和生产关系之间以及经济基础和上层建筑之间的矛盾运动时，涉及了作为政治经济学的理论基础的许多基本原理，但这并不排斥政治经济学作为一门独立学科的存在。第二个例子：政治经济学的研究对象是人类社会各个发展阶段上的生产关系的运动规律，它在阐述其基本原理时不能不涉及许多抽象层次较低的具体事物，如工业经济、农业经济、财贸经济等。但这并不排斥工业经济学、农业经济学、财贸经济学这些部门经济学的独立存在，这些学科之所以能独立存在，正是因为它们的研究对象较政治经

---

① 《世界经济文汇》1985 年第 3 期，第 56 页。

济学更为具体，具有更低的抽象层次。这个道理同样适用于世界经济学。政治经济学在研究生产关系时要涉及世界经济这个更为具体的事物，但这并不排斥世界经济学作为一门独立学科的存在。两者的区别在于：政治经济学是把世界经济当做一国的生产方式（资本主义的或社会主义的）在国际范围内的延伸来研究的；世界经济学则从一开始就把世界经济这个较具体的事物当做研究对象，而把政治经济学在研究一国的生产方式在国际范围的延伸时所得出的原理当做自己的理论基础，正像政治经济学把历史唯物主义关于生产力和生产关系之间、经济基础和上层建筑之间的矛盾运动的原理当做自己的理论基础一样。笔者认为，学科的划分是随着客观事物的发展而日益多样化的。在历史上，经济学曾经作为哲学的一个组成部分而存在，后来才从哲学中分离出来，成为一门独立的学科。部门经济学也是随着经济的发展而从经济学中独立出来的。世界经济学也是这样。在马克思的时代，世界经济还未真正形成（按照恩格斯的提法，世界市场的真正形成是19世纪70年代[①]），那时当然提不出建立世界经济学的任务。在列宁的时代，世界经济虽然已经形成，但时间还很短，世界经济发展过程的全部复杂性尚未充分展现出来，人们还感觉不到建立世界经济学的迫切性。自从第二次世界大战结束以来，世界经济已经有了空前巨大的发展，迫切要求人们对世界经济的各种极其复杂的发展过程和内在矛盾进行深入、细致的研究。这就决定了建立世界经济学科的必要性。不难了解，把世界经济学当做一门独立的学科从政治经济学中分离出来，只会有利于而不会妨碍对世界经济的研究工作的进一步深入。

这里再谈第一种观点。这种观点认为，笔者所说的世界经济

---

① 《资本论》第3卷，人民出版社1975年版，第554页。

学的研究对象的第一个组成部分与国别经济无异,而其第三个组成部分又是同义反复。由此可以推论,这种观点实际上是主张世界经济学要研究的是国际经济关系,这样也就实际上把世界经济学变成了国际经济关系学或者国际经济学,这是笔者不能同意的。

笔者完全同意持有这一观点的作者的下面一段论述:"世界经济作为一个整体是客观存在,是一种特殊的事物,它有自己的特殊矛盾和特殊运动规律,它不是各国国民经济的简单总和,它的运动规律也不是各国国民经济运动规律的简单的延伸……"[①]世界经济学是研究作为一个整体的世界经济的运动规律。对这一点笔者没有任何的异议。问题在于,世界经济学在研究作为一个整体的世界经济的时候,要不要研究作为世界经济的组成部分和基础的各国国民经济。整体是作为各个局部的有机总和而存在的,所以对整体的研究不能不以对各个局部的研究为基础。离开了对局部的研究,对整体也不可能研究清楚。马克思主义政治经济学的资本主义部分当然是以资本主义生产方式的整体为研究对象的,但是它事实上是先研究个别资本,然后再研究社会总资本,因为如果不首先研究清楚个别资本的运动规律,就不可能揭示社会总资本的运动规律。既然对资本主义生产方式的研究要以对个别资本的研究为基础,那么为什么对世界经济的研究却不要以对各国国民经济的研究为基础呢?

有的同志认为,把各个国民经济列入世界经济学的研究范围就会使世界经济同国别经济没有多少差别,这是一种误解。笔者在《论世界经济学的对象和方法》一文中已经说过:"研究国别经济,只是具体地研究一个一个国家的经济,如美国经济,日本

---

① 《世界经济文汇》1985年第3期,第55页。

经济，苏联经济，等等。而世界经济学对各国国民经济的研究则不是这样。它要从世界经济整体的高度出发，对各国国民经济进行分类和比较研究，揭示其发展和变化的一般规律和特殊规律。"这里为了把问题说得更清楚，再作一些补充。国别经济对各国国民经济的研究与世界经济学对各国国民经济的研究具有不同的角度和任务。国别经济是以一个一个具体国家的国民经济自身的发展作为研究对象。它的任务是要把一个特定国家的国民经济发展的特殊规律研究清楚。而世界经济学则不然。世界经济学不以各国国民经济自身为研究对象，它只是把各国国民经济当做世界经济的有机组成部分，当做世界经济的"细胞形态"，当做世界经济的基础来研究，所以这种研究的任务并不是停留在揭示一个特定国家的国民经济发展的特殊规律，而是要通过这些特殊规律的研究，揭示各类国家国民经济发展的共同规律，并在此基础上揭示作为一个整体的世界经济发展的规律。因此，国别经济在研究各国国民经济时着眼于其个性，而世界经济学在研究各国国民经济时着眼于其共性，正像政治经济学资本主义部分对个别资本的研究也不是着眼于其个性，而是着眼于其共性一样。所不同的是：在资本主义生产方式中，作为社会总资本的组成部分的各个个别资本的性质比较单纯，而作为世界经济组成部分的各国国民经济的性质要复杂得多。有些国家的国民经济中，社会主义生产方式占统治地位；有些国家的国民经济中，资本主义生产方式占统治地位；有些国家的国民经济中，虽然资本主义生产方式已经产生和发展，并逐渐占据统治地位，但前资本主义生产方式还占相当大的比重。所以，世界经济学在研究各国国民经济时既不能像国别经济那样着眼于各国国民经济的个性，又不能把它们看成无差别的"国民经济一般"，而要首先按照生产关系的差异区别各种不同类型的国家，然后再研究属于同一类型的各国国民经济的共性。要知道,只有在正确分析了各国国民经济的基础上,才有可能正确地分析国际经济关系。既然各国国民经济是划分为各种不同的类型的,那么它们之间的经济关系也不具有单一的性质,而要划分为各种不同类型。而只有在正确地分析各种不同类型的国际经济关系的基础上,才有可能揭示作为一个整体的世界经济发展规律。

由此可见,世界经济学必须以各国国民经济的研究为基础,才能对作为一个整体的世界经济分析清楚。那种认为世界经济学只需要笼统地研究世界经济整体,完全无需研究各国国民经济的观点,是缺乏根据的。目前某些高等学校所编写的世界经济教材的缺陷在于只是一个一个地分析具体国家的国民经济,而未能从世界经济的角度,把各国国民经济当做世界经济的有机组成部分来研究。在世界经济教材的编写中改变这种状况是完全必要的。但是我们也不能走到另一个极端,即完全无视把各国国民经济当做世界经济的有机组成部分来研究。

此外,世界经济学的研究对象的第三个组成部分,即世界经济整体,并不是可有可无的;它与国际经济关系具有不同的内涵,并不是同义反复。这第三个部分要研究的主要是在作为一个整体的世界经济中发生作用的特殊规律。"事实上,承认世界经济作为一个独立单位的存在……在逻辑上和实际上都以整个世界经济的社会经济规律的存在为前提,这些规律由于各组成单位的特殊协作和斗争而发生作用,并且与在单个国家经济中和两个主要世界经济单位中表现出来的规律不同。"在匈牙利约瑟夫·努伊拉斯主编的《世界经济结构变化的理论问题》一书中列举了四条规律。已故的钱俊瑞同志也提出了世界现行经济中起作用的几条共同规律。这样的规律到底有哪些,值得我们很好地研究探讨。第三部分的内容还包括这样一些世界性综合性问题,如世界的人口问题、粮食问题、能源问题等。

至于笔者所说的世界经济学的研究对象的第二个组成部分,看来大家并没有什么不同意见,这里就不再论述。

综上所述,笔者认为,世界经济学可以从政治经济学中分离出来,作为一门独立的学科;它的研究对象的抽象层次较政治经济学为低,它要以对各国国民经济的研究为基础,进而研究国际经济关系,并揭示作为一个整体的世界经济的发展规律。

(原载《世界经济文汇》1985 年第 6 期)

再论劳动力价值的变动趋势

关于劳动力价值的变动趋势问题,笔者在《论战后主要资本主义国家劳动力价值和平均工资的变动趋势》(载《世界经济》1979年第12期)和《关于劳动力价值和价格的变动趋势》(载《南开学报》1982年第3期)两篇文章中已有论述。笔者的主要论点是劳动力价值有着下降趋势,马克思关于"提高劳动生产力来使商品便宜,并通过商品便宜来使工人本身便宜,是资本的内在冲动和经常的趋势"①的原理并没有过时。

笔者至今认为,那两篇文章在理论上的论证是充分的,这里不准备作什么补充。但是,它们有一个明显的缺点。这就是,文章中的论点虽然用第二次世界大战以后若干发达资本主义国家有关的实际统计数字作了验证,但并没有用较长时期内资本主义国家有关的实际数字进行验证。而如果没有这样的验证,劳动力价值下降作为一种长期趋势就难以成立。持有不同观点的同志完全有理由指责笔者的论点只是从抽象原理出发,而没有从实际出发。

不久以前,笔者看到蒋学模同志写的《关于无产阶级贫困

---

① 《资本论》第1卷,人民出版社1975年版,第355页。

化理论的几个问题》（载《经济研究》编辑部编的《论当代帝国主义》论文集）。其中根据英国 1873—1963 年间工人劳动生产率增长速度和实际工资增长速度的比较，得出了劳动力价值在 100 年间大约上升了 40% 的结论。这似乎就用历史事实驳倒了关于劳动力价值有着下降趋势的论点。

但是，仔细一推敲，笔者认为蒋学模同志所使用的资料并没有多大说服力，实际上不能驳倒关于劳动力价值具有下降趋势的论点。这是因为：

第一，选择的国家——英国并不具有代表性。列宁在论述资本主义腐朽趋势时曾指出，英国是腐朽趋势特别严重的国家。他说："如果以为这一腐朽趋势排除了资本主义的迅速发展，那就错了。……整个说来，资本主义的发展比从前要快得多，但是这种发展不仅一般地更不平衡了，而且这种不平衡还特别表现在资本最雄厚的国家（英国）的腐朽上面。"[①] 在主要资本主义国家中，英国工业生产和劳动生产率增长速度之低，是众所周知的。但是，英国工人的实际工资的增长速度却不可能相应地降得太低，而不得不维持一个与别的劳动生产率较高的国家大体上相适应的水平，否则有一部分劳动力就会由于劳动力市场上价值规律的调节而流失到国外，同时英国工会的强大力量也会迫使资本家把实际工资维持在较高的水平。在这种情况下，实际工资增长速度就有可能超过劳动生产率的增长速度，从而提高劳动力的价值和价格。但这并不是一般情况，不能代表资本主义一般的发展趋势。拙著《论战后主要资本主义国家劳动力价值和平均工资的变动趋势》一文中所引用的资料表明，第二次世界大战后，除了英国和西德外，在美国、日本、法国、意大利等国，工业劳动

---

① 《列宁选集》第 2 卷，人民出版社 1972 年版，第 842 页。

生产率的年平均增长率都超过了工人实际工资的年平均增长率。可见，英国的情况是个特殊例子，它不能被用来验证劳动力价值的一般变动趋势。

第二，蒋学模同志文章中借以得出英国劳动力价值上升的统计数字缺乏足够的科学性，表现在：（1）用来进行前后比较的有些数字没有可比的口径。例如，怎么可以把1873年苏格兰漂白业一个工人的工资与1969年英国成年男工的平均工资进行比较呢？（2）人均实际国民生产总值与劳动生产率是两个完全不同的范畴。两个计算公式的分母和分子都具有完全不同的内容。劳动生产率公式的分母是物质生产部门中劳动者的劳动小时数，而人均国民生产总值公式中的分母却是全体社会成员。劳动生产率公式中的分子是物质生产部门中劳动者创造的产品实物量即使用价值量，而人均国民生产总值公式中的分子是国民生产总值，即一国在一年内所生产最终产品和所提供劳务价格的总额。怎么可以用人均国民生产总值来代表（哪怕是近似地代表）劳动生产率呢？（3）拿美国从1890—1980年间人均国民生产总值的增长率来代表英国从1863—1963年100年间社会劳动生产率的增长率，更是缺乏实际根据，带有主观臆断性。

读了蒋学模同志的文章，更使笔者感到用资本主义较长时期的统计资料来验证劳动力价值的变动趋势的工作是非做不可了。由于资本主义长期历史统计资料寻找的困难，这件工作不是轻而易举的。只能在可以找到的统计资料的范围内尽可能地把这一工作做得好些。

最近，笔者在王庭笑同志的帮助下试算了美国制造业从1914—1967年的54年间劳动生产率和实际工资的增长情况。

这里需要说明几个问题：

（1）为什么要选择美国？因为美国的工业生产在发达资本

主义国家中占有极大的比重；美国在生产的发展中尽管也存在着腐朽趋势，但远不如英国那么严重，美国劳动生产率和工资的增长都比较快；而且美国在两次大战中受到的损失都很小。这就使美国的情况比较具有代表性。同时，美国的统计资料比较完整，便于进行计算和比较。

（2）为什么要选择美国制造业？因为美国制造业是美国物质生产领域中最大、最重要的部门。在除农、林、渔外的五大产业部门（矿业、建筑业、运输业、通信与公用事业、制造业）中，制造业的产量占有相当大的比重，它所雇用的劳动者人数始终占半数以上，最高时达70%。所以，对整个工业部门来说，制造业是具有代表性的。

（3）为什么选择从1914—1967年这样的起讫年份？笔者认为，就验证一个理论观点来说，选择起讫年份不是一个技术性问题，而是一个理论性问题。客观规律总是受到历史上各种因素的干扰，由于这种干扰，历史的实际发展往往就同客观规律不完全一致，甚至很不一致。因此，在选择起讫年份时，应当尽可能选择正常的年份，即受重大历史事件干扰最少的年份。就分析劳动生产率和实际工资变动趋势来说，就应当避开发生大战和严重经济危机的年份，因为在那些年份，经济不可能正常运行，劳动生产率和实际工资的正常变动必然受到严重干扰。开始年份之所以定在1914年，一方面是因为我们手头能找到的关于美国制造业工人实际工资的资料，最早是1914年的；另一方面，我们考虑1914年是一个比较合适的年份，一则它不是一个危机年份，二则它虽是第一次世界大战开始的年份，但这对美国经济的影响并不大。终止年份之选择1967年，并不是因为找不到更近年份的统计数字，而是考虑到1967年以后美国经济的发展受到危机和生产停滞的干扰相当严重。1969—1970年发生了经济危机，工业生产下降6.8%;1974—1975年又发生了第二次世界大战结束以来最严重的经济危机,工业生产下降15.3%;随后,工业生产一直处于停滞状态,接着到80年代初又爆发了持续三年之久的严重经济危机,工业生产下降11.8%。在这期间,不仅劳动生产率的增长速度下降,甚至发生负增长,而且实际工资水平也大大下降。根据美国《每月劳工》1982年第3期发表的统计数字,美国私人非农业部门的工人每周的实际工资指数在1973—1981年期间下降了14.8个百分点,1981年实际工资水平下降到了1963年的水平以下。如果把终止年份选在70年代以至1981年这些较近的年份就不能较好地反映劳动生产率和实际工资的正常发展情况。因此,我们认为把终止年份选在1967年是比较合适的。

现在把我们根据有关原始统计资料进行计算的结果列表如下:

表1　　美国制造业的劳动生产率（1914—1967年）　　（1929=100）

年份	产量指数	劳动小时指数	劳动生产率指数	年份	产量指数	劳动小时指数	劳动生产率指数
1914	51.1	86.5	59.1	1941	157.9	115.5	136.7
1915	59.9	89.8	66.7	1942	197.2	141.8	139.1
1916	71.2	108.6	65.6	1943	238.1	168.9	141.0
1917	70.6	115.7	61.0	1944	232.5	166.8	139.4
1918	69.8	114.6	60.9	1945	196.5	142.9	137.5
1919	61.0	105.1	58.0	1946	160.6	127.1	126.4
1920	66.0	107.3	61.5	1947	178.3	133.3	133.8
1921	53.5	75.4	71.9	1948	184.2	132.9	138.6
1922	68.1	84.7	80.4	1949	173.5	120.7	143.7
1923	76.9	99.3	77.4	1950	201.1	129.5	155.3
1924	73.4	89.2	82.8	1951	214.3	139.8	153.3

续表

年份	产量指数	劳动小时指数	劳动生产率指数	年份	产量指数	劳动小时指数	劳动生产率指数
1925	81.9	93.4	87.7	1952	223.6	142.3	157.1
1926	86.2	96.4	89.4	1953	243.4	148.5	163.9
1927	87.1	95.2	91.5	1954	228.2	135.4	168.5
1928	90.1	94.2	95.6	1955	255.9	142.4	179.7
1929	100.0	100.0	100.0	1956	264.3	144.3	183.2
1930	85.6	85.0	100.7	1957	264.6	141.4	187.1
1931	72.0	69.2	103.9	1958	250.0	127.3	196.4
1932	53.8	55.4	97.1	1959	281.6	137.2	205.2
1933	62.8	59.4	105.7	1960	286.8	135.6	211.5
1934	69.1	62.6	110.4	1961	287.7	130.7	220.1
1935	82.8	70.4	117.6	1962	313.6	136.2	230.2
1936	96.8	81.7	118.5	1963	332.5	137.4	242.0
1937	103.3	88.4	116.9	1964	355.3	141.7	250.7
1938	80.9	70.4	114.9	1965	393.4	149.9	264.0
1939	102.5	81.5	125.8	1966	429.4	157.7	272.3
1940	118.6	89.9	131.9	1967	438.6	156.1	281.0

计算根据：

（1）J. W. 肯德利克：《美国的生产率趋势》，1961年版，第465—466页。

（2）《基本经济统计手册》，1981年1月，第13卷第一册，第72—73页。

（3）《美国历史统计，从英领殖民地时期至1970年》，第666页。

（4）劳动生产率按"劳动生产率＝产量÷劳动小时数（人时）"的公式计算。我们不采用"劳动生产率＝产量÷劳动者人数"的计算公式。这是因为考虑到每个劳动者每天或每周的劳动小时数，在较长的时期内，是有变动的，如每天的劳动小时可以是10小时、8小时、7小时等，如果以劳动者人数为分母，就歪曲了劳动生产率的实际水平。如果比较较短时期内（这个时期内劳动者每天劳动小时大致不变）劳动生产率的变动，以劳动者人数为分母的劳动生产率的计算公式还是勉强可用的。

表2 美国制造业工人实际工资的变动（1914—1967年）

年份	平均小时名义工资（美元）	平均小时实际工资（美元）	实际工资指数(1914=100)	年份	平均小时名义工资（美元）	平均小时实际工资（美元）	实际工资指数(1914=100)
1914	0.22	0.22	100.0	1943	0.96	0.56	254.5
1919	0.48	0.28	127.3	1944	1.02	0.58	263.6
1920	0.56	0.28	127.3	1945	1.02	0.57	259.1
1921	0.52	0.29	131.8	1946	1.09	0.56	254.5
1922	0.49	0.29	131.8	1947	1.24	0.56	254.5
1923	0.52	0.31	140.9	1948	1.35	0.56	254.5
1924	0.55	0.32	145.5	1949	1.40	0.59	268.2
1925	0.55	0.31	140.9	1950	1.47	0.61	277.3
1926	0.55	0.31	140.9	1951	1.59	0.61	277.3
1927	0.55	0.32	145.5	1952	1.67	0.63	286.4
1928	0.56	0.33	150.0	1953	1.77	0.66	300.0
1929	0.57	0.33	150.0	1954	1.81	0.68	309.1
1930	0.55	0.33	150.0	1955	1.88	0.70	318.2
1931	0.52	0.34	154.5	1956	1.98	0.73	331.1
1932	0.45	0.33	150.0	1957	2.07	0.74	336.4
1933	0.44	0.34	154.5	1958	2.19	0.76	345.5
1934	0.53	0.40	181.8	1959	2.24	0.77	350.0
1935	0.55	0.40	181.8	1960	2.30	0.78	354.5
1936	0.56	0.40	181.8	1961	2.35	0.79	359.1
1937	0.62	0.43	195.5	1962	2.44	0.81	368.2
1938	0.63	0.45	204.5	1963	2.53	0.83	377.3
1939	0.63	0.45	204.5	1964	2.61	0.84	381.8
1940	0.66	0.47	213.6	1965	2.69	0.86	390.9
1941	0.73	0.50	227.3	1966	2.78	0.86	390.9
1942	0.85	0.52	236.4	1967	2.92	0.88	400.0

计算根据：

(1)《美国历史统计，从英领殖民地时期至1957年》，第92、125—126页。

(2)《美国历史统计，从英领殖民地时期至1970年》，第666页。

(3)《美国统计摘要》，1982—1983年，第461页。

以上两个统计表表明：在 1914—1967 年期间，美国制造业中劳动生产率提高了 375.5%，而工人的实际工资提高了 300%。由于劳动生产率比实际工资提高得更快，实际工资所包含的价值量下降 16%。这就意味着在这 54 年期间劳动力价格和价值呈现出下降的趋势。

有的同志说，第二次世界大战以后，由于多种高级耐用消费品（如小汽车、电视机、电冰箱等）进入再生产劳动力所必要的消费资料范围，尽管实际工资所包含的价值量有所下降，但劳动力价值仍然提高了。那么，让我们把 1938 年的数字与 1967 年的数字作个比较吧！在 1938—1967 年期间，劳动生产率提高了 144.6%，而实际工资提高了 95.6%，从而使实际工资所包含的价值量下降 20%。30 年期间的下降程度甚至还超过了 54 年期间的下降程度。这个事实无情地否定了"战后劳动力价值提高说"。

总而言之，资本主义发展的历史仍然以铁的事实证明了马克思关于劳动力价值具有下降趋势的论断的正确性。

（原载《世界经济》1986 年第 5 期）

世界经济及其形成和发展

一 什么是世界经济

(一) 关于世界经济的概念

世界经济不是全世界范围内各国国民经济的简单的总和，而是全世界范围内各国国民经济通过各种方式和渠道联结起来而形成的有机整体。具体地说，世界经济应当包括如下三个方面：

1. 作为世界经济这个整体的有机组成部分的各国国民经济。

请注意，研究作为世界经济的有机组成部分的各国国民经济，与研究各国国民经济不是一回事。研究各国国民经济自身，只着眼于被研究的对象国自身的特点。而把各国国民经济当做世界经济的组成部分来研究时，所着眼的是各国国民经济在世界经济中所处的地位和作用。

2. 把各国国民经济联结起来的基础和方式以及由于被联结的主体的类型不同而形成的不同类型的国际经济关系。

例如，国际分工是把各国国民经济联结起来的基础。在资本主义条件下，把各国国民经济联结起来的方式包括国际商品交换、国际资本流动、国际劳动力流动、国际经济合作等。在当代世界经济条件下，由于被联结的主体的类型不同而形成的不同类型的国际经济关系包括：社会主义国家与发达资本主义国家的经济关系，社会主义国家与发展中国家之间的经济关系，发达资本主义国家与发展中国家之间的经济关系，社会主义国家之间的经济关系，发达资本主义国家之间的经济关系，发展中国家之间的经济关系。

3. 作为一个整体的世界经济所特有的问题和规律。

这样的问题包括：世界人口问题、世界粮食问题、世界能源问题、世界环境保护问题等。世界经济所特有的规律有哪些，不同学者还没有一致的意见。人们提到的规律有：世界范围内生产关系要适应生产力性质和发展水平的规律，生产国际化程度不断提高的规律，各国国民经济相互依存度不断增长的规律，在世界市场上发生作用的价值规律，世界经济和世界政治相互作用的规律，世界范围内资本主义经济必然向社会主义经济过渡的规律，等等。究竟有哪些规律，还值得很好地研究。

（二）关于世界经济的几个基本观点

为了清楚地了解世界经济这一范畴的确切含义，还须明确认识关于世界经济的几个基本观点。

第一，世界经济并不是人类社会发展过程中的一个永恒的范畴，而是一个历史范畴，是人类社会发展到一定阶段的产物。

在人类社会的漫长发展过程中，并不存在世界经济。在原始社会末期，随着社会分工的出现，个别地区有了部落内部和部落之间的商品交换。不过，当时人们还不是为交换而生产，仅是拿多余的产品来交换，这种交换带有偶然的性质。进入奴隶社会以后，随着生产力和社会分工的发展，商品生产和商品交换产生和发展了，在此基础上有部分剩余产品作为商品在国与国之间交换，产生了国际商品交换的萌芽。到了封建社会，这种交换又有所发展。但是，奴隶社会和封建社会的生产力水平低下，社会分工不发达，自然经济占据统治地位，连一国内的各个经济部门尚未有机地联系起来，形成统一的国民经济；更谈不到世界各国的经济有机地联系起来，形成统一的世界经济。那时各国在经济上基本处于相互隔绝的状态，国际的商品交换只是个别的、局部的和偶然的现象。古希腊、古罗马与邻近地区的商业往来，古代中国通向西亚的"丝绸之路"等，都属于这种情况。

只是随着资本主义生产方式的逐步确立，随着国际分工、世界市场和国际商品交换的发展，各国的国民经济才逐步在国际范围内有机地联结起来，形成了统一的世界经济。关于这一点，笔者将在第二个问题"世界经济的形成和发展"中进一步说明。

第二，世界经济是一个体现生产国际关系的范畴。

马克思在《〈政治经济学批判〉导言》中说："说到生产，总是指在一定社会发展阶段上的生产……"① 又说："一切生产阶段所共有的、被思维当做一般规定而确定下来的规定是存在的，但是所谓一切生产的一般条件，不过是这些抽象要素，用这些要素不可能理解任何一个现实的历史的生产阶段。"② 列宁指出："马克思以前的所有经济学家都谈论一般社会，而马克思却说'现代社会'……"③ 与资产阶级经济学家只谈论一般社会、一般生产（其目的是掩盖其资本主义的实质）不同，马克思主义的经济学家总是着重研究生产的特殊的社会形式或特殊社会生产方式。

对世界经济的研究也是这样。我们不应当抽象地谈论一般的

---

① 《马克思恩格斯全集》第46卷上册，人民出版社1979年版，第22页。
② 同上书，第25页。
③ 《列宁选集》第1卷，人民出版社1972年版，第4页。

世界经济，而应当着重研究世界经济所体现的特殊的生产国际关系。从这个观点出发，那个随着资本主义生产方式的确立而逐步形成的世界经济，并不是一般的世界经济，而是资本主义性质的世界经济，它体现着资本主义性质的生产国际关系（如资本主义的国际分工，资本主义的国际商品交换，资本的国际流动，等等）。

第三，世界经济是一个抽象层次较生产方式更低的范畴。

从一国范围来看，国民经济是一个抽象层次较生产方式更低的范畴。当我们说一个国家的经济是资本主义经济时，这并不等于说这个国家的经济中只存在资本主义一种生产方式，事实上可能还存在前资本主义生产方式，不过资本主义生产方式占据统治地位，决定了这种经济属于资本主义性质，而且在政治经济学的理论分析中可以把前资本主义生产方式予以舍弃（马克思在《资本论》中就是这样说的）。

世界经济的抽象层次类似国民经济，不过它包括的范围大于国民经济而已。当我们说世界经济是资本主义世界经济时，这并不等于说这个世界经济都是各个资本主义的国民经济所构成，只有资本主义这一种生产方式。在这个世界经济中，既有资本主义的生产方式，又有前资本主义的生产方式。我们所以把它确定为资本主义世界经济，是因为：（1）在这个世界经济中，资本主义的生产方式占据统治地位。（2）在这个世界经济中，各个国家的经济是按照资本主义原则联系和结合起来的。与政治经济学的研究不同，世界经济学应当进行更加具体的研究，不应当舍去前资本主义生产方式以及其他一些具体因素（关于这一点，在第三个问题中还要谈到）。

第四，世界经济不是一个凝固不变的事物，而是一个变动和发展的过程，是一个自然历史过程。

马克思在《资本论》第1卷第1版序言中说:"我的观点是:社会经济形态的发展是一种自然历史过程。不管个人在主观上怎样超脱各种关系,他在社会意义上总是这些关系的产物。"①这就是说,人类社会历史上各种社会经济形态的更迭(原始公社→奴隶社会→封建社会→资本主义社会→社会主义、共产主义社会)是一个不以人们意志为转移的客观历史过程。

世界经济的发展也是这样。在人类历史上首先出现的必然是资本主义世界经济,然后必然出现(从资本主义向社会主义)过渡性的世界经济,最后必然发展到社会主义、共产主义的世界经济。这同样是一个不以人们意志为转移的客观历史过程。

下面我们来具体考察一下直到目前为止世界经济形成和发展的过程。

二 世界经济的形成和发展

(一) 世界经济的形成

世界经济的形成,实际上就是资本主义世界经济的形成。

资本主义世界经济的形成,经历了一个较长的时期,它同资本主义生产方式的确立和产业革命的发生有着密切的联系。

各国之间最早的经济关系形式是国际商品交换。在14、15世纪,随着社会分工的扩大和资本主义的萌芽,意大利北部诸城,如威尼斯、热那亚、佛罗伦萨等,已经成为欧洲的贸易中心。到15世纪末16世纪初,随着资本主义的发展,地理上的大发现和东西方航路的开辟,以及海外殖民地的开拓、资本原始积累的进行,欧洲贸易中心已从地中海区域扩大到大西洋沿岸。葡

---

① 《资本论》第1卷,人民出版社1975年版,第12页。

萄牙的里斯本、西班牙的塞维尔、尼德兰的安特卫普、英国的伦敦等，先后成为繁华的国际贸易港，它们的贸易范围远及亚洲、非洲和美洲。国际商品交换有了相当大的发展，开始形成了世界市场。但是，那时的国际商品交换并不是以国际分工（那时国际分工尚处于萌芽状态）为基础的，而实际上是以国内的社会分工为基础的；这种交换与社会生产的规模相比没有多大的意义；进入这种交换的主要商品是金银、奴隶、土特产品等，它们对于当时各国社会再生产的进行和社会需求的满足来说并不是必不可少的。那时的世界市场不仅带有区域性，而且就其性质来说还不是真正的资本主义世界市场，在那里占统治地位的是封建社会里的商人资本，它们用前资本主义的垄断方式通过贱买贵卖、使用侵吞和欺诈手段攫取让渡利润。这就是说，那时，尽管各国的经济通过国际商品交换有了一定的联系，但这种联系是松散的、局部的，而且不具备资本主义性质，因此，资本主义世界经济还不可能形成。

18世纪60年代到19世纪60年代，以工具机的发明和蒸汽机的应用为代表的生产技术获得了惊人的进步。英国、其他欧洲先进国家和美国相继完成了产业革命。资本主义生产从工场手工业过渡到了机器大工业。这场产业革命标志着资本主义生产方式的确立，它不仅推动了国内生产关系的变革，而且推动了国际经济关系的变革，促进了资本主义国际分工、国际交换和世界市场的形成和发展，促进了资本主义世界经济的形成和发展。这一过程可以从下列几个方面进行考察。

第一，资本主义国际分工开始形成。机器大工业不仅使先进资本主义国家内部工业从农业中完全分离出来，形成了独立的生产部门，而且使工业和农业部门间的分工越来越超出民族经济的狭窄范围，向国际领域发展。一方面，机器大工业的巨大生产能力所生产的大量商品,已经越来越超过狭小的国内市场的容量,需要在国外寻找销售市场;另一方面,机器大工业发展所需要的原料以及城市人口所需要的粮食也日益增长,这又是本国的生产无法满足的。这就使先进资本主义国家的资产阶级不能不到国外去寻求原料和粮食来源以及工业品销售市场。在这种情况下,不仅各先进资本主义国家之间的贸易往来增加了,而且先进资本主义国家的资本家凭借机器大工业生产的廉价商品,打进了前资本主义生产方式占统治地位的许多经济落后国家,破坏了那里的自然经济,使这些国家日益卷入到国际分工、国际交换和世界市场中来。从前,亚、非、拉美经济落后国家的农民自己生产原料并把它们加工成制成品,而且自己消费产品的大部分。现在,他们被迫为世界市场而生产原料和粮食,并且变为先进国家工业品的消费者。这样,原来在一国范围内城市与农村、工业部门与农业部门的分工,就逐渐演变成世界城市与世界农村的分工与对立,演变成以先进技术为基础的工业国与以自然条件为基础的农业国之间的分工和对立。

第二,在上述国际分工的基础上,国际商品交换不仅在范围上日益扩大,而且对先进资本主义国家的社会再生产来说,意义日益重大,以至于成为必不可少的了。随着先进资本主义国家经济力量的增长,并且与国内的自由竞争相适应,自由的国际贸易成为先进国家的政策。原始积累时代的贸易垄断及其他特权已被取消。赤裸裸地不等价交换改变为按照以国际价值为基础的世界市场价格进行的交换,商品交换关系的国际化,使价值形态也在国际范围内展开。各国的社会劳动通过国际交换而成为全世界社会劳动的一部分;各国国内的不同的价值量通过国际交换转化为国际价值。商品的国际价值与国内价值不同,它不是由一个国家生产该种商品的社会必要劳动时间决定的,而是由"世界劳动的平均单位"① 决定的。按照国际价值进行的交换,虽然是等价交换(从国际交换的角度来说),但对不同国家来说却是不平等的。先进国家的劳动生产率较高,它所生产的商品的国别价值一般低于国际价值。落后国家的劳动生产率较低,它所生产的商品的国别价值一般高于国际价值。因此,在按照国际价值进行的交换中,落后国家的商品的国别价值不能得到充分实现,而先进国家的资本家却可以实现超额利润。正如马克思所说的,"这好比一个工厂主采用了一种尚未普遍采用的新发明,他卖得比他的竞争者便宜,但仍然高于他的商品的个别价值出售,就是说,他把他所使用的劳动的特别高的生产力作为剩余劳动来实现。因此,他实现了一个超额利润。"② 除此之外,即使在自由贸易的情况下,个别先进资本主义国家(如英国)仍然有可能凭借它在世界市场上的垄断地位,通过不等价交换从落后国家攫取更多的利润。

第三,国际交换的发展还使货币越出国内流通领域,发展为世界货币。马克思说:"只有对外贸易,只有市场发展为世界市场,才使货币发展为世界货币。"③ 在世界市场上,商品也必须找到和它们相对应、并与之进行交换的一般等价物。这种一般等价物必须是一种特殊商品,具有独立的价值形态,并且摆脱货币的各种地方形式。这种一般等价物,就是世界货币。世界货币采取黄金和白银或金条和银块的自然形态。"货币一越出国内流通

---

① 《资本论》第1卷,人民出版社1975年版,第614页。马克思本人对此未作解释。各国学者有各种不同解释。其中较流行的一种解释是:一个"世界劳动的平均单位"等于一个单位的国际价值,一种商品的国际价值就是各国生产该商品所需的国内社会必要劳动量的加权算术平均数,权数是各国该商品的出口量。

② 《资本论》第3卷,人民出版社1975年版,第265页。

③ 《马克思恩格斯全集》第26卷,人民出版社1972年版,第278页。

领域，便失去了在这一领域内获得的价格标准、铸币、辅币和价值符号等地方形式，又恢复原来的贵金属块的形式。"① 世界货币的最主要的职能是作为支付手段，平衡国际贸易差额。此外，它还充当国际购买手段；充当财富的绝对社会化身，借以把财富从一国转移到另一国。世界货币的出现，促进了国际商品流通的扩大和世界市场的形成和发展。马克思指出："金银当做世界货币，既是一般商品流通的产物，又是流通范围进一步扩张的手段。正如当炼金家炼出黄金时，在背后产生了化学，同样，当商品所有者追求那具有令人着迷的姿态的商品时，在背后迸发了世界工业与世界贸易的源泉。"②

随着国际贸易和世界货币的发展，逐步形成适合于资本主义生产方式在全世界推行所需要的国际货币体系。英国于1816年首先从金银复本位制过渡到金本位制。后来，其他主要资本主义国家相继实行这种过渡。这样就逐渐形成一个以英镑为中心、以黄金为唯一基础的国际金本位制度。这个制度曾经是一种比较稳定的世界货币制度，它对资本主义世界经济的形成起了促进作用。

第四，资本主义世界市场形成了。随着国际分工、国际交换的发展，作为资本主义世界市场前身的世界市场逐渐发展成为资本主义世界市场。在资本主义世界市场上，占统治地位的不是与前资本主义生产方式相联系的商人资本，而是与资本主义生产方式相联系的从属于产业资本的商业资本，即作为产业资本循环中的一个独立形态的商业资本。它们所追求的不是让渡利润，而是平均利润或超额利润。世界市场上流通的商品，主要为棉毛织

---

① 《资本论》第1卷，人民出版社1975年版，第163页。
② 马克思：《政治经济学批判》，人民出版社1955年版，第114页。

品、钢铁、机器以及各种原料、食品。世界市场上的流通已成为各国资本循环所不可缺少的环节。世界市场已经成为资本主义机器大工业生产的基础。正如马克思所指出的,"在英国,机器发明之后分工才有了巨大进步……由于有了机器,现在纺纱工人可以住在英国,而织布工人却住在东印度。在机器发明以前,一个国家的工业主要是用本地原料来加工。……由于机器和蒸汽的应用,分工的规模已使大工业脱离了本国基地,完全依赖于世界市场、国际交换和国际分工。"①

在资本主义世界市场形成的过程中,开始以英国为中心,这是它作为"世界工厂"的地位所决定的。当时,英国宣扬自由贸易,事实上是一国对世界市场的垄断。以后,随着法、德、美等国机器大工业的发展和经济实力的增强,英国对世界市场的垄断就为英、法、德、美之间的竞争所代替。于是世界市场就形成了以几个先进资本主义国家为中心、广大经济落后国家依附于前者的格局。

资本主义世界市场形成的时间,依据恩格斯的论断,大约在19世纪70年代。恩格斯说:"自1867年最近一次的普遍危机爆发以来,已经发生了巨大的变化。由于交通工具的惊人发展——远洋轮船、铁路、电报、苏伊士运河——第一次真正地形成了世界市场。"②

国际分工、国际交换、世界货币、世界市场的形成,是同一过程的四个方面,它们相互依赖、相互促进、不可分割,它们共同作用,促进了资本主义世界经济的形成。可以这样说,到19世纪70年代,资本主义世界市场真正形成时,资本主义世界经

---

① 《马克思恩格斯选集》第1卷,人民出版社1972年版,第132—133页。
② 《资本论》第3卷,人民出版社1975年版,第554页。

济也就形成了。因为这时世界上的许多国家（包括发达国家和落后国家）通过国际分工、国际交换和世界市场已经在经济上经常地紧密地联系在一起，这种联系对各国的社会再生产的进行来说已经具有十分重大的意义，甚至是必不可少的。从这个意义上说，有关各国已经在经济上形成了一个整体，形成了世界经济。我们所以把它叫做资本主义世界经济，是因为：第一，先进资本主义国家在这个整体中占据统治地位；第二，把这个整体中的各个国家联系起来的那些要素——国际分工、国际交换、世界市场都具有资本主义的性质。

（二）资本主义世界经济发展成为一个无所不包的世界体系

在19世纪70年代开始了以电力的应用为代表的科学技术革命。在这次科技革命推动下，主要资本主义国家的工业生产技术有了巨大的进步，钢铁工业、化学工业、机器制造工业、电力工业等重工业和铁路运输等近代交通运输业得到了迅速发展，重工业开始取代轻工业在整个工业中占了主要地位。重工业和铁路等的建设需要有巨额资本，这就需要生产的高度集中。而自由竞争中大资本对小资本的吞并则越来越使资本集中到少数大资本手中，促进了生产的集中。生产集中达到很高的程度便引起了垄断。这样，自由竞争的资本主义便逐渐向垄断资本主义即帝国主义过渡。到20世纪初，这个过渡已经完成，垄断已在主要资本主义国家的经济生活中占据统治地位，并且向国际领域扩展。资本主义生产关系中的这个质变，使资本主义世界经济无论从广度上还是从深度上都发生了巨大的变化。

从广度上看，资本主义世界经济已经发展成为一个无所不包的世界体系。在自由竞争的资本主义时期，世界上还有广大土地未被资本主义强国占领，资本主义国际分工、国际交换和世界市场还没有把所有国家的经济生活都包括进来。随着垄断资本主义的形成，与商品输出不同的资本输出占据了统治地位，资本输出使金融资本的密网遍布世界各地；国际垄断同盟从经济上瓜分了世界市场；特别是由于殖民地作为垄断资本的原料产地、投资场所和销售市场的作用空前增大，列强实行了金融资本的殖民政策，拼命争夺殖民地，并且已把世界的殖民地分割完毕。所有这一切，就使资本主义世界经济在广度上大大地扩展了，形成了囊括全世界所有国家和地区的世界体系。在这种情况下，"个别国家和个别民族已经不是独立自在的单位，已经变成所谓世界经济的整个链条的各个环节"。[①]

从深度上看，资本主义世界经济体系内部各个国家之间的经济联系有了进一步的发展，同时它们之间的矛盾和斗争也进一步加剧。

（1）帝国主义者出于追求高额垄断利润的需要，一方面无限地扩大本国的工业生产；另一方面极力把亚、非、拉的殖民地附属国变成自己所需要的原料来源和自己的工业品销售市场，使它们的经济成为只生产少数几种作物的单一经济。资本主义国际分工发展的结果，一方面把原料和食品的生产集中于占世界人口大多数的亚、非、拉国家；另一方面又把工业生产集中于占世界人口少数的欧洲、北美和日本。前一个时期已经开始的世界城市和世界农村的分离和对立进一步扩大和加深了。同时，这又意味着两类国家之间相互依存的程度也增加了：一方面帝国主义、垄断资本在原料来源、销售市场、投资场所方面对殖民地附属国的依赖日益加深，殖民地附属国已成为帝国主义、垄断资本的生存条件；另一方面，殖民地附属国在工业制成品的需要方面依赖于

[①]《斯大林全集》上卷，人民出版社1979年版，第204页。

帝国主义国家。

（2）在国际商品交换中出现了国际垄断价格的新因素。在自由竞争的资本主义时期，先进资本主义国家凭借自己的先进技术通过按照国际价值进行的交换来实现超额利润。在垄断资本主义时期，除了实现超额利润外，在各个帝国主义国家的垄断资本联合基础上形成的国际垄断同盟，可以凭借对国际上工业品销售市场和原料购买市场的垄断，以垄断高价出售自己生产的工业制成品，而以垄断低价收购殖民地附属国生产的原料和其他初级产品，从后者攫取大量的垄断利润。

（3）由于资本输出具有日益重要的意义，资本主义世界经济中各国国民经济之间的联系进一步紧密了。原来，它们是通过国际商品交换联结起来的。现在，它们不仅通过国际商品交换，而且通过国际资本流动联结起来了。特别是生产资本的输出（直接投资），是发达资本主义国家的生产过程向国际范围扩展，这就使生产国际化不仅表现在流通领域，而且开始在生产领域中发展起来。

（4）殖民地附属国作为帝国主义的资源产地、销售市场和投资场所的意义，作为帝国主义生存条件的意义日益重大。因此，各帝国主义列强通过商品输出、资本输出和资源掠夺，大大加强了对殖民地附属国人民的剥削、掠夺。这就使帝国主义宗主国和殖民地附属国之间的矛盾急剧地尖锐化。

（5）各帝国主义国家争夺资源产地、销售市场和投资场所的斗争，又使各帝国主义国家相互之间的矛盾，各国垄断资本集团相互之间的矛盾尖锐化。各国垄断组织在一定条件下可以暂行休战，达成一定的妥协，建立从经济上瓜分世界的国际垄断同盟。但是，妥协是暂时的、相对的、有条件的，而斗争则是绝对的。特别要指出，在自由竞争时期，各先进资本主义国家经济的发展是比较平稳的；而到了帝国主义时期，由于某些垄断资本实力雄厚的老牌帝国主义国家寄生和腐朽的趋势特别严重，而某些原来较落后国家却有可能依靠采用新技术迅速地发展自己的经济，这就使帝国主义国家之间经济发展的不平衡加剧了，原来经济比较落后的国家有可能跳跃式地赶上和超过原来经济比较先进的国家（如1860年，在世界工业生产中英国占第一位，法国占第二位；10年后，美国超过法国，占第二位；再过10年，美国超过英国，占第一位，20世纪初，德国又挤掉了英国，居第二位）。列宁指出："经济政治发展的不平衡是资本主义的绝对规律。"① 帝国主义时期这一规律作用的结果，使各帝国主义国家之间的矛盾进一步加剧。在世界领土已被瓜分完毕的条件下，这种斗争必然导致重新瓜分世界的斗争，导致帝国主义战争。

帝国主义战争一方面削弱帝国主义阵线，一方面使帝国主义的各种矛盾更加激化，这就使帝国主义阵线必然会出现薄弱环节——帝国主义各种矛盾的焦点。无产阶级就有可能突破帝国主义阵线的薄弱环节，首先在一国取得社会主义革命的胜利。正是在这种情况下，1917年伟大的十月革命在俄国取得了胜利，建立起了第一个社会主义国家——苏联。

十月革命的胜利使世界经济进入了一个新的历史时期。

(三) 过渡性的世界经济

伟大的十月革命的胜利，开创了人类历史的新纪元，也使世界经济进入了一个新的历史时期，即在全世界范围内从资本主义经济向社会主义、共产主义经济过渡的时期。这个时期世界经济的性质，既不是资本主义的，又不是社会主义的，而是过渡性

---

① 《列宁选集》第2卷，人民出版社1972年版，第709页。

的。这个过渡时期将是一个相当长的历史时期。在这个历史时期内，资本主义经济将逐渐趋向衰亡，而社会主义经济则逐渐强大，直至在全世界范围取代资本主义。但整个发展过程不仅是长期的，而且是复杂的和曲折的，它将包含着若干个发展阶段。

从十月革命到第二次世界大战为这个时期的第一阶段。在这一阶段上，世界经济具有以下一些特点。

第一，世界经济的格局发生了根本的改变。世界经济不再是统一的无所不包的资本主义世界经济，而成为过渡性的世界经济，其中并存着社会主义制度与资本主义制度，它们既相互依存，又相互斗争。社会主义经济是一种新生的力量，当时它还处于资本主义的包围之中，它还不可能在很大程度上改变资本主义世界经济中国际分工、国际交换、世界市场的原有状况。但它的存在和壮大本身就意味着资本主义腐朽性的加深。斯大林说："帝国主义大战及其后果加深了资本主义的腐朽，破坏了资本主义的平衡；我们现在处于战争和革命的时代；资本主义已经不是唯一的和包罗万象的世界经济体系；除资本主义经济体系外，还存在着社会主义体系，它日益成长，日益繁荣，它同资本主义体系相对抗，而且它的存在这一事实本身，就显示出资本主义的腐朽性，动摇着资本主义的基础。"[①]

第二，社会主义经济体系日益发展、壮大。苏联人民在联共（布）党和列宁、斯大林的领导下，粉碎了14个帝国主义国家勾结当时苏联国内反革命势力所进行的武装干涉，批驳了反对派的种种错误观点，胜利地实现了国家工业化和农业集体化，解放了社会生产力，以大大超过当时资本主义国家的速度迅速发展国民经济，大大提高了人民的物质文化生活水平。经过三个五年计

---

① 《斯大林全集》第12卷，人民出版社1955年版，第216页。

划,从1928—1940年,苏联的国民收入增加了4.1倍,工业产值增长了30%。苏联的社会主义建设成就,显示了社会主义制度的优越性,极大地震动了资本主义旧世界,成为在资本统治下正在争取自身的解放的无产阶级和其他劳动人民所向往的榜样和鼓舞力量。

第三,帝国主义的殖民体系发生了严重的危机。这种危机之所以发生,是殖民地附属国民族解放运动高涨的结果。而民族解放运动之所以高涨,不仅是由于帝国主义战争促进了殖民地附属国人民的觉醒,以及帝国主义加强了对殖民地附属国人民的剥削和压迫,而且还由于十月革命的巨大而深远的影响。斯大林指出:"十月革命的伟大世界意义主要在于:

(1)它扩大了民族问题的范围,使民族问题从欧洲反对民族压迫的局部问题变为各被压迫民族、各殖民地和半殖民地从帝国主义下解放出来的总问题;

(2)它给这一解放开辟了广泛的可能性和现实的道路,这就大大促进了西方和东方的被压迫民族的解放事业,把他们汇集到胜利的反帝国主义斗争的巨流中去;

(3)它从而在社会主义的西方和被奴役的东方之间架起了一座桥梁,建成了一条从西方无产者经过俄国革命到东方被压迫民族的新的反对世界帝国主义的革命战线。"①

十月革命以后,苏联宣布愿意扶助一切殖民地附属国民族解放运动。在十月革命的影响下,各帝国主义国家的无产阶级日益从社会民主党的影响下解放出来,宣布支持民族解放运动。尤其重要的是,在十月革命的影响下,在一部分殖民地附属国中出现了由无产阶级领导的民族民主革命,使这种革命成为新民主主义

---

① 《斯大林文选》上卷,人民出版社1979年版,第126页。

性质的革命，具有了社会主义的发展前途。所有这一切，不仅促进了民族解放运动的空前高涨，而且使它们成为无产阶级世界革命的组成部分。帝国主义殖民体系危机，严重地动摇了帝国主义的殖民统治，动摇了帝国主义统治本身的基础。由于殖民体系危机，帝国主义国家的垄断资本不能像过去那样为所欲为，肆无忌惮地剥削殖民地附属国人民，这就在经济上给垄断资本的积累带来巨大困难。

第四，帝国主义国家的经济政治危机全面深化，或者按照斯大林的说法，资本主义进入了总危机。

市场问题更加尖锐了。由于占世界1/6的土地面积的国家脱离了资本主义体系，由于民族解放运动的高涨，帝国主义的国外市场条件恶化了。由于垄断资本既有加强资本积累、无限扩大生产能力的一面，又有加强剥削、相对缩小人民购买力的一面，这就使国内市场问题更加尖锐，商品销售或实现问题日益严重，生产过剩问题日益严重。企业开工不足和大批失业人口成为经常的现象。在这种情况下，经济危机更加频繁和深刻了。特别是在1929—1933年爆发了资本主义历史上空前严重的、持续5年之久的世界经济危机，这次危机使整个资本主义世界的工业生产下降了44%，失业人数超过3500万人，使资本主义制度摇摇欲坠。危机以后又出现了特种萧条，它一直延续到1937年，接着于1938年又爆发了新的经济危机。

在经济危机深化的同时，政治危机也加深了。由于无产阶级和其他劳动人民生活状况的恶化，他们对垄断资本的反抗日益增长，无产阶级和资产阶级之间的阶级斗争愈趋尖锐，无产阶级革命的浪潮遍及资本主义世界。在政治危机加深的情况下，意大利、德国、日本、西班牙等国相继走上了法西斯专政的道路，妄图用赤裸裸的反动专政对内加强镇压、对外加紧侵略，以维持垄断资本的统治，其结果是使国内人民的反抗和被压迫民族的解放运动进一步高涨。

第五，各个帝国主义国家之间发展的不平衡加剧了。经过第一次世界大战，英、法两国在资本主义世界中的地位明显地下降，美国的地位上升，资本主义世界的金融中心从欧洲移到了美国。战败国德国在外国垄断资本的扶植下，加速采用新技术，使自己的经济迅速恢复和发展，并且很快地在资本主义世界中占了第二位。在亚洲，日本的经济也发展得比较迅速。帝国主义各国发展的不平衡，再次导致它们为重新瓜分世界的斗争加剧，终于导致第二次世界大战的爆发。

综上所述，世界经济的形成归根结底是社会生产力发展的必然结果。开始形成的世界经济是资本主义的世界经济。它的形成曾在人类社会的历史发展中起过巨大的进步作用，它消灭了民族闭关自守的状态，为生产力的蓬勃发展开辟了广阔的途径。但是，以资本主义私有制为基础的资本主义世界经济是建筑在资本对劳动、少数先进资本主义国家对广大落后国家的剥削和压迫的基础之上的，充满着各种矛盾。特别是在 19 世纪末 20 世纪初，自由竞争的资本主义过渡到了垄断的资本主义之后，资本主义世界经济变成了少数帝国主义国家和垄断资本剥削和压迫广大殖民地附属国的世界体系，它使劳动与资本之间的矛盾，帝国主义宗主国与殖民地附属国之间的矛盾，各个帝国主义国家之间和各个垄断资本集团之间的矛盾大大加剧。这些矛盾发展导致了第一次世界大战和十月社会主义革命，使统一的资本主义世界经济只存在了 40 多年就开始瓦解了。世界经济进入了从资本主义向社会主义的过渡时期。在这个时期的第一阶段，资本主义体系陷入了全面（包括经济和政治）的危机，困难重重；新生的社会主义制度虽然还很弱，但已经在世界上站稳了脚跟，并日益发展壮大，显示了社会主义制度的强大生命力和巨大优越性，并指明了世界经济的发展方向。

（这是作者在中央党校的一个讲稿，1986年9月）

简论帝国主义基本经济特征在当代的变化和发展

列宁在《帝国主义是资本主义的最高阶段》中指出,帝国主义具有五个基本经济特征:"(1)生产和资本的集中发展到这样高的程度,以致造成了在经济生活中起决定作用的垄断组织;(2)银行资本和工业资本已经融合起来,在这个'金融资本'的基础上形成了金融寡头;(3)与商品输出不同的资本输出有了特别重要的意义;(4)瓜分世界的资本家国际垄断同盟已经形成;(5)最大资本主义列强已把世界上的领土瓜分完毕。"①

自从列宁提出上述论断以来,60多年已经过去了。帝国主义发展中出现了许多新情况和新问题。在当代,帝国主义的基本经济特征究竟有些什么变化和发展呢?在这个问题上,我们听到了许多不同的议论。其中值得注意的是以下两种议论:一种议论认为帝国主义的基本经济特征,至少是其中某些特征已经过时;另一种议论认为帝国主义的基本经济特征不仅没有过时,而且也

---

① 列宁:《帝国主义是资本主义的最高阶段》,《列宁选集》第2卷,人民出版社1964年版,第808页。

没有什么变化和发展。这两种议论代表了两个极端，在笔者看来，都未必是正确的。笔者认为：第一，帝国主义的基本经济特征并未过时；第二，帝国主义的基本经济特征确有发展，这种发展不仅表现为数量的变化，而且表现为部分的质的变化。

一

关于帝国主义基本经济特征过时的议论主要集中在第一、第二和第五个特征上。

第一，关于否定垄断存在的观点。

某些资产阶级经济学家企图在垄断的定义上做文章。例如，琼·罗宾逊认为：垄断是"……一个单独的卖主控制着一特定商品的全部供应。"[①] 格林沃尔德则说，垄断是"指某种商品只有一个卖主的市场结构。在纯粹垄断的情况下，那单一的卖主对他销售的市场价格实行绝对的控制，因为市场上没有与其竞争的产品供给"[②]。按照这些学者的说法，第一，垄断被解释为一种"市场结构"，即与生产集中全然无关的纯粹的流通范畴，这样就可以掩盖最重要的垄断，即作为流通领域中垄断的基础的生产领域中的垄断。第二，垄断被解释为一家独占，在一个部门中只要有两家以上并存，就不能认为存在着垄断。由于一家独占的情况不是根本不存在，就是十分罕见的，由此就可以推论，垄断要么不存在，要么是一种偶然的、个别的现象，根本谈不到垄断在

---

① [英]琼·罗宾逊，约翰·伊特韦尔：《现代经济学导论》，商务印书馆1982年版，第200页。
② [美]格林沃尔德：《现代经济词典》，商务印书馆1981年版，第288页。

经济生活中占统治地位的问题。这样,资产阶级学者就从定义出发把垄断的存在给否定了。照这种说法,垄断这个特征,不是过时的问题,而是根本上就站不住脚的。

笔者认为,只有列宁关于垄断的定义才是科学的定义。列宁指出:"自由竞争引起生产集中,而生产集中发展到一定阶段,会引起垄断。"① 因为几十个大型企业之间彼此容易成立协定;另一方面,正是企业的规模巨大,造成了竞争的困难,产生了垄断的趋势。按照列宁的观点,所谓垄断,第一,主要指的是生产领域里的垄断;第二,指的是一个部门内若干个大企业(而不是一个)通过彼此之间的协定而对该部门的生产和销售所实行的控制。显然,如果我们不是从抽象的定义出发,而是从实际情况出发的话,就不能硬说垄断只有在一家独占的情况下才能形成。其实,只要一个部门的生产和销售集中在少数大企业手中,它们完全可以通过协议来实际上控制该部门的生产和销售。按照列宁的定义,在发达资本主义国家经济生活中,垄断不仅过去存在着,而且有着日益发展的趋势。这已为资本主义发展的历史所证实。

有些人用资产阶级国家通过的"反垄断法"来证明垄断之不存在。不错,资产阶级国家确实有"反垄断法"之类的东西,如美国早在1890年就通过了一个"反托拉斯法"——谢尔曼法。但是,如果我们不是只看事物的表面现象,而是抓住事物的本质的话,那么,就可以看到"反托拉斯法"是垄断资产阶级用来从总体上保护而不是反对自身利益的一项法律措施。它的通过,是为了缓和当时中小资本家和土地所有者反对垄断的不满情绪,并不是真正要反垄断。所以它在事实上很少被认真执行。美

---

① 列宁:《帝国主义是资本主义的最高阶段》,《列宁选集》第2卷,人民出版社1964年版,第16页。

国政府经常寻找种种借口不执行该法。两次大战期间自不消说，20世纪20年代美国政府借口要扶助工商业，而对控制和管制大公司的问题置之不理；30年代美国政府因反危机的需要，暂定执行"反托拉斯法"；第二次世界大战后美国政府又借口朝鲜战争等理由而暂停执行"反托拉斯法"。即使在"切实执行"时法院也常常作出有利于垄断企业的判决。谢尔曼法颁布后法院接到的第一个重大案件，是控告美国制糖公司通过收买4家公司而控制了全国食糖生产的98%，但法院却以收买企业不属于贸易行为，谢尔曼法不适用于生产领域为理由而否定了起诉。在1890—1963年期间，美国反托拉斯局总共对137家大公司提出了诉讼，但最后法院只判决其中24家违法，令其表面上分出一些下属公司了事。连美国经济学家萨缪尔森也不得不承认："'合理的准则'（指美国最高法院判决反托拉斯案件的原则，即有不合理的对贸易的限制才属于谢尔曼法的制裁范围——引者注）的说法几乎使反托拉斯政策毫无效果，如美国钢铁公司案件（1920年）所示。虽然摩根公司通过合并而形成这家巨型公司，虽然它在开始时占有60%的市场，但最高法院却认为，'企业规模的大小本身并不构成违法行为'。"[①] 可见，那种以为只要有了反垄断法，垄断就不存在的想法，是幼稚可笑的。

事实证明，自列宁指出帝国主义的垄断特征以来，在帝国主义国家经济生活中，垄断的统治一直在不断地发展着，美国学者托马斯·古伊在《谁掌管美国》一书中指出："随着时间的推移，实力越来越集中到相当少数的几家大工业公司手中。过去25年（指1965—1979年——引者注）中，最大的100家公司所控制的工业资产份额的增长情况如下：1950年39.8%，1955年

---

① [美] 萨缪尔森：《经济学》中册，第204页。

44.3%，1960年46.4%，1965年46.5%，1970年52.3%，1976年54.9%。这种集中的现象在交通运输业和公用事业方面，比在工业方面更加严重。这些行业67000家公司中最大的20家公司，就控制了全国航空、铁路、通信、电力和煤炭资产的50%。……金融界集中情况也是如此。"在生产集中发展的基础上，垄断自然而然地不断发展。第二次世界大战以前，美国许多重要经济部门中由3家大公司所占的生产或销售比重，都已超过了60%。20世纪70年代中期，几家大公司合计的市场占有率，飞机市场（3家大公司）为90%，钢铁市场（3家大公司）为60%，铝市场（3家大公司）为90%，重型电气设备市场（2家大公司）为80%。在汽车行业中，4家大公司控制了汽车产量的95%。在轻工业部门中，由几家大公司占某种产品总产值比重70%—90%的行业就有感光材料、电池、缝纫机、合成洗涤剂等。可见，那种否定垄断存在的观点是完全不符合实际的。

第二，关于"金融资本消失论"。

西方有些经济学者认为，第二次世界大战后金融资本已经解体。美国的巴兰和斯威齐认为，"只有在垄断形成期——大约在1870年以后半个世纪里——金融控制才是大企业世界中的正常现象。第二次世界大战后，大公司普遍强大得足以自立了……"加尔布雷思认为，现代资本主义企业已经由经理人员掌握大权，他们为了保持自己的地位，不愿使企业受制于银行；而且由于企业有大量"内部积累"，获得资本的渠道很多，企业可以不必依赖于银行。

上述论断并不符合第二次世界大战后发达资本主义国家的实际情况。事实上，在第二次世界大战后由于生产力的极大发展，对资本的需求量异常庞大，各个垄断企业除了依靠"内部积累"

外，无不求助于外来资金。就拿"自有资金率"很高的美国来说，外来资产所占比重也在1/3左右。从1946—1979年的34年内，美国非农业金融公司的资金来源中外来资金所占的比重：16年在40%—60%之间，9年在30%—40%之间，5年在25%—30%之间，在25%以下的只有4年。大公司也不例外。据1978年10月16日出版的《商业周刊》的材料，1978年870家最大公司的长短期债务占投资总额的37.8%。国有商用机器公司在1942—1959年的18年内，资金来源中有一半靠借入；20世纪60年代以后，30%左右靠借入。而公司外部资金的主要提供者是商业银行和人寿保险公司。1976年，商业银行提供了非金融、非农业公司短期贷款的40%。对金融资本的存在，连资产阶级的代表也不讳言。例如美众议院在1966—1986年发布的《帕特曼报告》就承认："看来30年代所证实的那种趋势，即由于股票所有权分散于广大公众中因而美国大公司为经理所控制的趋势，如今可能正在让位于一种新的趋势，即少数巨大金融机构通过控制为信托受益人所持有的这种公司的大量股票权，进而控制我国经济中的要害部门的趋势。"《帕特曼报告》还列举了大量材料说明，美国金融机构的高级职员和董事在800家第一流的大工业公司的董事会中拥有代表，如纽约市的6家银行在1295家公司中有1489名兼任董事，平均每家银行在215家公司中有248名兼任董事。

至于在日本，情况就更是如此。日本企业的"自有资金率"一直很低，1975年仅为13.9%。而商业银行的贷款是企业筹措资金的主要来源。大商业银行在现代日本垄断财团中起重要作用。

事实上，第二次世界大战后发达资本主义国家的金融资本不仅并未消失，而且有了发展，出现了某些新的特点（如财团的家族色彩、专业色彩的淡薄）。不过，这些不属本文论述的范围。

第三，关于第五个特征消失论。

有的学者断言，由于旧殖民体系的瓦解，帝国主义的第五个基本特征即"列强分割世界"已经消失了。

如果仅仅从字面上来理解，这种说法似乎有些道理。但是，我们如果从列宁关于第五个特征的精神实质来理解，就不能这样说。因为，第五个基本特征实际体现的是与资本主义过去各阶段的殖民政策相区别的金融资本时代的殖民政策及其造成的后果。列宁在论述第五个特征时说："我们是处在一个全世界殖民政策的特殊时代，这个时代同'资本主义发展的最新阶段'，即金融资本有极密切的联系。"① 这种殖民政策的特点是"垄断地占有已经瓜分完了的世界领土"。② 自第二次世界大战以来，由于国际经济政治条件的变化，特别是由于民族解放运动的高涨，原殖民地、附属国纷纷取得政治上的独立，旧殖民体系趋于瓦解，因而"垄断地占有世界领土"已经不成为殖民政策的主要特点。但是，金融资本时代并未消失，从而金融资本时代的殖民政策也并未消失，不过殖民政策的形式却发生了变化，即从对殖民地附属国实行公开的赤裸裸的暴力统治的旧殖民地主义，转变为力图通过各种手段从经济上和政治上间接地控制政治上独立的发展中国家，把它们纳入自己的势力范围的新殖民主义。

既然殖民政策并未消失，而且这种殖民政策仍然与金融资本

---

① 列宁：《帝国主义是资本主义的最高阶段》，《列宁选集》第 2 卷，人民出版社 1964 年版，第 69 页。

② 同上。

时代联系着,我们有什么理由说第五个特征已经消失了呢?如果我们说由于殖民政策出现了新特点,因而第五个特征出现了新特点,岂不更符合实际?

总之,关于否定帝国主义基本特征的种种议论都被证明是站不住脚的。列宁所说的五大特征仍然适用于当代帝国主义。

二

那么,在当代,帝国主义的基本经济特征究竟有什么变化和发展呢?

这种发展和变化主要表现在:在当代,垄断资本主义已经发展为国家垄断资本主义,即资产阶级国家与垄断资本相结合的资本主义,而这种新发展使五大特征都发生了相应的变化。应当指出,关于一般垄断资本主义转变为国家垄断资本主义的问题,列宁已经有所论述。但是,当代的国家垄断资本主义同列宁时代相比,已经有很大发展,情况不完全相同,所以我们应当根据新的情况发展列宁关于国家垄断资本主义的理论。

一般垄断资本主义向国家垄断资本主义的转变,在第一次世界大战时期就开始了。但是,在当代,更具体地说,在20世纪50年代,已经完成了一般垄断资本主义的阶段性转变,这也就是说,垄断资本主义已经进入国家垄断资本主义的新阶段,这个阶段是垄断资本主义这个大阶段中的一个部分质变阶段。这种转变之所以发生,是垄断资本主义条件下资本主义基本矛盾进一步加深的结果。在垄断资本主义条件下,由于生产力和生产社会化的进一步发展,由于垄断统治的进一步加强,资本主义基本矛盾进一步加深了。其具体表现是:生产能力巨大增长与劳动人民有支付能力的需求相对狭小之间的矛盾加深了(1929—1933年的大危机便是这种矛盾加深的一个突出表现），在社会化大生产基础上产生的国民经济按比例发展的客观要求与在私人生产基础上产生的生产无政府状态之间的矛盾加深了，社会化大生产所需要的巨额投资与私人垄断资本积累有限性之间的矛盾加深了，与社会化大生产相适合的科学研究社会化与个别垄断资本局限性（如在科研经费和科研组织能力方面的局限性）之间的矛盾产生和发展了。这就迫使私人垄断组织不得不同国家密切地结合起来，共同对付它们所面临的这些尖锐矛盾。而国内的劳动和资本之间的矛盾，国际上帝国主义与殖民地附属国之间的矛盾、帝国主义国家相互之间的矛盾的激化给垄断资产阶级带来的种种困难，使得这种结合更具有迫切性。这种结合在广度和深度上日益发展，并且越来越具有经常性，以致终于使垄断资本主义的生产关系发生了部分质变，转化成了国家垄断资本主义的生产关系，完成了阶段性转变。

一般垄断资本主义转变为国家垄断资本主义，具体地表现在五个基本特征都发生了相应的部分质变。

第一，在国家垄断资本主义条件下，国家作为真正的总垄断资本家、作为经济基础的组成部分与生产（主要是工业生产）领域里的私人垄断资本相结合，形成了三种新的资本形态：

（1）国有垄断资本：它是国家财政资金中转化为资本，即被当做资本来运用的那个部分。当它被投入一个企业使用时，就成为国有企业垄断资本，其组织形式就是国有垄断企业。这种企业的形成，可以通过两个途径：一个是国家投资新建企业，另一个是原来私有企业的国有化。这种资本是垄断资产阶级国家实现其经济政策的重要工具，它起着促进技术进步、改造国民经济部门结构和地区结构以及以低价向私人企业供应商品和劳务的作用。

（2）国私共有的垄断资本：这是国有资本与私人资本在企业范围内相结合而形成的垄断资本。在这种国私共有的企业中，既有国有股份，又有私有股份。按照国家和私人在这种企业中控股权的大小，这种企业又可以分为两类：一类是国家持有控股权的企业，这种企业的资本实际上是国有企业资本的延长，其作用基本上类似国有企业。另一类是私人持有控股权的企业，在这种企业中，国有资本实际上是国家对私人资本的一种资助。

（3）与国家密切联系的私人垄断资本：从表面现象看，这种资本仍然是私人垄断资本，其组织形式仍然采取私人垄断企业或私人公司的外观，但在实质上国有垄断资本与私人垄断资本已经在社会范围内结合起来（与第二种形态在企业范围的结合不同），结合运动发生在剩余价值生产（国家给私人企业以补贴，免费按优惠的条件向私人企业出租生产资料，给私人提供优惠贷款，无偿或以优惠条件向私人企业提供科研成果和基础设施等），剩余价值的实现（国家为私人企业提供有保证的市场）以及剩余价值的分割（国家向私人企业征收高额利润税）等各个方面。由于这种私人垄断资本与国有垄断资本的结合十分密切，贯穿于再生产全过程，而且具有经常性，因而这种资本实质上已经不是纯粹意义上的私人垄断资本，而是国家垄断资本主义的一种资本形态了。

在上述三种资本形态中，第三种形态是主要的。因为私人资本的本性并不倾向于而是排斥国有制，私人资本与国家的结合，是在资本主义基本矛盾尖锐化所带来的困难面前被迫实行的，它宁愿要在保卫私有制的条件下获取国家的帮助，而不要国有制来束缚自己的发展，因而第三种形态是最符合资本本性的。有些人往往以为第一种形态是国家垄断资本主义的主要资本形态，甚至把它与国家垄断资本主义等同起来，这是不妥的。第三种形态在资本主义最发达的美国得到了最充分的发展，这绝不是偶然的。

有些人把最近在西欧某些国家发生的国有企业的私有化看做国家垄断资本主义的倒退。这是由于把国家垄断资本主义与其第一形态即国有制等同起来的结果。在笔者看来，国有企业的私有化并不是国家垄断资本主义的倒退，而是国家垄断资本主义形态由第一形态向第三形态的转化。

第二，在国家垄断资本主义条件下，国家和私人密切联系的金融资本在整个国民经济中占据了统治地位。

国家与工业垄断资本相结合的同时，又与银行垄断资本相结合，形成了国有银行垄断资本、国私共有的银行垄断资本以及与国家密切联系的私人银行垄断资本。这些银行资本形态与工业垄断资本的三种形态相结合，形成了多种多样复杂的金融资本形态，这些形态可以总称为国私密切联系的金融资本。这种金融资本形态的出现，意味着国家垄断资本主义的统治从工业生产领域扩大到了整个社会经济生活。

第三，在资本输出领域里，国家垄断资本主义得到巨大发展。其主要表现是：（1）在发达资本主义国家的资本输出中国有资本输出的比重大大增长，如在1950—1973年期间，主要资本主义国家向发展中国家的资本输出中，国有资本的比重占56.9%。国有资本输出成为垄断资本实现其政治经济的国际战略、推行新殖民主义的重要工具。（2）国家与私人垄断资本在资本输出领域内密切结合起来，表现在国家为私人企业提供情报、提供出口补贴和优惠贷款，以及提供投资保证（通过输出国与输入国订立投资保证协定，来保证投资的安全）。在国家支持下，私人企业资本输出有了特别迅速的发展。其结果是跨国垄断组织的巨大增长。国家垄断资本主义在资本输出领域的发展，意味着其统治从国内扩展到了国外。

第四，以私人垄断资本为基础的传统的国际垄断同盟为以国家垄断资本主义为基础的现代国际垄断同盟所替代，具有两个特点：（1）它的基础是国家垄断资本主义的各种资本形态，其中主要是第一形态和第三形态；（2）进入同盟的各国垄断资本的联系更为紧密，除了流通领域的国际联合以外，还出现了生产领域的国际联合。第一种形态在流通领域的国际联合，形成了如欧洲自由贸易联盟那样较松散的国际垄断同盟。第一种形态在生产领域（包括流通领域）的国际联合，形成了如西欧经济共同体那样的较紧密的国际垄断同盟。第三种形态在流通领域的国际联合，形成了现代卡特尔，第三种形态在生产领域的国际联合，形成了多国垄断组织。现代国际同盟的形成，意味着各国国家垄断资本在国际上矛盾和斗争的激化，以及由此而产生的暂时妥协。

第五，旧殖民主义为新殖民主义所代替。如前所述，新殖民主义仍然是金融资本时代的一种殖民政策。不过，这种殖民政策不是与一般垄断资本主义相联系。资本主义历史上任何一种殖民统治都是通过国家建立和维持的。在旧殖民主义下，国家作为上层建筑进行干预，对殖民地附属国进行赤裸裸的暴力统治。而在新殖民主义条件下，不论政治干预或经济渗透，都需以"援助"（军事政治"援助"或经济"援助"）的伪善面目出现，这就要求国家不能仅作为上层建筑来进行干预，而且要作为经济基础的组成部分，即作为真正的总垄断资本家，运用手里掌握的大量国有资本来进行干预。国家垄断资本主义条件下的殖民政策，就是作为总垄断资本家的国家与私人垄断资本紧密结合，通过商品输出和资本输出，加强对发展中国家的剥削，力图使它们在经济上继续处于依附地位，并且进一步从政治上控制它们，力图把它们继续纳入自己的势力范围。

可见，在当代，帝国主义的五个基本特征都有了新的发展。

这五个方面的变化都是一般垄断资本主义转变为国家垄断资本主义的结果。如果说垄断是帝国主义的经济实质，那么国家垄断就是当代帝国主义的经济实质。应当指出，这种发展并不是对帝国主义的五个基本特征的否定，而恰恰是以五个基本特征为基础的发展。这种发展不仅是五个基本特征的数量上的变化（如垄断统治的加强，资本输出的扩大等），而且是部分的质变。

帝国主义的基本特征的发展，给当代帝国主义经济的发展带来一系列极其深刻的变化。不过，关于这个问题，需另有专文论述。

（原载《理论探索》1987 年 10 月）

马克思主义的无产阶级贫困化理论过时了吗

一 资产阶级经济学者对马克思主义的无产阶级贫困化理论的攻击

马克思主义的无产阶级贫困化理论历来是资产阶级经济学者反对马克思主义政治经济学时集中攻击的一个目标。美国经济学者萨缪尔森所著《经济学》一书在《马克思主义的危机》那一小节里妄图证明，使马克思主义发生"危机"的正是其无产阶级贫困化的"错误"理论。他写道："在1900年，《资本论》在1867年出版后的1/3世纪，即使最热忱的马克思主义者也必须面对实际工资在西方世界正在绝对地上升而不是下降这一事实。"在下面的一段脚注中他又说："关于劳动者绝对贫困化的错误预测，罗宾逊教授写道：像耶稣相信世界很快要达末日一样，这一错误对整个理论而言具有如此核心的地位，以致我们很难相信：没有这一预测，整个理论怎么能站住脚……"[①] 上面短

---

① [美]萨缪尔森：《经济学》下册，商务印书馆1982年版，第311页。

短的两段引文,集中概括了当代美国和英国的两位最权威的资产阶级经济学者对马克思主义的无产阶级贫困化理论的攻击。他们把马克思主义政治经济学理论的核心归结为无产阶级绝对贫困化,又把无产阶级贫困化归结为实际工资绝对地不断地下降。这样,他们只要引用资本主义国家里实际工资有所上升的简单事实,就可以轻而易举地推翻无产阶级贫困化理论,进而宣布马克思主义发生危机。

资产阶级经济学权威对于马克思主义的这种所谓批判,不禁令人哑然失笑。这种批判不是说明这些权威的高明,而是说明他们对马克思主义政治经济学一窍不通。

第一,无产阶级贫困化理论固然是马克思主义政治经济学的一个重要组成部分,但并不是其核心内容。凡是稍稍懂得马克思主义政治经济学的人都知道,其资本主义部分的核心内容是剩余价值理论。

第二,实际工资绝对地不断地下降,绝非马克思主义无产阶级贫困化理论的内容。把这一理论归结为实际工资绝对地不断地下降,是一种歪曲(应当指出,甚至有些马克思主义者也有类似的误解)。这种先把马克思主义所没有的观点强加于马克思主义然后加以批判的手法,是十分拙劣的。

第一个问题涉及马克思主义政治经济学资本主义部分的全部内容,本文不准备加以论述。本文想着重就第二个问题发表一些意见。

二 马克思主义的无产阶级贫困化理论的主要内容

为了批判资产阶级经济学者对马克思主义的无产阶级贫困化理论的歪曲,首先必须弄清这一理论的内容是什么。

应当指出，马克思在其著作中并未明确地提出过无产阶级贫困化理论，也没有在哪个地方对这一理论的内容作集中的完整的表述。明确地提出无产阶级贫困化理论并对其内容作了明确的解释的是列宁。列宁说："工人的相对贫困化，即他们在社会收入中所得份额的减少……"① 又说："工人的贫困化是绝对的，就是说，他们简直越来越穷，生活得更坏，吃得更差，更吃不饱，更要挤在地窖和阁楼里。"② 从列宁的这些论述来看，无产阶级贫困化，就是无产阶级物质状况相对地和绝对地恶化。列宁的论述显然是以马克思的理论为依据的，是马克思有关论述的概括和发展。根据列宁的概括，马克思的著作中关于无产阶级贫困化的论述包括如下要点：

第一，随着劳动生产率的不断提高，劳动力价值有着下降的趋势。

马克思在《资本论》中论述相对剩余价值概念时说："商品的价值与劳动生产力成反比。劳动力的价值也是这样。……因此，提高劳动生产力来使商品便宜，并通过商品便宜来使工人本身便宜，是资本的内在冲动和经常的趋势。"③ 这段话中说的"商品便宜"，是指商品价值的下降，其中包括生活资料价值的下降；"工人本身便宜"，是指劳动力价值的下降。在资本主义生产过程中，资本家总是用提高劳动生产率的办法来降低商品的价值，其中包括生活资料价值，并且通过降低生活资料价值的办法来降低劳动力价值，以提高剩余价值。因此，促使劳动力价值下降，就成为"资本的内在冲动和经常的趋势"。

---

① 《列宁全集》第18卷，人民出版社1959年版，第430页。
② 同上。
③ 《资本论》第1卷，人民出版社1975年版，第355页。

我们知道，劳动者新创造的价值是由劳动力价值和剩余价值两部分构成，劳动力价值的下降意味着劳动者在新创造价值中所得的份额的下降，从全社会来说，就是工人在国民收入中所得份额的下降。

与劳动力价值下降的理论相适应，马克思还提出了相对工资（即与资本家的利润相比较的工资）趋于下降的观点。马克思在《雇佣劳动和资本》中说："资本的迅速增加就等于利润的迅速增加。而利润的迅速增加只有在劳动的交换价值同样迅速下降，相对工资同样迅速下降的条件下才是可能的。即使在实际工资同名义工资即劳动的货币价值同时增加的情况下，只要实际工资不是和利润同等地增加，相对工资还是可能下降的。比如说，在经济兴旺的时期，工资提高5%，而利润却提高30%，那么比较工资即相对工资不是增加，而是减少了。"① 相对工资的下降，同劳动力价值的下降一样，也意味着工人在国民收入中所占份额的下降。

马克思关于劳动力价值和相对工资趋于下降的理论，构成了列宁所说的无产阶级相对贫困化的内容。

第二，随着资本的积累，产业后备军有扩大的趋势，从而引起整个无产阶级物质生活状况的恶化。

大家知道，整个无产阶级是由现役军（即在业工人）和产业后备军（即失业工人）这两个部分组成。所以，考察无产阶级的物质生活状况，就要考察这两个部分人的物质生活状况，而不能只考察现役军的物质生活状况（资产阶级经济学者把无产阶级贫困化归结为实际工资下降，正是这种片面性的一个反映）。

---

① 《马克思恩格斯选集》第1卷，人民出版社1972年版，第372页。

马克思在论述资本主义积累的一般规律时揭示了产业后备军会随着资本的积累而日益增大的规律性。他说:"社会的财富即执行职能的资本越大,它的积累的规模和能力越大,从而工人阶级的绝对数量和他们的劳动生产力越大,产业后备军人数也就越多。发展资本的膨胀力的同一些原因也会产生出可供支配的劳动力,因此,产业后备军必然会同财富的增长一起增大。但是同现役劳动军相比,这种后备军越大,常备的过剩人口也就越多,他们的贫困同劳动折磨成正比。最后,雇佣工人阶级中的这个贫苦阶层越大,官方认为需要救济的贫民也就越多。这就是资本主义积累的绝对的、一般的规律。"①

产业后备军的增大,会从两个方面影响整个无产阶级的物质生活状况。

(1)产业后备军的增大本身会引起整个无产阶级的物质生活水平的下降。后备军即失业工人,虽然能领到官方救济,但是由于失业工人中事实上只有一部分人有资格领取救济金,即使有资格领取救济金的人也不能在其失业的全部时间内领到救济金,再加上救济金数额很低,所以失业工人的物质生活水平大大低于在业工人,即使在业工人的实际工资水平不变,只要产业后备军增大了,整个无产阶级的物质生活状况就会绝对地恶化。

(2)产业后备军的增大,还会影响到在业工人的生活状况。它会加剧劳动力市场上供过于求的状况,使资本家有可能把劳动力价格压低到劳动力价值以下。假定生活资料生产部门中的劳动生产率不变,即生活资料的价值不变,从而劳动力价格能转化成的生活资料实物量不变,那么劳动力价格被压低到劳动力价值以

---

① 《资本论》第1卷(法文版中译本),人民出版社1975年版,第687—688页。

下，就意味着工人实际工资的下降。

上述两种情况，都会造成整个无产阶级物质生活水平的下降，这就是列宁所说的无产阶级的绝对贫困化。

但是，我们必须注意到，马克思在表述完了资本主义积累的一般规律以后，紧接着指出："像其他一切规律一样，这个规律在实现中也会由于各种各样的情况而有所变化。"事实上，由于种种条件的影响，产业后备军并不是直线式地不断地扩大的，无产阶级绝对贫困化也不是一个直线式不断地发展的过程。（关于这一点，我将在下面进一步论述。）

三 实际工资的不断下降，不是无产阶级贫困化理论的内容

以上论述了马克思主义无产阶级贫困化理论的主要内容。从这些内容中，能不能得出实际工资不断下降的结论来呢？不能。

第一，劳动力价值有下降的趋势，不等于实际工资也必然有下降的趋势。工资是劳动力价格的转化形态，而劳动力价格往往会与其价值相背离。如果撇开这种情况，假定劳动力价格与其价值一致，我们也不能说劳动力价值的下降必然引起实际工资的下降，因为"实际工资即供工人支配的生活资料"①。在劳动生产率不变的条件下，实际工资会随着劳动力价值的下降而下降。但在劳动生产率提高的条件下，构成劳动力价值的各种生活资料价值就会下降。这时就可能出现三种情况：如果生活资料价值的下降速度小于劳动力价值的下降速度，实际工资仍会趋于下降；如果生活资料价值和劳动力价值等速下降，实际工资不变；如果生活资料价值的下降速度大于劳动力价值的下降速度，实际工资就

---

① 《资本论》第1卷，人民出版社1975年版，第614页。

会提高。事实上，马克思曾不止一次地指出，实际工资的提高是可能的。如在前文引用的《资本论》第1卷第571页上的一段话中就指出："在劳动生产力提高时，劳动力的价格能不断下降，而工人的生活资料同时不断增加。"马克思在《雇佣劳动与资本》中也指出："假如资本增加得迅速，工资是可能提高的；可是资本家的利润增加得更迅速无比。工人的物质生活改善了，然而这是以他们的社会地位的降低为代价换来的。"①

第二，由于各种各样条件的影响，产业后备军并不是直线式地不断地扩大的。马克思本人就考察了资本主义再生产周期的各个阶段对于产业后备军的变化所发生的作用。他说："现代工业的特有的生活过程，由中等活跃、生产高度繁忙、危机和停滞这个几个时期构成的、穿插着较小波动的10年一次的周期形式，就是建立在产业后备军或过剩人口的不断形成、或多或少地被吸收，然后再形成这样的基础之上的。"②又说："工资的一般变动仅仅由同工业周期各个时期的更替相适应的产业后备军的膨胀和收缩来调节。"③ 在马克思看来，同工业再生产周期的各个阶段相适应，产业后备军会发生膨胀和收缩。这种膨胀和收缩，不仅会使由产业后备军大小决定的无产阶级物质生活水平（假定现役军的物质生活水平不变）发生相应的变化，而且会引起工资的变动。因为在产业后备军膨胀时，劳动力市场上供过于求的情况就比较严重，资本家就可以在较大程度上把劳动力价格压低到它的价值以下。而在产业后备军收缩时，劳动力市场上供过于求的情况有所缓和，劳动力价格被压低到其价值以下的幅度就会缩

---

① 《马克思恩格斯选集》第1卷，人民出版社1972年版，第372页。
② 《资本论》第1卷，人民出版社1959年版，第694页。
③ 同上书，第699页。

小。这就是说,资本家不可能把劳动力价格越来越压低到它的价值以下,所以劳动力价格及其转化形式——工资不是不断下降的,而是呈现上下波动的曲线。假定劳动生产力不变,那么实际工资也不是不断下降的,而是呈现上下波动的曲线。除了再生产周期,其他因素也会影响产业后备军扩大的趋势,这里不予论述。

以上的分析中假定劳动生产力不变。但是,在资本积累的过程中,随着资本有机构成的不断提高,劳动生产率(包括生活资料生产部门中的劳动生产率)也是不断增长的。在这种场合,同样多的劳动力价格可以转化成(即购买到)更多的生活资料。即使在产业后备军扩大的情况下,尽管劳动力价格有较大幅度的下降,但只要劳动生产率提高得更快,使生活资料价值降低得更快,那么较少的劳动力价格仍有可能转化成较多的生活资料,从而实际工资仍有上升的可能。

可见,把马克思主义无产阶级贫困化理论归结为实际工资不断下降,是没有根据的。

不仅从马克思的著作中找不到这样的观点,而且从其他马列主义经典作家的著作中也找不到这样的观点。相反,我们却可以从中找到批评这种观点的论述。例如,恩格斯针对《1891年社会民主党纲领草案》中"无产者的人数和贫困越来越增长"的提法指出:"这样绝对地说是不正确的。工人的组织,他们的不断增强的抵抗,会在可能范围内给贫困的增长造成某些障碍。"[①]列宁说:"指出资本主义制度下'群众的穷苦和贫困,是十分必要的'。我不主张说绝对地日益穷苦和贫困……"[②] 他又指出:

---

① 《马克思恩格斯全集》第22卷,人民出版社1975年版,第270页。
② 《列宁全集》第6卷,人民出版社1959年版,第31页。

"'不断遭到各种各样的贫困'——这是从我的草案中抄来的,不很恰当。我没有说过不断遭到贫困。"①

从马列主义经典作家关于无产阶级贫困化问题的全部论述来看,无产阶级相对贫困化是绝对的,即无产阶级在国民收入中的份额有着不断下降的趋势,而无产阶级绝对贫困化(包括实际工资的下降)则是相对的、有条件的。例如,在发生生产过剩的经济危机时,一方面失业工人被大量解雇,使他们生活水平急剧恶化,另一方面,工人实际工资也发生下降,再加上物价急剧上涨等,这时无产阶级绝对贫困化就表现得十分突出。②

四 无产阶级贫困化理论仍然适用于当代资本主义的实际

在澄清了西方资产阶级经济学者对无产阶级贫困化理论的歪曲之后,我们还需要进一步考察一下这一理论是否适用于当代资本主义的实际,才能彻底驳倒资产阶级经济学者的错误观点。笔者认为,对这一问题的回答是肯定的。

第一,在当代资本主义条件下,劳动力价值仍然呈现着下降的趋势。

有人认为,第二次世界大战以后,再生产劳动力所必要的生活资料范围(亦即劳动力价值的物质内容),由于各种耐用消费品(如小汽车、电视机、电冰箱等)进入工人阶级必要消费领域,是趋向扩大的,从而劳动力价值也必然趋向提高。这个观点是值得商榷的。

---

① 《列宁全集》第 6 卷,人民出版社 1959 年版,第 48—49 页。
② 关于这个问题可参阅《无产阶级贫困化的理论与实际》,中国社会科学出版社 1982 年版。

不错，第二次世界大战后劳动力价值的物质内容确实是扩大了，这是谁也不能否认的事实。但能不能由此推论，劳动力价值也必然相应地提高呢？不能。如果劳动生产率不变，或者劳动生产率提高的速度低于再生产劳动力所必要的生活资料量的增长速度，那么劳动力价值就会提高。如果劳动生产率同再生产劳动力所必要的生活资料量等速提高，那么劳动力价值就不变。如果劳动生产率提高的速度高于再生产劳动力所必要的生活资料量的增长速度，那么劳动力价值就会降低。

第二次世界大战后的实际情况如何呢？再生产劳动力所必要的生活资料量在实际经济生活中应当用什么指标来衡量，是一个困难的问题。"平均的实际工资水平"并不是一个很确切的指标，这不仅是因为加入再生产劳动力所必要的生活资料范围的，除了工资外还包括归工人享受的社会福利等，而且还因为工资与劳动力价值还存在着背离的情况。但在找不到更好的指标的情况下，平均的实际工资水平在一定程度上可以反映再生产劳动力所必要的生活资料量。据统计，1949—1971 年，几个主要资本主义国家工人实际工资的年平均增长率为：美国 1.6%，日本 6.7%，法国 3.9%，联邦德国 6%，英国 3%。1950—1970 年，主要资本主义国家工业劳动生产率的年平均增长率为：美国 3%，日本 10.7%，法国 5.4%，联邦德国 5.7%，英国 2.4%。从以上数字看，除联邦德国和英国外，其他各国实际工资的增长速度都低于劳动生产率的增长速度。所以，实际工资中所包括的价值量是下降的，这正是劳动力价值下降的近似反映。至于联邦德国和英国，在这期间曾出现过实际工资增长得比劳动生产率快的情况，是由于某些特殊条件造成的。在联邦德国，一方面战争期间丧失了大量的劳动力；另一方面战后经济增长较快，需要大量劳动力，这样就出现了劳动力供不应求的状况，使劳动力价格提高到劳动力价值以上。英国是个老牌帝国主义国家，其腐朽趋势特别严重，劳动生产率提高缓慢，而在劳动力可以在国际范围内相对自由流动的情况下，劳动力价格不能不受到其他发达资本主义国家的影响而维持较高水平。我们显然不能根据这两个特殊情况来否定劳动力价值下降的一般趋势。

如果上面的数据只能间接地说明劳动力价值下降的趋势的话，我们还可以找到更加直接的证明。据日本学者泉弘志计算，在1960—1975年，日本和美国劳动力价值和剩余价值的变化情况如下：

国别	年份	劳动力价值（小时）	剩余价值（小时）	剩余价值率（%）
日本	1960	1199	1488	124
	1965	1004	1577	157
	1970	946	1609	170
	1975	791	1623	205
美国	1961	745	1330	178
	1967	675	1442	214
	1972	697	1438	204
	1975	621	1433	231

资料来源：泉弘志：《根据劳动力价值计算剩余价值率并进行国际对比》，《世界经济译丛》1983年第10期。

上表表明，在日本，1961—1975年期间劳动力价值是直线地下降的，1975年劳动力价值仅为1960年的66%。在美国，劳动力价值仅在1972年有所上升，但总趋势仍然是下降的，1975年劳动力价值仅为1961年的83%。

可见，在当代资本主义条件下，劳动力价值仍然具有下降的总趋势，无产阶级相对贫困化仍然在不断加深。①

第二，在当代资本主义条件下，资本主义积累的一般规律并未失效。

第二次世界大战后，直到1974—1975年严重经济危机以前，发达资本主义国家的失业状况，较之战前，尤其是较之20世纪30年代，显著减轻。如日本失业率在1.5%左右波动，联邦德国失业率保持在1.3%以下，法国失业率保持在2%—3%的水平上，英国的失业率保持在2%—4%的水平，美国失业率在3%—6%之间。如何说明这一情况呢？对这个问题可以分两层来说明。

首先，第二次世界大战后初期失业率的大大下降，是由战争这种特殊情况决定的。对此，保罗·斯威齐作了一个很好的说明："如果我们把失业作为说明全部情况的最好指数的话，我们发现，尽管有新政的改革……在十年内在克服大萧条方面并未取得真正的进展。""真正使事情发生转机的是第二次世界大战。……1939—1944年的五年内……美国的国民生产总值上升了75%，失业率从19%下降到1.5%。但与此同时，有1100万属于最佳生产年龄的男人和女人被动员参加了军队。"②

其次，第二次世界大战后的一段时期内失业率上升得缓慢，这是由于在资本积累引起产业后备军扩大的趋势的同时，还存在着一些相反的因素。这些因素包括：

---

① 不仅从战后时期来看，而且从更长时期来看，劳动力价值和价格也有下降趋势。据统计，1914—1967年期间，美国制造业中劳动生产率增长了375.5%，而工人实际工资提高了300%。这就是说，劳动力价格下降了16%。请参见拙著《再论劳动力价值的变动趋势》，《世界经济》1986年第5期。

② ［美］保罗·斯威齐：《美国经济出了什么毛病？》，《每月评论》，1984年5月号。

（1）在20世纪50、60年代，发达资本主义国家的经济有过迅速的发展，社会总资本在数量上有较大的增长。

（2）在第二次世界大战后的一段时期，资本有机构成在继续提高，但由于生产资料生产部门劳动生产率的提高使生产资料价值急剧下降，再加上技术进步中生产资料节约型的技术进步占优势，资本有机构成提高得比较缓慢。

以上两个因素合起来，使得对劳动力的需求有所增加，人口相对过剩的情况有所减轻。

（3）第二次世界大战后由于农业资本主义化的过程逐步完成，个体农民大量流入城市加入无产阶级队伍的过程开始趋于结束。

（4）随着工人阶级力量日益壮大，发达资本主义国家一些工会经过斗争，争取达成了限制资本家随意解雇工人的条款。这对于抑制失业人数的大量增加，也起了一定作用。

（5）在国家垄断资本主义条件下，垄断资产阶级国家为了维护资本主义制度和资产阶级的长治久安，实行着双重政策：一方面维持一定量的失业，作为限制在业工人要求和压低其工资的手段；另一方面，又采取措施限制失业人数的急剧扩大，以排除由于失业人口过多而引起的社会危机和阶级斗争尖锐化对资本主义制度的威胁。

但所有这一切，不可能改变由资本主义积累一般规律所决定的产业后备军要扩大的趋势。自1974—1975年严重的世界经济危机以来，除日本以外的主要发达资本主义国家里，失业率都急剧上升。1975年的失业率：美国为8.5%，英国为4.4%，联邦德国为4.7%，法国为4.3%；1981年，这些国家的失业率分别上升到8.9%（年底数），10.7%，6.5%，8.6%；1982年这些国家的失业率又进一步上升到10.8%，11.7%，7.7%，8.8%。

发达资本主义国家失业总人数从20世纪60年代650万人上升到1981年的2470万人和1982年的3000万人，就绝对规模来说已超过资本主义历史上1929—1933年大危机时期的最高水平（1932年发达资本主义国家完全失业人数为2400万人）。① 事实证明，资本主义积累的一般规律并未失效。

自1974—1975年危机以来，与产业后备军急剧增大的同时，还出现了实际工资下降的情况。如在美国，非农业部门工人实际工资指数，如以1973年为100，则1974年为96，1975年为93，1976年为94，1977年为95，1978年为95，1979年为92，1980年为87，1981年为85。② 在1973—1981年的9年内，实际工资发生5次下降，1981年工资水平仅为1973年的85%，甚至还低于1963年的水平（为1963年的96%）。

产业后备军的扩大和工人实际工资的下降，意味着工人阶级和劳动人民的贫困日益增长。据《纽约时报》1984年2月24日自华盛顿报道："人口普查局今天说：即使把食品券、公共住宅、医疗福利等价值计算在内，1979—1982年贫困也有迅速增长。"斯威齐在评论这一报道时指出："如果只计算现金收入，穷人的数目从1979年的2610万上升到1982年的3440万，几乎增加了1/3。如果把非现金福利计算在内，穷人的数量当然会小些，但增长的百分率则要大得多，约超过50%，这反映了里根政府对福利开支的急剧削减"。在美国，需要食物的饥饿者人数迅速增加。1984年3月9日《华尔街日报》说："去年20个主要城市中有19个，对粮食的紧急需要平均增加了71%。"哈佛

---

① 转引自希什科夫《马克思关于失业的学说和当代》，《世界经济译丛》1983年第12期。

② 根据美国《每月劳工评论》1982年3月号统计数字计算。

大学公共保健学院的一个报告得出结论说"饥饿已经回到了美国"。①

当代资本主义的现实有力地批驳了资产阶级经济学者关于马克思主义的无产阶级贫困化理论已经过时的谬论。

(原载《评西方经济学考的若干理论观点》,求实出版社1988年2月版)

---

① [美]保罗·斯威齐:《美国经济出了什么毛病?》,《每月评论》1984年5月号。

评"社会资本主义论"

自进入20世纪80年代以来,国内外有些经济学者提出了一种新的观点,即当代资本主义是社会资本主义。在国外,这种观点以日本经济学家都留重人为代表。在国内,提出这种观点的有于光远、鲁从明等同志。于光远和鲁从明两人对社会资本主义的论述也各不相同。

一

于光远同志在1988年9月22日所作的题为《关于当代社会主义与当代资本主义的若干基本概念》的学术报告中对他的"社会资本主义论"作了系统的论述。其主要观点如下:

(1)马克思在《资本论》第3卷第27章《信用在资本主义生产中的作用》说:在股份制中,资本"直接取得了社会资本(即那些直接联合起来的个人的资本)的形式,而与私人资本相对立"①。"社会资本主义"指的就是马克思讲的那种与私人资本

---

① 《资本论》第3卷,人民出版社1975年版,第493页。

相对立的社会资本。

（2）资本直接取得了社会资本的形式"是作为私人财产的资本在资本主义生产方式范围内的扬弃"。

（3）从自由资本主义到垄断资本主义的发展和从私人资本主义到社会资本主义的发展，是19世纪末到20世纪初同一个发展过程的两个侧面，前者是从市场的关系上来看的资本主义发展，后者是从所有制关系上来看的资本主义发展。

（4）从20世纪50年代下半期开始，近代资本主义的发展进入了第三个时期，这个阶段的发展和变化可以归结为资本社会化或社会资本主义的发展。

笔者的评论：

（1）引用马克思在论述股份制时说的话来为"社会资本"下定义（"即那些直接联合起来的个人的资本"），无疑是正确的。这样来理解"社会资本"的含义，笔者完全同意。

问题在于，于光远同志说，"'社会资本主义'指的就是……社会资本"，这样简单地把"社会资本"和"社会资本主义"等同起来，是不合逻辑的。众所周知，"资本"和"资本主义"不是一回事。"资本"是指用于剥削雇佣工人而带来剩余价值的价值。而"资本主义"是指以资本剥削雇佣劳动力为特征的社会经济制度，或者其上层建筑，或者作为这种经济基础和上层建筑的统一的社会经济形态（这是人类社会发展的一个阶段）。对于附有限定词的"资本"并不能任意地加上"主义"这个词尾。不过，在"社会资本"后面虽可以加上"主义"词尾，但其含义发生了变化，它不是指股份资本（社会资本）本身，而是指以股份资本为特征的制度，即股份制，或者指股份制已经成为普遍形式的资本主义发展阶段。

于光远同志所提出的为什么要在"社会资本"之后加上

"主义"这个词尾的理由也是值得商榷的。"第一点,可以避免'社会资本'一词二义(指'社会资本＝单个资本之和'的另一个含义)而引起的混淆。"这个道理是难以成立的。一词二义,只需要分别加以说明就可以了,并不需要对其中的一个含义加上"主义"二字来区别。另外,人们也可以问:为了区别起见,是否也可以在作为单个资本之和的"社会资本"这个词之后加上"主义"二字呢?显然,这样做是荒谬的。"第二点,便于用'从私人资本主义到社会资本主义的发展'来同'从自由资本主义向垄断资本主义的发展'并列。"这个道理也是不妥当的,不过这一点,笔者将在评论第三点时再说。

(2)第二点复述马克思的话,指出"社会资本是私人资本在资本主义生产方式范围内的扬弃",这也是正确的。

这里,笔者注意到于光远同志对马克思说的在股份公司中存在"没有私有财产的私人生产"以及"向股份形式的转化并没有克服财富作为社会财富的性质和作为私人财富的性质的对立"那样的话中使用"私人"一词的理解。这种理解有两段不同的说法。第一段说:"在股份公司这种形式中,对生产资料和产品的私人所有不存在了,但是私人财富尤其是少数人的私人财富却还存在。因此,少数人可以凭借股份公司来支配别人的、社会的生产资料,以谋取私人利益取得私人财富。"第二段说:"当某个人利用股份制这种形式搞投机和欺诈活动,即拿社会的财产而不是拿自己的财产进行冒险活动为自己谋取利益时,这种活动当然不是作为联合体的一员的个人在活动的。联合体是为参加联合的许许多多个人谋利的,而这种活动却是离开联合体为某一个人谋利益的。"笔者认为,第二段理解是有毛病的,第一段理解比第二段理解要妥当一些,但仍然没有把问题说透。

联合体是为参加联合的许许多多个人谋利益这种说法只适用

于集体所有制经济组织，而不适用于股份公司。参加集体所有制经济组织的个人在该组织中的地位是平等的，他们是按照自己的劳动参与分配的。而参加股份公司的个人（股东）在股份公司中的地位却是不平等的，他们在股东大会中的发言权取决于股份的多少，为数众多的小股东实际上并没有什么发言权，更不要说决策权了，真正的决策权掌握在极少数大股东手里；股东是按照股份的多少（即资本大小）参与分配的，绝大部分的利息、红利落入少数大股东手里。因此，在资本主义制度下，股份公司从来不是为参加联合的许许多多个人谋利益，而只是为少数大股东（即大资本家）谋利益。不管这些掌握股份公司实权的大资本家用这种社会资本来进行投机欺诈活动或者是进行正常的生产经营活动，情况都是如此。因此，在股份制度下，尽管资本已经不为私人所有，取得了社会资本的形式，但是在实质上仍然是为少数大资本家谋利益的私人生产。马克思这里要说明的正是：股份制的出现并不能改变资本主义私有制的实质。所以，笔者不同意这样的观点，即随着股份公司的出现，资本主义私有制已经不再存在了。我们只要读一读《资本论》第1卷，这一点就十分清楚了。马克思在第1卷多次提到了股份公司，指出股份公司是"结合的资本家"[1]，指出资本集中的途径之一是"通过建立股份公司这一比较平滑的办法把许多已经形成或正在形成的资本融合起来"[2]，指出"国债还使股份公司……兴盛起来"。尽管这样，马克思并没有否定"资本主义私有制"的提法，相反，他多次明确地使用了这一提法，例如，他在论述资本主义积累的历史趋势时说："资本主义私有制的丧钟就要响了。……""从资本主

---

[1] 《资本论》第1卷，人民出版社1975年版，第371页。
[2] 同上书，第688页。

义生产方式产生的资本主义占有方式，从而资本主义的私有制，是对个人的、以自己劳动为基础的私有制的第一个否定。"①

（3）把垄断说成是单纯市场关系，这是西方经济学者的观点，而不是列宁主义的观点。例如，琼·罗宾逊认为：垄断是"……一个单纯的卖主控制着一个特定商品的全部供应"②。格林沃尔德则说：垄断是"指某种商品只有一个卖主的市场结构"③。而列宁则认为垄断首先是生产领域里的垄断。列宁在《帝国主义是资本主义的最高阶段》中指出："自由竞争引起生产集中，而生产集中发展到一定阶段，就会引起垄断。"④ 可见，垄断首先发生在生产领域，是生产集中的结果。事实上，以后以列宁观点为依据写的政治经济学著作也是这样理解的。例如，于光远同志本人主编的《政治经济学》写道："所谓垄断，是若干个大资本家为了操纵和控制某一个部门或某几个部门的产品的生产、销售以及原料来源以获取垄断高额利润而成立的协定、同盟或者联合。这里说的垄断是生产资本的垄断，并且主要是工业资本的垄断。"⑤ 流通领域里的垄断是由生产领域里的垄断所决定的。"对某种商品的大部分生产的控制，使垄断组织能够按照垄断性的高价出售这些商品，或者按照垄断性的低价向小生产者购买原料。"⑥

既然垄断首先是生产领域里的垄断，那么垄断首先体现的就

---

① 《资本论》第1卷，人民出版社1975年版，第831—832页。
② 琼·罗宾逊：《现代经济学导论》，商务印书馆1982年版，第200页。
③ 格林沃尔德：《现代经济词典》，商务印书馆1981年版，第288页。
④ 《列宁全集》第2卷，人民出版社1972年版，第743页。
⑤ 于光远、苏星、仇启华主编：《政治经济学（资本主义部分）》，人民出版社1985年版，第176页。
⑥ 鲁缅采夫主编：《政治经济学》上册，高等教育出版社1985年版，第349页。

不是市场关系,而是所有制关系。列宁在概括帝国主义的第一个基本特征时指出:"生产和资本的集中发展到这样高的程度,以致造成了在经济生活中起决定作用的垄断组织。"① 这样的垄断组织就是在生产部门中居于垄断地位的、以获取高额垄断利润为目的的大企业或企业联合,在股份公司已经成为企业普遍形式的条件下,垄断组织也就是大的股份公司或者股份公司的联合。这种垄断组织的资本即垄断资本就是大的股份资本或股份资本的联合。如果我们把股份资本叫做社会资本,那么垄断资本就是大的社会资本或者社会资本的联合,换句话说,也就是社会化程度较一般股份资本更高的社会资本。恩格斯在马克思关于股份公司的论述以后加的注中说:"自马克思写了上面这些话以来,大家知道,一些新的工业企业的形式发展起来了。这些形式代表着股份公司的二次方和三次方。"② 这里所说的工业企业正是工业生产部门中的垄断组织。恩格斯说的"二次方和三次方"正确地和形象地概括了垄断资本社会化程度高于一般股份资本的特征。

在垄断组织中,少数垄断寡头可以利用别人的大量资本来为自己攫取高额垄断利润的目的服务,因而这种组织的生产是更大规模的"没有私有财产的私人生产",而且在新的形态上进一步发展了财富作为社会财富的性质和作为私人财富的性质之间的对立。

既然垄断体现的首先是所有制关系,是更大规模的"没有私有财产的私人生产",那么把垄断的形成过程分成两个侧面(即市场关系变化的侧面和所有制关系变化的侧面)就是没有科学根据的,因而是没有必要的。

---

① 《列宁全集》第 2 卷,人民出版社 1972 年版,第 808 页。
② 《资本论》第 35 卷,人民出版社 1975 年版,第 494—495 页。

（4）第四点中提出的观点实际上是与第一点和第三点中提出的观点相矛盾的

第一点指出社会资本就是股份公司的资本。众所周知，"早在18世纪初，股份公司出现于欧洲，到19世纪后半期已经广泛流行于资本主义世界各国。在资本主义国家中，工矿业、农牧业、建筑业、运输业以及金融业等，都普遍地存在着按股份公司形式组成的大企业。"① 因此，按照这种观点，资本主义于19世纪后半期早已进入社会资本主义阶段。

按照第三点，从自由资本主义到垄断资本主义的发展和从私人资本主义到社会资本主义的发展是同一个过程的两个侧面。由此可以推论，垄断资本主义与社会资本主义是同时形成的，即在19世纪末20世纪初。

按照第四点，从20世纪50年代下半期资本主义才进入社会资本主义阶段。理由只是"上面讲的社会资本主义的各种形式……在这30年中大有发展"。为什么在19世纪后半期股份公司已经成为普遍形式时资本主义没有进入社会资本主义阶段，而一定要等到20世纪50年代下半期社会资本主义已经"大有发展"时资本主义才进入社会资本主义阶段呢？在这个问题上，于光远同志没有提供任何令人信服的理由。

笔者认为，马列主义经典作家关于资本主义发展阶段的论述是科学的，符合客观实际的。另外提出一个社会资本主义阶段，是不必要的。如果一定要说有一个社会资本主义阶段，那么它也在19世纪后半期早已形成，以后时期不是社会资本主义形成阶段，而是社会资本主义进一步发展的阶段。为了对这些阶段进行区别，我们就不能不在"社会资本主义"这个词前面加上不同

---

① 许涤新主编：《政治经济学辞典》中册，人民出版社1980年版，第35页。

的限定词，例如把19世纪后半期形成的社会资本主义叫做"自由的"或"非垄断的"社会资本主义，把19世纪末20世纪初形成的社会资本主义叫做"垄断的"社会资本主义，把20世纪50年代形成的社会资本主义叫做"国家垄断的"社会资本主义。这样，我们又回到了马列主义经典作家关于资本主义发展阶段的划分上来。

因此，在资本主义发展阶段的划分上，笔者仍然坚持自由资本主义——垄断资本主义——国家垄断资本主义（作为垄断资本主义的一个部分质变阶段，而不是第三阶段）的观点。鉴于马克思关于社会资本的观点的重要性，我们可以在每个阶段上都相应地指出社会资本的不同特征：如在自由资本主义阶段后期已经形成了社会资本，这是非垄断的社会资本；在垄断资本主义阶段，非垄断的社会资本转化为垄断的社会资本；在国家垄断资本主义阶段，垄断的社会资本又发展为国家垄断的社会资本。关于这个问题，笔者在拙著《现代垄断资本主义经济》一书（中央党校出版社1987年版）中作了比较详细的论述，有兴趣的读者可以参阅该书第343—347页，这里不再赘述。

二

鲁从明同志的"社会资本主义论"与于光远同志的"社会资本主义论"相比，其含义是不同的。于光远同志以马克思关于社会资本的理论为依据，然后在"社会资本"之后再加上"主义"的尾词。所以他所说的"社会资本主义"是"社会资本"加"主义"。而鲁从明同志的"社会资本主义论"则不同，他直截了当地提出社会资本主义是具有社会主义因素的资本主义。所以他所说的"社会资本主义"是"社会"加"资本主义"。

鲁从明同志在《试论资本主义的第三阶段——社会资本主义》（刊《中央党校通讯》1988年11月12日）一文中指出："既然当代发达的资本主义社会在生产社会化、资本社会化、社会生活社会化方面发展到一个更高的新阶段，并且逐渐产生社会主义因素，从而开始向社会主义过渡的自然历史过程，那么，用'社会资本主义'这个词来概括当代的资本主义——资本主义的第三阶段，是适宜的。"

关于当代发达的资本主义社会中的社会主义因素的问题，他指出："在当代发达的资本主义社会中，已经出现某些社会主义因素，如国家所有制、现代股份公司的普遍发展、资本的终极所有权同占有、经营权越来越分离，就同时包含有程度不同的社会所有的基因；工人群众在不同程度上参加企业的管理，企业强调尊重人的价值，培养人的主人意识；国家对社会经济的宏观调控实际上是计划经济的开端；政府对收入的再分配和社会福利措施的发展，弱化了贫富差别，使劳动人民生活得到基本保障，等等。可见，当代发达资本主义已经开始向社会主义过渡的自然历史过程。"以上两段话可以概括鲁从明同志的"社会资本主义论"的主要观点。

笔者的评论：

鲁从明同志之所以把当代发达资本主义叫做社会资本主义，主要根据有三：（1）生产社会化、资本社会化和社会生活社会化发展到一个新的阶段，"形成了新的质的规定性"；（2）出现了某些社会主义因素；（3）开始了向社会主义过渡的过程。

①关于第一个根据：

第一个根据，简单地说，就是三个"社会化"（生产社会化、资本社会化、社会生活社会化）都进入了新的阶段，具有新的质的规定性。这个根据的最大弱点，是只有论点，没有论据，没有令人信服的论证。

关于生产社会化：资本主义生产方式从来就是以生产社会化为基础的，显然生产社会化本身并不能使资本主义成为社会资本主义。不仅如此，生产社会化是属生产力发展的范畴，而资本主义进入社会资本主义阶段是生产关系的部分质变。生产社会化进入新阶段，并不等于资本主义生产关系也相应地进入新阶段。因此，生产社会化进入新阶段为什么会引起资本主义进入社会资本主义阶段，并不是自明之理，而是需要经过严密的论证的。可惜的是，鲁从明同志在这个问题上完全没有论证，甚至连生产社会化的新阶段的特点、质的规定性是什么也没有说清楚（鲁文说"由于发生了以电子计算机、原子能和生物工程为重要标志的新的科技革命，资本主义的生产社会化发展到了更高的阶段"，这段话只说明了科技革命的特点，并没有说明生产社会化的特点）。

关于资本社会化：资本社会化是资本主义生产关系方面的变化。所以，资本社会化可以作为资本主义进入社会资本主义阶段的根据。问题在于：资本社会化（股份公司的发展）在19世纪后半期已经成为一种普遍现象。如果以资本社会化作为依据，那么资本主义在那时早就进入社会资本主义阶段了。为什么那时没有进入，而一定要等到20世纪50年代资本社会化"发展到一个更高的新阶段"时才进入社会资本主义阶段，这个关键问题却没有得到任何说明。笔者这样说，并不意味着笔者赞成社会资本主义的提法。

至于社会生活的社会化是从属于生产关系方面的变化的，它本身不能成为划阶段的标志。何况鲁从明同志对社会生活的社会化并没有进行什么论证。

②关于第二个根据：

在资本主义社会里有没有可能产生社会主义因素？对于这个

问题，不能作绝对的否定的回答。在特定的条件下，这种可能性是存在的。例如，在半殖民地半封建的旧中国，在中国共产党领导的解放区内的国营经济是社会主义性质的，这可以说是社会主义因素。如果在某些发达资本主义社会内部出现了类似情况，如出现了共产党领导的红区，那里的国营经济可能也是一种社会主义因素。这个问题值得很好的研究。但是，把这一点作为一个一般的命题提出来是不恰当的，因为具备这种特定条件的资本主义社会是少数，是特殊，而不是一般。下面让我们来看一下鲁从明同志提出的那些事物是不是社会主义因素。

"国家所有制"。把生产资料的国家所有制看做社会主义不过是对西方学者观点的复述。例如汉森说，"生产资料的政府所有和政府经营"是"社会主义的经典性定义"。① 而按马克思主义的观点，只有在消灭了剥削阶级的社会主义社会里，国家才能成为全体劳动人民的代表，从而国有制才具有社会主义性质。至于在阶级社会里，国家从来就是剥削阶级的代表，是剥削阶级压迫和剥削被剥削阶级的工具。奴隶主国家、封建主国家、资产者国家，都是如此。与此相适应，阶级社会里的国家所有制，也只能是剥削阶级少数人的所有制，只能是剥削阶级少数人剥削被剥削阶级大多数人的制度。在资本主义社会里，国家是资产阶级、特别是垄断资产阶级的代表，它对生产资料的占有和经营，丝毫不改变生产资料作为资本的性质，丝毫不改变资本对雇佣劳动的剥削，怎么会有什么社会主义的因素呢？正如恩格斯早就指出的："现代国家，不管它的形式如何，本质上都是资本主义的机器，资本家的国家，理想的总资本家。它越是把更多的生产力据为己有，就越是成为真正的总资本家，越是剥削更多的公民。工

---

① 汉森：《美国的经济》，商务印书馆1962年版。

人仍然是雇佣劳动者、无产者。资本关系并没有被消灭，反而被推到了顶点。"① 恩格斯还辛辣地批驳了那种把任何一种国有化当做社会主义的谬论："自从俾斯麦致力于国有化以来，出现了一种冒牌的社会主义，它有时甚至堕落为一种十足的奴才习气，直截了当地把任何一种国有化，甚至俾斯麦的国有化，都说成是社会主义的。显然，如果烟草国营是社会主义的，那么拿破仑和梅特涅也应该算入社会主义创始人之列了。"②

"现代股份公司的普遍发展，资本的终极所有权同占有、经营权越来越分离。"在股份公司中有没有社会主义因素，不是看资本是由单个人提供（个人资本），还是由若干人提供（社会资本），而是看资本的属性有无变化。资本主义社会里股份公司发展中的无数事实证明，股份资本的资本属性并无一丝一毫的变化，股份资本仍然是不折不扣的带来剩余价值的价值，股份公司中的生产关系仍然是不折不扣的资本剥削雇佣劳动的关系，股东以股息形式取得的收入仍然来源于雇佣工人所创造的剩余价值。不仅如此，由于股份公司的决策权掌握在集中占有大量股份的大股东即大资本家的手中，许多中小股东所提供的资本实际上扩大了大资本家对资本从而对劳动的支配权，增大了他们压榨雇佣劳动的范围和能力。关于这些，马列主义经典作家早有明确的论断。恩格斯说："无论转化为股份公司，还是转化为国家财产，都没有消除生产力的资本属性。在股份公司那里，这一点是十分明显的。"③ 马克思说："这种向股份形式的转化本身，还是局限在资本主义的界限之内；因此，这种转化并没有克服财富作为社

---

① 《马克思恩格斯选集》第3卷，人民出版社1972年版，第318页。
② 同上书，第317—318页。
③ 同上书，第318页。

会财富的性质和作为私人财富的性质的对立，而只是在新的形态上发展了这种对立。"①

同样，在股份公司条件下资本所有权和经营权的分离也不包含任何社会主义因素。在这里，资本的所有者并未放弃他们对资本的所有权，而是转化成了货币资本家和食利者；履行经营职能的经理并没有成为劳动者的代表，他仍然是不折不扣的资本家的代表，即资方代理人，他们秉承资本所有者的意志来经营股份公司，他们改进经营管理的目标无非就是如何加强对劳动者的剥削，如何获得最大限度的利润。从这里，能够找出什么社会主义因素来呢？在这个问题上，必须排除对马克思的下面一段论述的误解。马克思说："在股份公司内，职能已经同资本所有权相分离……资本主义生产极度发展的结果，是资本再转化为生产者的财产所必需的过渡点，不过这种财产不再是各个互相分离的生产者的私有财产，而是联合起来的生产者的财产，即直接的社会财产。"② 以上一段话，用我们现在的语言来说就是：资本主义的经营权和所有权的分离是资本主义私有制向社会主义公有制的过渡点。如果从这一论断中推论出经营权和所有权的分离有什么社会主义因素，那就是一种极大的误解。其实，马克思的意思只是说，经营权和所有权越来越分离的结果，资本家将作为多余的人即寄生虫从生产过程中消失，从而为劳动者自己共同占有和管理社会财产创造了条件。这同社会主义因素是毫不相干的。马克思在另外一个地方明确地指出了这一点："与信用事业一起发展的股份企业，一般地说也有一种趋势，就是使这种管理劳动作为一种职能越来越同自有资本或借入资本的所有权相分离……一方

---

① 《资本论》第 3 卷，人民出版社 1975 年版，第 497 页。
② 同上书，第 494 页。

面，因为执行职能的资本家同资本的单纯所有者即货币资本家相对立，并且随着信用的发展，这种货币资本本身取得了一种社会性质，集中于银行，并且由银行贷出而不再是由它的直接所有者贷出；另一方面，又因为那些不能在任何名义下，即不能用借贷也不能用别的方式占有资本的单纯的经理，执行着一切应由执行职能的资本家自己担任的现实职能，所以留下来的只有管理人员，资本家则作为多余的人从生产过程中消失了。"①

"工人参加管理"。在不改变生产资料资本主义私有制的条件下，资本家所提出的"工人参加管理"的动人的口号，无非是给赤裸裸的雇佣关系罩上一层温情的面纱，借以调和阶级矛盾，欺骗工人阶级，它丝毫也不会改变资本对劳动剥削的实质，从而也不包含丝毫社会主义的因素。事实上，资本主义企业管理的决策权始终掌握在资本家及其代理人手中，"工人参加管理"无非是资本家对企业的专断统治的一种点缀而已，正像工人代表是资产阶级国会的一种点缀一样。至于参加管理的工人所提的种种"建议"，如果不符合资本家的利益（如过多地提高工资、福利），资本家及其代理人可以束之高阁；如果有利于企业经营管理，那么它们会得到采纳，并且提建议者还可以受奖，但是这样一种"参加管理"显然不是有利于劳动者，是加强了资本对劳动的剥削，增加了资本家的利润。

"国家对社会经济的宏观调控"。一个国家对社会经济进行宏观调控（不管是否通过编制计划）难道能够成为具有社会主义因素的指标吗？回答是否定的。一个国家的社会经济制度是否具社会主义因素，归根到底要由有无生产资料社会公有制来决定，而不是由对社会经济的调节方式来决定。在社会主义公有制

---

① 《资本论》第3卷，人民出版社1975年版，第436页。

的基础上有必要和可能实行计划经济，从而有必要和可能对社会经济进行计划调节。但是，不能反过来推论，凡是能对社会经济进行计划调节的都是社会主义。当代的发达资本主义社会中，由于垄断资本主义特别是国家垄断资本主义的发展，国家和垄断资本的结合越来越密切，国家对社会经济的宏观调节日趋强化，有些国家还出现了某种程度的计划调节（当然这种计划调节同社会主义国家的计划调节是有很大区别的，不过对于这个问题笔者不准备展开论述），这是一个客观存在的事实。但是，关键的问题不在于计划调节的形式，而在于计划调节的实质。在资本主义制度下，计划调节不仅不能削弱和改变资本对劳动的剥削，而且是加强资本对劳动剥削的手段，因为这种计划是由国家秉承垄断资产阶级的意志制定的，其目的在于通过这种调节减少经济发展的波动和危机，以保证垄断资本家获得稳定的高额利润。这样的计划调节怎么会包含有什么社会主义因素呢？其实，列宁早就把这一点说得清清楚楚："尽管托拉斯有计划性，尽管资本大王们预先考虑到了一国范围内甚至国际范围内的生产规模，尽管他们有计划地调节生产，但现在还是处在资本主义下，虽然是在它的新阶段，但无疑还是处在资本主义下。在无产阶级的真正代表看来，这种资本主义之'接近'社会主义，只是证明社会主义革命已经接近……而绝不是证明可以容忍一切改良主义者否认社会主义革命和粉饰资本主义。"[①]

"政府对收入的再分配和社会福利措施的发展……"马克思主义从来认为，是生产决定分配，而不是相反。马克思说："消费资料的任何一种分配，都不过是生产条件本身分配的结果。而生产条件的分配，则表现生产方式本身的性质。例如，资本主义

---

① 《列宁选集》第3卷，人民出版社1972年版，第229页。

生产方式和基础就在于：物质的生产条件以资本和地产的形式掌握在非劳动者手中，而人民大众则只有人身的生产条件，即劳动力，既然生产的要素是这样分配的，那么自然地就要产生消费资料的现在这样的分配。如果物质的生产条件是劳动者自己的集体财产，那么同样要产生一种和现在不同的消费资料的分配。庸俗的社会主义仿效资产阶级经济学家……把分配看成并解释成一种不依赖于生产方式的东西，从而把社会主义描写为主要是在分配问题上兜圈子。"① 马克思说得多么好啊！在资本主义私有制的条件下，既然在生产条件的分配方面没有什么社会主义因素（这是笔者在前面已经作了充分的论证的），那么在消费资料的分配方面怎么会有什么社会主义因素呢？用社会福利开支的某些增长来说明社会主义因素的存在是徒劳的。

社会福利开支是国家通过税收或其他形式集中起来的财政收入的一个组成部分，其中一部分是国家从劳动人民那里集中起来的，这部分直接地就是对劳动人民收入的扣除；另一部分是国家从资产阶级那里集中起来的，而资产阶级又把这种负担转嫁到劳动者身上，它实际上是对劳动力价值或价格的一种扣除。因此，国家支出的社会福利开支，无非是把从工人阶级和其他劳动人民那里扣除的收入又重新还给他们，这并没有丝毫改变剩余价值归资本家而工人只能得到劳动力价值或价格的资本主义分配制度，其实质仍然是按资分配而不是按劳分配，其中有什么社会主义因素呢？

以上分析表明：一般地说，在当代发达资本主义社会里，事实上并未产生社会主义因素。

③关于第三个根据：

马列主义经典作家关于从资本主义向社会主义的过渡的论

---

① 《马克思恩格斯选集》第3卷，人民出版社1972年版，第13页。

述，具有两种不同的含义：一种指的是帝国主义的历史地位，说"帝国主义是过渡到社会主义去的垂死的资本主义"[①]；另一种指的是无产阶级夺取政权起到建成社会主义为止的时期。鲁从明所说的"向社会主义过渡的自然历史过程"显然不是指第二种，但也不是指第一种。因为第一种只是从帝国主义的历史地位来说的，它并不包括在发达资本主义社会内产生社会主义因素这样的含义。可见，鲁从明同志讲的是第三种含义的过渡，即在发达资本主义社会内部由于社会主义因素的产生和发展而形成的向社会主义的过渡。这种过渡的能否发生和发展，显然要以社会主义因素能否在发达资本主义社会内部产生、发展并且逐步代替资本主义为前提。但是，正如笔者在前文所说，在当代发达资本主义社会内部，一般地说并未产生社会主义因素，更不要说其发展壮大了，因此这种过渡显然就不能成立。

综观鲁从明同志所提出的"社会资本主义论"，其关键在于当代发达资本主义社会里是否存在着社会主义因素（而且如果把"向社会主义过渡"考虑进去，社会主义因素还须发展壮大并有取代资本主义的趋势）。但是，实际上，笔者逐个地分析了鲁从明同志提出的各种"社会主义因素"，觉得它们都难以成立。尽管我们不能排斥在特定条件下在发达资本主义社会里产生社会主义因素的可能性，但把它当做一个一般命题提出来，显然是不妥当的。因而，由此建立的"社会资本主义论"也就难以成立。

（原载《世界经济与政治》1989年第10期）

[①]《列宁选集》第2卷，人民出版社1972年版，第885页。

世界经济研究工作四十年管见

中国的以马克思主义为指导的世界经济研究工作，早在中华人民共和国成立以前就开始了。五四运动以后，在中国共产党的领导下，有些经济学者适应于当时中国革命斗争的需要，在以马克思主义的政治经济学为武器研究中国经济问题的同时，也着手研究世界经济问题。当时，无论在国民党统治区出版的报刊上或者在中国共产党领导的解放区出版的报刊上，都曾经发表过一些关于世界经济的论文。但是，当时没有专门的世界经济研究机构，研究人员很少，研究工作不系统，科研成果数量少，质量也不高。1941年毛泽东同志在《改造我们的学习》一文中指出："像我们这样一个大党，虽则对于国内和国际的现状的研究有了某些成绩，但是对于国内和国际的各方面，对于国内和国际的政治、军事、经济、文化的任何一方面，我们所收集的材料还是零碎的，我们的研究工作还是没有系统的。"这个估计对于那时的世界经济研究工作来说，是完全适合的。

中华人民共和国成立以来，世界经济研究工作同整个社会科学研究工作一样，得到了空前的发展。这种发展经历了一个曲折的过程，大致可以分为三个阶段。

第一阶段是从中华人民共和国成立到1966年"文化大革命"以前。第二阶段从1966年6月开始到1976年10月"四人帮"被粉碎为止。第三阶段是从"四人帮"被粉碎以后开始,一直延续到现在。世界经济研究工作的真正大发展,是在第三阶段。本文首先对第一、二阶段的世界经济研究工作作一简略回顾,而阐述的重点则放在第三阶段。

一

第一阶段是从中华人民共和国成立到1966年"文化大革命"以前。在这17年里,在中国共产党中央、毛泽东和周恩来同志的亲切关怀下,世界经济研究工作得到了迅速的发展。

在这期间,专门的世界经济的研究机构和研究队伍建立起来了,并且得到了较大的发展。20世纪50年代和60年代初,世界经济的研究机构和研究队伍,同社会科学的其他学科相比,是很小的。当时,只在中国科学院哲学社会科学部的经济研究所内设有一个世界经济研究室;在国务院有关外事的少数部门下设有研究世界经济的机构或人员;在少数重点的高等院校(如中国人民大学和北京大学)的经济系内设有世界经济专业。这种状况显然同中国社会主义革命和社会主义建设的需要,同中国外交斗争的需要,是不相适应的。1963年,在周恩来同志的主持下,起草了《关于加强研究外国工作的报告》,毛泽东同志作了批示,认为"这个文件很好"。在这个文件的推动和指导下,世界经济的研究机构和研究队伍得到了很大的发展。在中国科学院哲学社会科学部下设立了世界经济研究所(在经济研究所世界经济研究室基础上扩大建成);在相当多的省、市和高等院校内设立了一批世界经济研究机构和包括世界经济研究单位在内的国际问题研究机构;国务院所属的有关业务部门也加强了对世界经济的研究力量。这批研究机构的建立，为中国的世界经济研究体系的建立打下了基础。

在这期间，世界经济研究工作的组织状况，也有了较大的改善。在20世纪50年代的头几年，中国的世界经济研究工作基本上处于没有系统、没有组织的状态。1957年，在国务院的领导下，制定了《全国哲学社会科学12年远景规划》，其中包括世界经济研究工作的规划。这个规划提出要更加系统地开展对世界经济的研究工作，列出了一批重大的研究课题，并且对机构设置、队伍建设、图书资料工作等方面作了规定。虽然这个规划由于缺乏有力的组织措施的保证而执行得不好，有许多项目未能实现，但是这个规划毕竟标志着世界经济研究工作从无组织状态向有组织状态的转变，它对世界经济研究工作的推动和组织作用是不可低估的。

在这期间，中国的世界经济研究工作基本上是贯彻了如下的方针，即以马列主义、毛泽东思想为指导，研究世界各国的、各地区的经济以及整个国际经济关系，为社会主义革命和社会主义建设服务，为贯彻中国的革命外交路线服务。现在来看，这个方针是正确的。但是，在世界经济研究的学术思想上，却呈现出比较复杂的情况。在20世纪50年代的头几年，对苏联经济的研究，多半是照抄照搬，缺乏一分为二的分析；在对资本主义经济的研究方面，也受苏联学术界的影响较深，而且偏重于对资本主义制度的揭露和批判，极少注意在资本主义国家经济中有无可以借鉴或参考的地方。1956年，毛泽东同志在《论十大关系》的讲话中提出了"向外国学习"的口号，并且指出："一切民族、一切国家的长处都要学"，包括"学习资本主义国家的先进技术和企业管理方法中合乎科学的方面"；同时又指出："必须有分析有批判地学，不能盲目地学，不能一切照搬，机械搬运。他们的短处、缺点，当然不要学。"毛泽东同志的讲话指出了我们在学习外国和研究外国问题中所存在的上述偏向，为我们学习外国和研究外国问题规定了正确的方针，对于世界经济研究工作沿着正确的方向继续前进，具有十分重要的意义。接着毛泽东同志在1957年又发表了《关于正确处理人民内部矛盾的问题》的报告，提出了"百花齐放，百家争鸣"的方针。在这个方针的鼓舞下，世界经济研究的学术界也活跃起来了，就世界经济领域中的一些重大问题展开了讨论，其中主要的规模较大的讨论有三次，即关于资本主义世界经济危机问题的讨论，关于国家垄断资本主义问题的讨论，关于世界经济学的研究对象、任务以及世界经济学同政治经济学和其他部门经济学之间的联系和区别的问题的讨论。这里要特别提一下第三个问题的讨论。在这以前，在经济学界中有一部分人认为世界经济研究不过是政治经济学的一个组成部分，并没有独立存在的世界经济学。经过这一场讨论，有越来越多的学者倾向于认为世界经济学有其独立存在的价值，有其区别于政治经济学的独特的研究对象。这就为建立马克思主义的世界经济学打下了初步的基础。有些大专院校则着手编写世界经济教材。但是，必须指出，在20世纪50年代末、60年代前期的世界经济研究工作中，已经开始出现了宁"左"勿右和脱离实事求是原则的偏向。这种偏向的产生，是同当时国际、国内政治斗争形势，同整个社会科学研究领域里出现的宁"左"勿右倾向是分不开的。这里举出可以说明世界经济研究工作中的这种倾向的一些例子。有的同志因为认为资产阶级经济学说某一个别观点有部分道理而被打成右派分子。有的同志因为怀疑资本主义国家无产阶级绝对贫困化的规律而被扣上右倾的帽子。在对列宁的《帝国主义是资本主义的最高阶段》的讲授中，只讲帝国主义的停滞、腐朽趋势，而不讲同时存在着迅速发展的趋势，无视第二次世界大战后许多资本主义国家经济迅速发展的事实。在分析第二次世界大战后资本主义再生产的周期性和生产过剩的经济危机方面，则流行着周期缩短和危机频繁论。对南斯拉夫经济，则主观片面地断定其为复辟了资本主义的经济，如此等等。

尽管存在着以上一些缺点和偏向，从整个 17 年来看，世界经济研究工作中基本上贯彻执行了正确的方针，成绩是主要的。广大的世界经济研究工作者为我国的社会主义革命和社会主义建设，为我国的外交斗争，作出了积极的贡献。

第二阶段是从 1966 年 6 月开始到 1976 年 10 月"四人帮"被粉碎为止，这 10 年内，世界经济研究工作遭受到林彪、"四人帮"的疯狂摧残和严重破坏。

事实上，对于社会科学研究和世界经济研究工作的破坏从 1966 年初就开始了。那时，为林彪、"四人帮"出谋划策的"理论家"康生在哲学社会科学部的一份尚未正式出版的《情况简报》上写了一大段批语，认为社会科学研究人员在他们的资产阶级世界观改造好以前，无权从事研究工作，可做的事只有一件，就是下放到农村去"滚泥巴"。这份批示迫使当时哲学社会科学部世界经济研究所的刚从农村中参加"四清"和劳动锻炼回所的大批研究人员重新回到农村去"滚泥巴"，使该所的研究工作实际上已处于停顿状态。紧接而来的是更大的摧残和破坏。

在林彪和"四人帮"横行时期，世界经济的研究机构和研究队伍遭到严重摧残。在他们所炮制的"两个估计"和他们所推行的法西斯文化专制主义的打击下，许多世界经济研究机构被撤销了，包括有世界经济研究专业或研究机构的中国人民大学和其他一些财经院校也停办了。有些研究机构名义上未被撤销，实际上奄奄一息，完全停止了工作，例如哲学社会科学部世界经济研究所就被迫停止工作达 10 年之久。世界经济研究领域内的许多研究人员被当做"反革命修正主义分子"和"资产阶级反动学术权威"遭到人身侮辱和残酷迫害,有些同志甚至被扣上"外国特务"和"里通外国"的帽子被囚禁起来。大批的研究人员则被迫改行和下放劳动。至于大量图书资料的散失和丢弃,许多外文报刊被迫停订,就更不在话下了。

在林彪和"四人帮"横行时期,以马列主义、毛泽东思想为指导的世界经济研究工作被扼杀了,世界经济研究工作的正确方针被篡改了。一方面,林彪和"四人帮"挥舞批判"崇洋媚外"、"洋奴哲学"的大棒,禁止世界经济研究工作者以马列主义、毛泽东思想为指导去阅读外国书刊,研究世界经济问题,使这种科学的研究工作完全处于停顿状态;另一方面,他们事实上并没有完全取消世界经济研究工作,不过他们篡改了这种研究工作的方针,使它不再为革命的利益服务,而是为其反革命的帮派利益服务。例如,他们要那些为他们所利用的一些世界经济研究工作者到日本去找什么儒家和法家代表人物,去写文章批判外国的"大儒"和"复辟派",以便为他们打倒周恩来同志、邓小平同志和一大批党政军负责同志的阴谋制造反革命舆论。

在林彪和"四人帮"横行时期,世界经济研究工作中的马列主义的优良学风遭到了极其严重的破坏。他们大力制造现代迷信,推行极"左"的政治路线和唯心主义、形而上学的思想路线。流毒所及,使得在20世纪60年代前期世界经济研究工作中已经出现的宁"左"勿右和脱离实事求是原则的作风进一步发展起来,达到了极其严重的程度。有些世界经济研究工作者的所谓研究工作,不再是从世界经济的实际出发,占有大量材料,进行实事求是的研究以得出科学结论的过程,而是从长官意志或者某些先验的论点出发,随心所欲地拼凑材料加以"论证"的过程。例如,在分析国际形势时,不管客观实际有什么变化,总是"天下大乱,形势大好";在分析资本主义世界经济情况时,总是"危机重重，内外交困"。

类似这样的"科学研究"屡有发生，在国内外造成了恶劣的影响。第二阶段的10年，是世界经济研究工作中一个大的曲折。在这10年内，由于林彪、"四人帮"的破坏，世界经济研究工作发生了大倒退，加大了中国和其他各国在这个科研领域内的差距。

二

自粉碎"四人帮"、特别是党的十一届三中全会以来，世界经济研究工作取得了巨大进展，成绩是显著的。其具体表现有以下几点：

（一）适应于我国社会主义现代化建设的需要，特别是适应于对外开放、对内搞活政策的需要，世界经济研究工作越来越受到人们的重视。在中国社会科学院的领导下，制定了发展世界经济学科的长期规划。世界经济的研究机构和科研教学队伍得到了加强和扩大。中国社会科学院和许多省市的社会科学研究机构以及不少高等院校中，世界经济（包括国别经济）的研究机构都在原有基础上得到了巨大的发展，增设了新的机构并扩大了科研队伍。这些研究机构在研究方向和任务上有所侧重，进行合理的分工和协作，互相配合、互相补充，共同努力把世界经济研究工作搞好。为了加强对世界经济研究人员的培养，许多高等院校设置了世界经济系（或国际经济系），并且招收研究生。特别值得指出的是：中央党校设置了世界经济教研室，许多省市党校开设了世界经济课程，这对于以世界经济知识武装各级领导干部，促进改革开放的发展具有重大意义。为了调动全国各方面世界经济科研教学力量的积极性，还建立了一批关于世界经济的学会和研究会，其中包括中国世界经济学会及其在各地区、各系统（如党校系统）的分会，以及国别经济、地区经济和世界经济专题的研究会。为了推动世界经济学术研究的开展，创办了一批关于世界经济的刊物，定期编辑出版了《世界经济年鉴》，编辑出版了《世界经济百科全书》。世界经济方面的成果累累，除了发表于报刊的论文以外，出版了大量关于世界经济的学术专著和教材。这一切是第一阶段所不能比拟的。

（二）专门以世界经济及其发展规律作为研究对象的新兴学科——马克思主义世界经济学，在有关学者的倡导下已经基本上建立起来，目前正在得到进一步充实和完善。如前所述，世界经济的研究，原来并不是一个独立的学科，而只是作为政治经济学的一部分而存在的。现在，尽管认为世界经济不是一门独立学科的观点仍未消失，但是有越来越多的学者认为世界经济学是一门独立的学科，认为随着生产国际化的发展，世界各国国民经济越来越紧密地联结成一个有机整体，与此相适应，把世界经济学从政治经济学中独立出来进行专门的研究，是完全必要的。尽管学者之间在这些问题上还存在着一些意见上的分歧，但是以马列主义、毛泽东思想为指导，在探索世界经济学的对象、方法和理论体系方面已经取得一定的成果，已经出版了有关世界经济学的专著。它不仅明确地提出了有别于政治经济学对象的特定的研究对象，而且运用从抽象到具体、从简单到复杂的方法论原则建立了从国民经济、国际经济关系到世界经济整体的完整的理论体系。这标志着马克思主义世界经济学作为一门独立的经济学科已经基本上建立起来了。世界经济学的建立具有重大的理论意义和现实意义。它不仅给经济科学领域增添了一门新的学科，而且在对世界经济运动规律进行更加深入的研究的基础上进一步揭示了在全世界范围内资本主义制度被社会主义制度取代的过程的长期性、曲折性和复杂性，从而进一步从理论上、思想上武装了无产阶级和革命人民，鼓励他们坚持长期的不屈不挠的斗争，去争取社会主义、共产主义在全世界的胜利。马克思主义世界经济学的建立，对于我们建设有中国特色的社会主义，贯彻执行我们党在社会主义初级阶段的基本路线，也具有重大的现实意义。它将有助于推动社会主义经济建设，推动改革和开放，从而加速社会主义经济的发展速度，以便在和平竞争中尽快地赶上和超过发达资本主义国家。

（三）世界经济研究工作者以马列主义为指导，从实际出发，解放思想，在一系列理论问题上取得了显著进展。例如：

1. 在世界经济学的对象、方法方面，明确地提出了有别于政治经济学的研究对象，指出世界经济学是研究世界经济运动、变化和发展规律的科学；指出世界经济是全世界范围内各地区和各部门的经济通过各种经济纽带紧密联结而成的有机整体，在国家消亡以前，世界经济具有三个层次，即作为世界经济有机组成部分的各国国民经济、国际经济关系、作为一个整体的世界经济；指出在世界经济研究中同样应当遵循政治经济学的方法，即辩证唯物主义和历史唯物主义、抽象法、逻辑和历史相一致的方法，并且根据这种方法提出了以"各国国民经济→国际经济关系→世界经济整体"为顺序的世界经济学的理论体系。

2. 在资本主义经济方面，改变了过去流行的垄断资本主义生产关系对生产力的发展只起阻碍作用的观点，提出了垄断资本主义生产关系对生产力的发展既有阻碍作用（这是主要的）又有推动作用的观点；改变了过去流行的在垄断资本主义条件下生产和技术进步只有停滞趋势的观点，恢复了列宁关于在垄断资本主义条件下存在着两种趋势（既有停滞趋势，又有迅速发展趋势）的观点；改变了过去一度流行的在资本主义条件下无产阶级贫困化不断发展、实际工资不断下降的观点,提出了无产阶级绝对贫困化具有相对性的观点;改变了过去一度流行的"帝国主义正在走向全面崩溃"的观点,提出了帝国主义走向死亡的过程,即从资本主义向社会主义过渡的过程具有长期性、曲折性和复杂性的观点;根据第二次世界大战以后资本主义发展中出现的新情况,发展了列宁关于国家垄断资本主义的理论,提出了国家垄断资本主义是垄断资本主义发展中的新阶段、是垄断资本主义生产关系的部分质变、帝国主义五大特征都发生了部分质变的观点,资本主义基本矛盾的加深是一般垄断资本主义转变为国家垄断资本主义的根源的观点,在国家垄断资本主义条件下国家具有双重性(既是上层建筑,又是经济基础的组成部分)的观点,以及国家垄断资本主义具有三种基本的资本形态(即国有垄断资本、国私共有的垄断资本、与国家密切联系的私人垄断资本)的观点;提出了按照经济实力和按照国家垄断资本主义特点对发达资本主义国家的经济进行分类研究的观点;提出了按照经济结构、经济水平以及按照资本主义生产关系的发展程度对发展中民族主义国家进行分类研究的观点;研究和论证了在资本主义世界经济范围起作用的资本积累的规律,如此等等。

3. 在社会主义经济方面,不仅从政治经济学角度一般地论述社会主义经济制度的基本特征,而且从世界经济学角度,在生产力和生产关系的结合上具体地论述当代各个社会主义国家经济共有的一般特征;按社会生产力发展的实际水平,对当代社会主义国家经济进行了分类研究;从当前各个社会主义国家实际情况出发,研究了社会主义国家经济体制改革的不同模式;除了经互会以外,对社会主义经济体系形成的时间和条件、该体系内部国际经济关系的性质和特点以及各种经济纽带进行了探索性研究;对社会主义国家之间资金运动的原因、性质和特点进行了探索性研究，如此等等。

4. 在世界经济整体方面，研究和论证了科学技术进步特别是科学技术革命对世界经济发展的推动作用；研究和论证了生产国际化程度（广度和深度）随着生产力发展而不断提高的规律；研究和论证了在过渡性世界经济条件下社会主义和资本主义两大经济体系之间既相互依赖又相互斗争的关系，特别是两大体系之间的和平竞争的特点及其发展的历史趋势；研究和论证了世界经济和世界政治之间的相互关系，如此等等。

上面所列举的一些观点，只是一些例子。实际内容当然要丰富得多。

（四）世界经济研究工作在为我国社会主义现代化建设服务方面取得了一定的成绩。在这方面的主要研究课题有：我国社会主义现代化建设的国际经济环境以及世界经济的现状和发展趋势；有关国家（主要是发达资本主义国家）在发展商品经济和社会化大生产方面的经验和问题；其他社会主义国家在进行经济体制改革方面的经验和问题；有关国家在制定和实施经济发展战略（其中包括对外经济发展战略）方面的经验和问题，如此等等。这些研究成果对于我国有关领导部门进行有关决策具有一定的参考价值。

（五）广泛地开展了对外学术交流。我国的世界经济研究机构接待了来自世界许多国家的学者，其中许多学者在我国作了学术报告；同时还举办了研究和探讨世界经济问题的多次国际性的学术讨论会。我国的许多世界经济研究人员到国外去进行学术访问，同时多次参加各种有关的国际学术会议。这种交流不仅加强了我国学者和外国学者的友谊和相互联系，而且使我国学者能够直接调查外国经济情况，了解外国学者的学术观点，直接同外国学者就共同感兴趣的问题进行研究和讨论。这无疑有助于我国世界经济学术水平的提高。

以上事实雄辩地说明,我国的世界经济研究工作在这一阶段迈出了巨大的一步,无论在世界经济学科的建设方面还是在为我国社会主义建设事业服务方面都取得了显著的成绩。这些成绩的取得,是广大世界经济研究工作者共同努力的结果,同时又是同党的正确领导、特别是十一届三中全会路线的指引分不开的。

在看到成绩的同时,我们还要注意到存在的问题和不足之处。主要的有：

（一）在这一阶段的世界经济研究工作中曾出现了某些背离马列主义基本原理的观点。例如,认为在当代资本主义条件下无产阶级贫困化的理论已经过时,资本主义积累的一般规律不再适用于当代资本主义；怀疑或否定列宁的帝国主义理论中的某些基本原理,特别是关于帝国主义历史地位的原理（其中包括帝国主义是垂死的或过渡的资本主义的观点）；怀疑或否定社会主义代替资本主义的客观规律,附和西方学者所宣扬的"趋同论"。这些观点尽管并未成为主流,受到了坚持马列主义的世界经济研究工作者理所当然的抵制和批判,但是这些观点的出现告诉我们,在世界经济研究工作中同在其他领域中一样,必须经常地注意开展坚持四项基本原则、反对资产阶级自由化的斗争,这样才能保证世界经济研究工作沿着正确的方向前进。

（二）理论和实际结合的问题还需要进一步解决。在这一阶段,我们在理论和实际的结合上作出了一定的努力,并获得一些成效,否则上述成果的取得便是不可思议的。但是,我们必须看到,理论研究和国内外实际的结合仍然是十分不够的。一方面,虽然有一部分世界经济研究工作随着对外开放政策的实施已有更多的机会到国外去进行实地考察,了解了不少第一手材料,但是,能够做到这一点的研究人员还不多,大量的研究工作者还主要只能利用一些书面材料来进行研究，出国考察的机会不多；有些得到这种机会的研究人员由于种种原因也不能对某个国家的经济进行经常的、系统的、深入的调查研究，这显然会妨碍世界经济研究的进一步深入。另一方面，有相当一部分世界经济研究工作者对国内的实际经济情况知之甚少，这就使世界经济研究成果在一定程度上脱离国内实际，不可能有针对性地为我国社会主义现代化建设服务。为了克服这种缺点，把理论同国内外实际紧密结合起来，还需要进一步采取一系列有效的措施。

（三）世界经济学科内部的各个不同的研究领域发展还不平衡。当代世界经济是过渡性的世界经济，它是社会主义经济体系和资本主义经济体系的对立的统一。世界经济研究对两者应当并重。但是，实际上，已经出版的世界经济著作偏重于资本主义经济体系方面的问题，对于社会主义经济体系的论述，或者基本上忽略了，或者语焉不详。这种情况之所以发生，在客观上是因为社会主义国家尤其是社会主义经济体系形成的时间还不长，具体经济关系还在不断地变动，这就给我们准确地把握社会主义经济发展的种种规律性带来了相当大的困难；在主观上是因为我们对社会主义经济体系方面的问题还重视不够。笔者认为，正因为对这方面的问题研究起来困难较多，需要进行大量的创造性劳动，我们应当更加重视，付出加倍的努力。同时，在资本主义经济体系方面问题的研究中，对发达资本主义国家经济的研究成果较多，而对发展中民族主义国家经济的研究成果较少。笔者认为，我国是发展中的社会主义国家。发展中民族主义国家经济发展中所遇到的问题及其解决，对于我国社会主义建设可能更有参考价值，因此，加强这方面的研究是完全必要的。

（四）有关领导机关和世界经济研究机构与人员的结合，还有待于改进。为了使世界经济研究成果为我国社会主义现代化建设服务，特别是为我国有关领导机关的经济决策服务，必须很好地解决有关领导机关和世界经济研究机构与人员的结合问题。全局性的经济决策，特别是经济发展战略（包括对外经济发展战略）的制定，是一项十分复杂的系统工程，需要吸收多学科的专家、学者参加，对各种不同方案进行反复比较研究，进行可行性论证，才能得出比较符合实际的结论。这里，世界经济研究工作者显然是一支不可忽视的重要的方面军。没有世界经济研究方面的专家、学者参加，没有他们所提供的关于世界经济的信息和见解，就不可能作出正确的决策。可惜的是，这种结合并不能令人满意。例如，前一个时期，所谓"两头在外、大进大出"的沿海经济发展战略，就是在没有很好地咨询世界经济研究的专家、学者的情况下匆忙地作出的。为了搞好这个结合，需要发探两个主动性。一方面，世界经济研究工作者应当主动地、积极地为四个现代化服务，拿出像样的研究成果来；另一方面，有关领导部门也要主动地吸收世界经济研究工作者参加有关的决策工作，注意听取他们的意见。

世界经济研究工作的 40 年，具有十分丰富的内容。笔者由于所处工作岗位的局限性，不可能对这 40 年作出全面的总结。以上所述，只是根据本人所知提供一些素材和粗浅的见解，以供同行专家和有兴趣的读者参考。

笔者坚信，只要加强党的领导，以马列主义、毛泽东思想为指导，坚持辩证唯物主义的思想路线，坚决按照科学研究的规律办事，坚持为我国四个现代化服务的方针，再加上全体世界经济研究工作者坚持不懈的努力，我们一定会使世界经济研究工作继续大踏步地向前迈进，为实现我国社会主义的现代化，为人类进步的事业，作出应有的贡献。

（原载《世界经济》1990 年第 4 期）

科学认识当代资本主义

自第二次世界大战结束以来,在资本主义的发展中出现了许多新现象。对当代资本主义进行再认识是必要的。但是,有些人在再认识资本主义的名义下竭力美化和粉饰资本主义,全面否定列宁的帝国主义理论,说什么帝国主义理论"已经破产",已经过时,越来越脱离实际情况。对当代资本主义的这些错误认识,是坚持资产阶级自由化立场的人"全盘西化论"的重要思想基础。听任这些思潮泛滥,就会动摇我国坚持社会主义道路的信心,把我国的改革开放引向资本主义化的歧途。因此,科学认识当代资本主义,对于坚持社会主义道路,坚持改革开放的社会主义方向,具有重大意义。

一 当代帝国主义发展中出现了一系列新现象,但垄断并未消失,而是发展为国家垄断

第二次世界大战以后,帝国主义发展中出现了一系列新的现象。

第一,发生了新的技术革命。它不仅大大提高了原有生产部

门的技术水平，而且开拓了许多新的生产部门，如高分子合成工业、原子能工业、半导体工业、宇航工业、激光工业等。科学技术成果及其在生产中的应用密切结合起来。特别是电子计算机在生产中的广泛应用，使生产发生了革命性变革，使生产从主要依靠体力劳动开始向主要依靠脑力劳动转变，使智力密集型生产在创造社会财富中的意义增大。科学技术成为影响经济增长和劳动生产率提高的主要因素。

第二，垄断有了新的发展。在生产进一步集中的基础上，垄断的统治进一步加强了。美国学者托马斯·戴伊在《谁掌管美国》一书中指出："随着时间的推移，实力越来越集中到相当少数的几家大工业公司手中。过去30年中，最大的100家公司所控制的工业资产份额的增长情况如下：1950年39.8%，1955年44.3%，1960年46.4%，1965年46.5%，1970年52.3%，1976年54.9%，1980年55%。这种集中现象在交通运输业和公用事业方面，比工业更加严重。这些行业6.7万家公司中最大的20家公司，就控制了全国航空、铁路、通信、电力和煤气业资产的2/3……金融界的集中情况也是如此。"在这一基础上，垄断的统治进一步加强。20世纪70年代中期，美国几家大公司的市场占有率，飞机市场（3家大公司）为90%，钢铁市场（4家大公司）为60%，铝市场（3家大公司）为90%，重型电气设备市场（2家大公司）为80%。美国汽车行业总共有企业3300家，而占企业总数1.2‰的福特、通用、克莱斯勒、美国汽车这4家大公司，就控制了全部汽车产量的95%。大垄断公司和财团的经济实力迅速膨胀，对经济的垄断程度进一步提高。1974年美国十大财团所控制的资产总额达12504.5亿美元，为1935年八大财团所控制的资产总额的20.5倍。而1983年美国最大200家工业公司所控制的资产额达11404.3亿美元，已与1974年十大财团所控制的资产额相接近。财团控制的势力范围，不像以前那样只涉及几个部门（如钢铁、石油、汽车等），而是几乎囊括了所有部门，从工业生产、交通运输、金融业，一直到公用事业、零售商业、农业、饮食、旅游、娱乐等行业。其他发达资本主义国家如日本、联邦德国、法国、英国等，情况也是这样。这意味着垄断资本对整个经济生活的控制进一步加强了。

尤其值得注意的是，在资本主义基本矛盾加深的基础上，作为国家与垄断资本结合的国家垄断资本主义得到空前巨大的发展。其具体表现是：

——国有经济和国私共有经济发展迅速。20世纪60年代末70年代初，这两类企业投资在总投资额中所占的比重，法国为33.5%，英国为30%，意大利为28%，日本为24.1%，联邦德国为22.7%，美国最低，为18.4%。这些企业是垄断资产阶级国家实施其政策的工具，并且通过低价供应商品和劳务保证私人垄断企业的高额利润。

——国有垄断资本和私人垄断资本的结合运动贯穿于剩余价值的生产、实现和分割的全过程。国家用各种形式向私人垄断组织提供补充的资本和科研成果，采购它们所生产的产品，并以利润税形式参与剩余价值的分割。这种结合加强了私人垄断组织应付危机和困难的能力。

——国家经常通过财政政策、货币信用政策及其他经济政策，有些国家还实行某种程度的"计划化"来对经济进行宏观调节。这种调节在一定时期和一定程度上有缓和危机、刺激经济增长的作用。

第三，在强大的工人运动的压力下，垄断资产阶级及其国家总结统治经验，实行改良主义，以缓和阶级矛盾。在劳动生产率提高和生产力发展的基础上，以不损害垄断资产阶级的高额利润为条件，实行社会福利政策。同时，把企业的一小部分股票卖给职工，吸收一些工人参加企业管理活动，实行劳资双方协议工资等。

第四，垄断资本进一步国际化。资本的国际化过去主要在流通领域内实现，现在进一步在生产领域内实现，作为生产性企业资本输出形式的跨国公司得到了迅速的发展。传统的国际卡特尔为现代国际垄断同盟所代替。传统的国际卡特尔是私人垄断资本在流通领域内的国际联合。而在现代国际垄断同盟的场合，参加的成员已经不是单纯的私人垄断资本，而是国有垄断资本（由政府出面）和与国家密切联系的私人垄断资本；联合的范围不限于流通领域，而且扩大到了生产领域。欧洲经济共同体就是由有关国家政府出面的国有垄断资本在生产、流通领域内的国际联合。

第五，殖民主义采取了新的形式。由于国际经济政治条件的变化，特别是由于许多殖民地附属国的政治独立和旧殖民体系的瓦解，以垄断地占有殖民地和对它们进行赤裸裸的暴力统治和掠夺为特点的旧殖民主义已退居次要地位。新殖民主义表面上承认原殖民地附属国的政治独立，而实际上力图通过各种手段从经济上、政治上间接控制这些国家。在旧殖民主义的场合，帝国主义国家对殖民地附属国的独占统治，保障了垄断组织商品输出和资本输出的顺利进行。而在新殖民主义的场合，垄断组织所进行的商品输出和资本输出成为帝国主义国家对外经济扩张，向已经独立的发展中国家进行经济、政治渗透，使它们继续成为自己的势力范围的重要手段。两者形式不同，但是其攫取高额利润的实质却是相同的。

第六，在社会主义体系形成和第三世界兴起的情况下，帝国主义国家采取各种措施来调节对外经济政治关系。一方面它们采取措施协调相互之间的关系，以缓和它们之间的矛盾，克服面临的困难和危机，并且共同对付社会主义国家和第三世界国家，例如，建立各种国际经济组织，举行不同级别的国际会议以至首脑会议，以协调其国际贸易、国际金融等经济关系和政治关系。另一方面，在发展中国家反帝斗争的压力下，在社会主义国家根据平等互利原则对待发展中国家的压力下，帝国主义国家不得不采取措施协调同发展中国家的关系，同它们进行"对话"，在同它们的经济往来中，在不损害自己的利益的前提下给予某些"援助"、"让步"，转让某些过时的技术和转移某些产业（主要是劳动密集型产业），等等。

二 帝国主义暂时的相对稳定并没有消除它固有的矛盾

由于上述新现象的出现，再加上国际经济政治条件的变化，帝国主义国家的经济在20世纪50年代以后的一段时间内增长较快，各种矛盾有所缓和。

国家和垄断资本的结合给资本主义经济打了一支"强心针"，在一定时期和一定程度上刺激了资本主义经济的发展。国家直接和间接地给垄断组织提供的种种资助，扩大了垄断资本的积累规模，从而为加速资本的扩大再生产创造了条件；国家实行的"反危机"措施和计划化，使市场问题得到暂时的缓解，从而减轻了经济危机的冲击力；国家对科学研究的大量投资和组织工作，完成了大量只靠私人垄断组织难以完成的科研项目，促进了科学技术的进步。而造成第二次世界大战后经济发展的决定性因素则是新的技术革命。因为生产力是生产中最活跃、最革命的因素，并且有着加速发展的趋势。第二次世界大战后新的技术革命推动了生产力水平的大幅度提高。帝国主义国家的垄断资产阶级通过广泛采用技术革命的成果,大幅度地提高了劳动生产率,推动了生产的迅速发展。

帝国主义国家经济的迅速增长,它所固有的各种矛盾有所缓和,使帝国主义暂时处于相对稳定的状态。

帝国主义的相对稳定和发展并没有消除它所固有的各种矛盾。帝国主义仍然是垄断的资本主义,其追逐高额利润的本性并未改变,这就决定了它必然要剥削无产阶级和其他劳动人民,必然要剥削发展中国家人民,必然要彼此之间进行争斗,从而使无产阶级和资产阶级、帝国主义和发展中国家、各个帝国主义国家相互之间的矛盾和斗争成为不可避免。

垄断资产阶级国家采取的调节经济的措施虽然有暂时缓和危机的作用,却使造成生产过剩的因素积累起来,从而导致严重的危机和停滞(或低速增长)。事实上,1973年以来,发达资本主义国家已经发生了两次严重的世界经济危机,并且进入了低速增长时期,在1973—1986年间,美、日、联邦德国、法、英五国国民生产总值的年平均增长率从1953—1973年间的5.5%下降为2.4%。帝国主义经济中发生的这种转折,再加上国际经济政治条件的变化,使帝国主义的各种矛盾开始呈现激化的趋向。

(一)从帝国主义国家内部来看,资产阶级和工人阶级之间的剥削和被剥削的关系从来没有改变。国家和私人垄断资本的结合不是削弱,而是加强垄断资本的统治,保证垄断资本能够获得比较稳定的高额利润。国家的资助扩大了垄断资本的积累能力并促进了新技术的采用,从而大大提高了劳动生产率,加强了相对剩余价值的生产和占有。在工作日长度有所缩短的情况下,剩余价值率呈现提高的明显趋势。如美国物质生产部门(农、林、渔业除外)的剩余价值率,1948年为236.7%,1950年为241.2%,1960年为247.6%,1970年为255%,1977年为

280.9%。联邦德国能源、采矿、加工业和建筑业的剩余价值率，在1950—1952年间平均为204.1%，在1953—1957年间平均为206.1%，在1958—1965年间平均为224.6%，在1966—1970年间平均为246.1%，在1971—1974年间平均为265.1%。

当生产发展比较迅速的时候，工人的生活有所改善，但仍然没有摆脱被雇用受剥削的地位。当生产发展缓慢和停滞的时候，首先受到损害的还是工人和其他劳动者。

在经济停滞时期，失业人数剧增。经济合作与发展组织24国完全失业人数，从20世纪60年代的650万人上升到80年代的2648万人（1980—1988年平均数），尤其在1982年末达到3000万人，创第二次世界大战后最高纪录。

高失业使千百万工人家庭陷于困境。社会福利事业远不能解除失业者的痛苦。例如，美国的失业保险津贴一般只及原工资的40%左右，能领取津贴的人只及实际失业人数的1/3。不少失业者只得依靠社会救济、领取施舍度日；许多失业者为了谋生，被迫拖儿带女，从一地流浪到另一地。1978年法国100万余失业者中，45%以上的人得不到任何补贴，15.7%的人每月只能得到450—500法郎，略多于政府规定的最低保证工资的1/5，靠这点钱很难维持正常生活。

由于失业人数大量增加，劳动力市场上供过于求的情况严重，再加上通货膨胀和物价上涨，已经出现工人实际工资下降的情况。美国私人非农业部门工人实际平均周工资指数，从1973年的100下降到1982年的85.2，9年内下降了14.8个百分点，比1963年的水平还低3.5个百分点。1984—1985年虽已走出危机，通货膨胀也有所抑制，但实际工资仍呈下降趋势，1985年实际平均周工资只为1972年的85.9%。

在经济停滞时期，资产阶级政府纷纷缩减社会福利开支，同时通过增加税收把负担转嫁到劳动者身上。高税收吞噬了相当一部分工资收入。美国经济政策研究所一份报告表明，1982年以来，美国政府进行的两次税法变动都使富人受益，穷人受损：1977—1988年，穷人缴纳的税款提高了1.6%，而富人缴纳的税款下降了1.7%。

由于以上种种原因，贫民越来越多。在美国，生活在贫困线以下的人数，1969年为2410万人，1983年增加到3530万人，以后略有下降，到1988年仍达3190万人。

贫富差距进一步扩大。据美国国情普查局调查，占家庭总数1/5的最富裕的家庭，其收入在全国收入中占有的份额从1970年的40.9%提高到1987年的43.7%，与此同时，占家庭总数1/5的贫困家庭收入所占的份额从5.4%下降到4.6%。又据美国众议院筹款委员会1989年一个报告的材料，在1973—1987年间，美国1/5最富有家庭平均收入上升了24%，而1/5最贫穷家庭平均收入下降了11%。

显然，所有这一切，都为国内阶级矛盾的激化创造了条件。

（二）从帝国主义国家和发展中民族主义国家之间的关系来看，尽管发展中民族主义国家在政治上取得了独立，它们在经济上的落后状态和对帝国主义的依附性并未消除。它们仍然是帝国主义的重要资源产地、投资场所和商品销售市场。帝国主义国家一方面尽可能保留自己在前殖民地的特权，另一方面采取新殖民主义手法加强对发展中国家的扩张和渗透。国家和垄断资本密切结合，通过商品输出和资本输出等手段加深了对发展中国家的剥削和掠夺。尤其是当帝国主义国家面临经济危机和经济停滞的时候，它们总是千方百计地把危机和停滞所带来的困难转嫁到发展中国家头上。

从商品输出方面来看，垄断资本凭借对世界市场的垄断，极力压低主要由发展中国家生产和出口的初级产品价格，提高主要由发达国家生产和出口的工业制成品价格，通过这种价格"剪刀差"来剥削广大发展中国家人民。仅1951—1973年间，发展中国家由于贸易上的"高进低出"所形成的价格"剪刀差"，就损失了1300多亿美元。在20世纪80年代，世界初级产品和工业制成品之间的价格"剪刀差"仍呈扩大趋势。初级产品（不含石油）和制成品的交换比价，如以1980年为100，则1988年降为76.9。进入80年代以来，仅非洲、加勒比海、太平洋地区的发展中国家就因此损失了1500亿美元。不仅如此，帝国主义国家还针对发展中国家出口的某些商品采取贸易保护主义，使发展中国家出口贸易锐减，国际收支逆差急剧扩大。

从资本输出方面来看，帝国主义国家向发展中国家输出的借贷资本，绝大部分是私人商业银行提供的需要支付高额利息的贷款，这就给发展中国家带来了沉重的债务负担。在20世纪70年代以前，大多数发展中国家尚能按期还本付息。进入80年代以来，由于帝国主义国家大幅度提高利率，发展中国家的债务负担突然加重。自1982年墨西哥宣布无力按期支付外债本息起，仅在一二年时间内就有约30个国家陷入债务危机。1984年度，发展中国家的外债总额已达1万亿美元，当年的还本付息额为2462亿美元，其中到期本金为512亿美元，贷款利息为1950亿美元，从而仅支付利息就耗费了它们出口收入的1/3以上。1988年，发展中国家的外债总额已达13200亿美元。许多发展中国家不得不勒紧裤带向帝国主义国家偿还债务。

随着跨国公司的发展，以谋取企业利润为目的的企业资本输出（直接投资）增长很快。垄断资本从这种形式中所获得的经济利益显著地超过以获取利息为目的的借贷资本输出。而在发展中国家里的投资利润率又显著地超过在发达国家里的投资利润率。从1975—1980年，美国对发达国家直接投资的利润率分别为11%、12%、11.4%、14%、19.2%、16.6%，而对发展中国家直接投资的利润率分别为29%、25.3%、24.9%、23.9%、32%、24.1%。因此，跨国公司的巨大发展，为帝国主义国家垄断资本提供了源源不绝的巨额利润。美国对发展中国家的直接投资，到1988年为止累计为768.37亿美元，而仅在1950—1988年的39年间所获取的利润高达1773.59亿美元，为投资额的2.3倍。跨国公司不仅在经济上剥削发展中国家，而且往往成为发展中国家的"国中之国"，在那里为所欲为，甚至不惜采取政治颠覆和军事干涉等手段，成为帝国主义国家实行新殖民主义的一个重要工具。

发展中国家尽管在发展经济方面取得了一定成就，但它们同西方发达国家在经济上的差距反而扩大了。据世界银行公布的材料，1965年发达国家人均国内生产总值为中等收入和低收入国家人均国内生产总值的14倍，而1988年前者为后者的23.46倍；1987年，占人口总数16.2%的发达国家拥有全部国内生产总值的81.5%，而占人口总数83.8%的中等收入和低收入国家只拥有全部国内生产总值的18.5%。（中等收入国家中包括少数非发展中国家。这里所说的人口总数和全部国内生产总值不是世界总数和总值，而是上述两类国家的合计数。）

帝国主义对发展中国家剥削的加深以及两类国家之间贫富差距的扩大，必然加剧它们之间的矛盾和斗争。事实上，发展中国家反对帝国主义和殖民主义的斗争从来没有停止过。1955年亚非万隆会议就为发展中国家的反帝反殖斗争指明了方向。1964年第一届联合国贸易和发展会议上"七十七国集团"的成立，标志着发展中国家在国际经济领域中走上了联合斗争的道路。特别是进入20世纪70年代以来，发展中国家以建立国际经济新秩序为中心，展开了一系列的斗争。

（三）从各个帝国主义国家相互之间的关系来看，第二次世界大战后初期，德、意、日战败，英、法等国严重削弱，只有美国发了战争财，成为资本主义世界的霸主。当时，美国拥有资本主义世界工业生产的1/2、出口贸易的1/3、黄金储备的3/4；而英、法、联邦德国三国只占1/5、1/7和1/15，日本只占1%、1/250和1/3300。在第二次世界大战后近40年间，经济发展的不平衡极为突出，尤其是日本、联邦德国的经济增长率大大超过美国。这就使各国经济实力对比发生了巨大变化。

1950—1988年，经济合作与发展组织的24个发达资本主义国家的国内生产总值中，美国所占的比重从61.6%下降到45.5%，日本所占的比重从2.9%上升到15.4%，西欧四国（联邦德国、法、英、意）所占的比重从22.2%上升到22.6%；在24国出口总额中，美国所占的比重从28.2%下降到16.3%，日本所占的比重从2.3%上升到13.4%，西欧四国所占的比重从34.7%上升到38.8%。在美、日、联邦德国、法、英五国对外直接投资总额中，1952年美国占99.9%，其他国家微不足道；到1985年，美国所占份额下降到27.7%，而日本和联邦德国的份额却分别上升到32%和31.3%。现在资本主义世界已经形成美、日、西欧三足鼎立的局面。

经济实力对比的变化，再加上由于经济危机和停滞所带来的世界市场容量的相对萎缩，使帝国主义各国争夺商品销售市场和投资场所的斗争趋向激化。

在国际贸易领域，在日本、西欧的激烈竞争下，美国不但失去了一部分国外市场，而且连其国内市场也被西欧特别是日本所蚕食。目前，美国已经成为世界头号贸易逆差国，而联邦德国则成为头号贸易顺差国。为了战胜竞争对手，各国竞相实行贸易保护主义，并且相互施加压力或实行报复措施。

在国际投资领域，争夺也十分激烈。在第二次世界大战后初期和20世纪50年代，主要是美国向西欧和日本大量输出资本，而从60年代特别是70年代以来，西欧和日本加强了对美国的资本输出。外国对美国的直接投资总额，从1960年的69.1亿美元上升到1987年的2619.3亿美元，增长了37倍。目前，美国已成为最大债务国（1988年底国际净债务达5325亿美元），而日本却成为最大的债权国（1989年拥有的国际净债权超过3000亿美元）。

仍然拥有强大经济实力的美国当然不会甘拜下风，它一定会顽强反击，力挽颓势。这就决定了美、日、欧之间争夺销售市场、投资场所的斗争必然更趋尖锐。

此外，美、日、欧之间还为争夺科技的领先地位，并围绕着利率和汇率高低的问题而争斗。

可见，帝国主义所固有的三大矛盾尽管由于种种原因，在一定时期内表现得比较缓和，但是它们走向尖锐化的总趋势并未改变。

三 认识当代资本主义要完整地把握两个基本点

完整地把握以下两个基本点，可以使我们在认识当代资本主义时避免这样或那样的片面性。

一方面，要看到在当代资本主义条件下，一些国家的科学技术和生产力仍然可能有相当的甚至较快的发展，并且可以在不触动资本主义制度的前提下适当调整生产关系，使其各种矛盾得到一定的缓和，出现相对稳定的发展。马克思列宁主义关于资本帝国主义的分析，本来包括这方面的内容，只是我们对某些基本原理缺乏完整的、准确的理解罢了。列宁在论述帝国主义的腐朽性时就指出："如果以为这一腐朽趋势排除了资本主义的迅速发展,那就错了。不,在帝国主义时代,个别工业部门,个别资产阶级阶层,个别国家,不同程度地时而表现出这种趋势,时而又表现出那种趋势。"① 列宁在论述帝国主义是向社会主义过渡的资本主义时指出："它可能在腐烂状态中保持一个比较长的时期。"② 列宁在另一个地方又说:资本主义通向社会主义的整个道路"决不是平坦的,而是难以想象的复杂"③。

另一方面,我们也不应该被帝国主义国家暂时的相对稳定和发展的现象所迷惑。事情绝不像某些资产阶级辩护士所说的那样,资本主义矛盾已经解决,可以万世长存。历史的发展将证明,没有任何灵丹妙药能使帝国主义摆脱其固有的矛盾和危机,能使它避免最终被社会主义所代替的历史命运。

只要我们既坚定相信社会主义代替资本主义的历史必然性,又充分认识资本主义向社会主义过渡的长期性、复杂性、曲折性,那么不论发生什么样的困难、挫折和反复,我们都不会动摇自己的信念,坚持不懈地把社会主义事业进行到底!

(原载《人民日报》1990年8月27日,作者对小标题略有修改)

---

① 《列宁全集》第2卷,人民出版社1972年版,第842页。
② 同上书,第844页。
③ 《列宁全集》第27卷,人民出版社1972年版,第117页。

坚持和发展列宁的帝国主义理论，推进世界经济研究工作

中国共产党自 1921 年 7 月 1 日诞生以来，已经走过了 70 年。中国共产党的 70 年，是马克思列宁主义的普遍真理同中国革命和建设的具体实践日益结合的 70 年。过去 70 年，中国共产党人运用马克思列宁主义这个伟大的思想武器，披荆斩棘，艰苦奋斗，取得了革命和建设的伟大胜利。今天，它正在马克思列宁主义的指导下，领导全国人民沿着建设有中国特色的社会主义的道路大踏步地前进。

世界经济研究工作，作为党所领导的整个社会科学研究工作的一个重要组成部分，同样也离不开马克思列宁主义的指导。作为一名世界经济研究工作者，笔者认为，当前我们所面临的一项重要任务，就是要认真地、刻苦地学习马克思列宁主义，坚持不懈地用马克思列宁主义关于帝国主义和世界经济的基本原理来分析当代世界经济的实际，以保证世界经济研究工作沿着正确的方向健康地深入地发展。

以马克思列宁主义为指导，首先要以它的世界观和方法论即辩证唯物主义和历史唯物主义为指导；其次，还要以马克思在

《资本论》中所阐明的关于一般资本主义经济的基本原理为指导。这些都是毫无疑义的。但是，笔者认为，就世界经济这个学科来说，列宁的帝国主义理论有着特别重大的指导意义。这是因为：

第一，我们现在仍然处在帝国主义和无产阶级革命这个大时代中，也就是处在从资本主义向社会主义过渡的大时代中。研究当代世界经济及其内部的各种关系和矛盾，其中包括帝国主义国家内部无产阶级和资产阶级之间的矛盾，帝国主义各国相互之间的矛盾，帝国主义国家和发展中民族主义国家之间的矛盾，帝国主义国家和社会主义国家之间的矛盾，都离不开对帝国主义的研究。尽管在帝国主义的发展中出现了新情况和新问题，但是列宁关于帝国主义的基本原理并未过时，仍然是我们分析当代帝国主义各种问题的重要指导思想。

第二，现在，在如何对待帝国主义的问题上，正如列宁在批判考茨基之流对帝国主义的批评时所指出的那样，仍然存在着是揭露矛盾还是掩盖矛盾，是革命还是改良，是前进还是倒退这样两种根本不同的态度。列宁的帝国主义理论，他对考茨基的批判，正是我们识别真假马克思主义的最锐利的武器，是端正世界经济研究方向的重要保证。

第三，现在，在如何对待列宁的帝国主义理论的问题上，存在着是坚持和发展，还是否定和修正的根本问题。近几年，在资产阶级自由化泛滥的浪潮中出现了一股在再认识资本主义名义下否定列宁的帝国主义理论的思潮。诸如垄断削弱或消失论，帝国主义是政策论（针对列宁关于帝国主义是资本主义的特殊阶段的观点），帝国主义垂死性错误论，社会资本主义论等谬论，纷纷出笼[①]。在这

---

① 关于对这些观点的批判，请参阅拙作《列宁的〈帝国主义论〉没有过时》，载《当代思潮》1990年第2期。

种情况下，我们更有必要以列宁的帝国主义理论作为世界经济研究的重要指导思想，用这个锐利的思想武器来剖析各种错误观点，揭露其实质和危害。

如何在世界经济研究中以列宁的帝国主义理论为重要指导思想呢？这不是空喊一句口号就了事的，而是需要付出艰苦的劳动，下一些扎实的工夫。

一　要认真地学习列宁的帝国主义理论

主要是学习《帝国主义是资本主义的最高阶段》这一著作；同时还要学习列宁的其他有关文章，如《第二国际的破产》、《社会主义与战争》、《论欧洲联邦口号》、《给布哈林的小册子〈世界经济和帝国主义〉写的序言》、《论对马克思主义的讽刺和帝国主义经济主义》、《无产阶级革命的军事纲领》、《帝国主义和社会主义运动中的分裂》、《打着别人的旗帜》、《修改党纲的材料》等。其中有些论文以更明确的语言来表达《帝国主义是资本主义的最高阶段》一书中用伊索寓言式语言表达的内容；有些论文则在某些重要问题（如国家垄断资本主义）上对该书中的内容作了重要补充。具备这方面的知识，应当成为每个世界经济研究工作者的基本功。

在学习中，要完整地准确地把握列宁著作的确切意思和精神实质，而不能死抠字眼、断章取义，抓住片言只语，望文生义，轻率地宣布某一观点错误或过时。笔者曾看过一位学者在一篇文章中写道：列宁预言垄断将要消灭竞争，使资本主义陷入停滞僵化状态。对列宁观点作这样的概括是不正确的。只要认真地读一下列宁的《帝国主义是资本主义的最高阶段》，就可以看到，列宁从来没有预言过垄断会消灭竞争，恰恰相反，他反复强调垄断要消灭竞争是不可能的,指出"正是竞争和垄断这两个相互矛盾的'原则'的结合才是帝国主义的本质"。① 列宁在论述垄断会引起技术发展中的停滞趋势的同时,还指出了金融资本的巨大积累和垄断条件下的竞争特别是世界市场上的竞争仍然会促进技术进步,明确指出在帝国主义阶段存在着两种发展趋势:既有停滞的趋势又有迅速发展的趋势。

而要完整地准确地把握列宁著作的确切意思和精神实质,粗枝大叶地读是不行的,需要认真地读,多读几遍,并进行反复思考。

二 要学习运用列宁研究帝国主义的方法来研究世界经济

在此笔者不想全面地论述列宁的方法,只是举几个例子来说明一下这个问题。

1. 要从帝国主义和世界经济的实际出发,全面地、系统地收集大量资料,进行认真仔细的分析研究,从中得出科学的结论来。列宁在研究和写作《帝国主义是资本主义的最高阶段》一书的过程中,从几百本外文书籍、杂志、报纸和统计汇编中做了大量的摘录、纲要、札记和表格(这些资料在1939年用《关于帝国主义的笔记》书名印成单行本出版)。列宁的这种认真的、一丝不苟的科学态度,可以从他下面的一段话中反映出来:"为了说明这种客观情况(指各交战国统治阶级的客观情况——引者注),不应当引用一些例子和个别的材料(社会生活现象极端复杂,随时都可以找到任何数量的例子或个别的材料来证实任何一个论点),而一定要引用关于各交战国和全世界的

---

① 《列宁全集》第24卷,第432页。

经济生活基础的材料的总和。"① 我们今天研究世界经济，也要采取这种科学态度和方法。我们一方面应当全面地、系统地收集大量的能够反映世界经济生活基础的实际材料，另一方面还要收集世界各国学者研究世界经济的各种学术观点即思想材料（列宁的《关于帝国主义的笔记》中就摘录了大量的资产阶级学者的观点），然后经过系统的分析、研究、批判，得出符合客观实际的结论。可惜的是，我们在这方面的工作是做得极其不够的。

2. 要用对立统一的规律来分析帝国主义和世界经济中的各种矛盾。列宁的《帝国主义是资本主义的最高阶段》一书就是用对立统一的规律来研究帝国主义矛盾的范例。列宁在论述帝国主义的五个基本经济特征中贯穿了对帝国主义各种矛盾的分析：在论述第一、二个基本特征时分析了资本主义基本矛盾，垄断资产阶级与无产阶级及其他劳动人民之间的矛盾，垄断资产阶级与中小资产阶级之间的矛盾，垄断资产阶级内部的矛盾；在论述第三、四、五个基本特征时分析了帝国主义和殖民地附属国之间的矛盾，各帝国主义国家相互之间的矛盾，各国垄断资本集团相互之间的矛盾。特别值得注意的是，列宁深刻地论证了金融资本的统治如何在加剧这些矛盾，批判了考茨基认为这些矛盾正在削弱的错误观点。列宁说："考茨基关于超帝国主义毫无内容的议论还鼓舞了那种十分错误的、助长帝国主义辩护士声势的思想，似乎金融资本的统治是在削弱世界经济内部的不平衡和矛盾，其实金融资本的统治是在加剧这种不平衡和矛盾。"② 我们在研究今

---

① 列宁：《帝国主义是资本主义的最高阶段》，《列宁选集》第2卷，人民出版社1964年版，第6页。
② 同上书，第85页。

天的世界经济中也要着力于分析其内部的各种极其错综复杂的矛盾，要揭露矛盾，而不是掩盖矛盾。特别是在资本主义经济由于20世纪50—60年代的迅速发展而出现了相对稳定、矛盾暂时有所缓和的情况下，更需要根据列宁关于金融资本的统治加剧世界经济内部的不平衡和矛盾的原理，着重揭露帝国主义所固有的矛盾的暂时缓和不能改变其趋于激化的总趋势。可惜的是，笔者看到的有些文章对这一方法是注意得很不够的，它们往往不是着力于揭露矛盾，反而被表面现象所迷惑，着力于论述其统一性、一体化等。

3. 要用历史唯物主义关于生产力和生产关系之间、经济基础和上层建筑之间的矛盾运动的原理来分析世界经济。在这方面，列宁也树立了很好的榜样。列宁应用生产力和生产关系之间的矛盾运动的原理来分析帝国主义，指出自由竞争转化为垄断，使生产社会化进程有了巨大进展，但是社会化了的生产资料仍然是少数人的私有财产，这样就进一步加深了资本主义基本矛盾。列宁应用经济基础决定上层建筑的原理来分析帝国主义，揭示了帝国主义侵略政策和战争政策的经济根源——垄断，明确指出了帝国主义是垄断的资本主义，是资本主义发展中的一个特殊阶段，批驳了考茨基之流把帝国主义的兼并解释为金融资本"情愿采取"的一种政策的观点。我们研究当代世界经济时，也要应用这种方法。我们要研究世界经济中生产力和生产关系之间的矛盾运动，研究生产国际化和资本主义私有制之间的矛盾，研究资本主义的生产关系如何阻碍了生产的进一步国际化和国际范围内生产力的进一步发展；要研究世界政治和世界经济的相互关系，揭示世界政治发展变化的经济根源，特别是揭示帝国主义国家实行某种政策的经济根源。值得注意的是，目前实际上出现了这样一种思潮，似乎某个帝国主义国家所采取的某种政策只是某个总统或政治家的个人意志或个人行动,而与垄断资产阶级的背景、与财团的统治无关,有的人甚至公然为考茨基翻案,说什么列宁批考茨基的帝国主义是一种政策的观点批错了。在这种情况下,坚持列宁分析帝国主义的这种方法,显然具有特别重要的意义。

三 要把列宁关于帝国主义的基本原理与当代世界经济的实际密切结合起来

在这个问题上,存在着两种偏向。一种偏向是:把列宁的原理当做教条,简单地重复这些原理,不敢根据帝国主义和世界经济发展中出现的新情况和新问题,提出创见,以新的原理和观点来丰富和发展列宁的帝国主义理论。另一种偏向是:不是认真地学习和领会列宁的帝国主义理论的精神实质,借以分析当代帝国主义和世界经济中出现的新情况和新问题,而是被某些新情况和新问题所迷惑,简单地和轻易地宣布列宁的帝国主义理论过时,甚至在某些西方资产阶级学者的影响下,提出了一些完全背离马列主义基本原理的所谓理论。

下面笔者想以如何分析当代资本主义的基本经济特征为例来说明这个问题。

列宁根据19世纪末20世纪初的具体情况,指出帝国主义的基本经济特征是垄断,帝国主义是垄断的资本主义。他对五个基本特征的分析,是以私人垄断为基础的,只是个别地方提到了"国家垄断"的问题,但并未提出一般垄断资本主义向国家垄断资本主义转变的问题。在这以后,列宁在《国家与革命》、《大难临头,出路何在?》以及其他一些著作中明确地指出:"帝国主义战争大大加速和加剧了垄断资本主义变为国家垄断资本主义的过程。国家同拥有莫大势力的资本家同盟日益密切地融合在一起……"① "国家垄断资本主义是社会主义的最完备的物质准备，是社会主义的入口……"② 这些论述以及其他有关论述，为我们今天分析国家垄断资本主义奠定了基础。但是，列宁并没有把关于国家垄断资本主义的论述与帝国主义五个基本特征的论述明确地联系起来；即使从其论述的内容来看，也只涉及了帝国主义的国内特征（即前两个特征），基本上未涉及帝国主义的国际特征（即后三个特征）。列宁这样论述，是符合当时的实际情况的，那时国家垄断资本主义的发展程度较低，而且主要在国内发展，基本上未向国际范围扩展。

第二次世界大战以后，情况发生了很大的变化。在所有帝国主义国家内国家垄断资本主义在广度上和深度上都得到了空前的发展。在这种情况下，应当如何分析当代帝国主义的基本经济特征呢？

有些学者不是根据新的情况发展列宁关于帝国主义是垄断资本主义的论述，而是简单地复述列宁关于五大特征的论述，如果涉及新的情况的话，也只讲量的变化，如生产集中和垄断程度提高了，金融资本的统治加强了，资本输出规模更加扩大，如此等等。他们也谈国家垄断资本主义的发展，但是仍然与五大特征割裂开来谈，不能比列宁的论述有所前进。这是前一种偏向的表现。

有的学者则走向另一个极端。他们认为当代资本主义的根本特征是社会资本主义，即包含有社会主义因素的资本主义。他一方面认为垄断已经削弱或者消失，否定列宁关于帝国主义是垄断资本主义的论断；另一方面又把国家垄断资本主义条件下出现的某些新事物，诸如国有制、计划化和社会福利制度等看做社会主

---

① 《列宁选集》第3卷，人民出版社1964年版，第171页。
② 同上书，第164页。

义因素。这是后一种偏向的表现。

笔者认为，在如何分析当代帝国主义的根本经济特征的问题上，对列宁关于帝国主义是垄断资本主义的理论，既要坚持，又要发展。否定这一论断，认为当代帝国主义的根本经济特征已经不是垄断资本主义，这是不对的。但是，认为当代帝国主义的根本经济特征完全没有发展，那也是不对的。事实上，帝国主义的五个基本特征，不仅发生了量的变化，而且发生了部分的质的变化，从而决定了一般垄断资本主义向国家垄断资本主义的转化。第一，在生产领域内，资产阶级国家已经与垄断资本直接从经济上结合起来，形成了国家垄断资本主义的各种资本形态（国有垄断资本、国私共有的垄断资本、与国家密切联系的私人垄断资本）。第二，与此相适应，金融资本也转化为与国家在经济上有着紧密联系的金融资本，它与国家的联系已经从原来的人事结合进入经济基础范围内的结合。第三，资本输出领域里国家垄断资本主义有了巨大发展：不仅国有资本在资本输出中所占的比重迅速增长，而且私人资本输出也与国家密切结合起来，而具有国家垄断资本主义性质。第四，从经济上分割世界的国际垄断同盟的基础，从私人垄断过渡到了国家垄断。第五，金融资本的殖民政策从旧殖民主义转变为新殖民主义，这种转变与国家垄断资本主义的发展有着密切的关系。这就是说，一般垄断资本主义向国家垄断资本主义的转化，具体地表现在五个基本特征都发生了相应的部分质变上。由此可以得出结论：垄断资本主义的发展已经进入了国家垄断资本主义的新阶段，当代帝国主义最根本的经济特征就是国家垄断。这样一种新的认识，可以使当代资本主义发展中发生的一系列新事物（如国有制、计划化、社会福利制度）和新现象（如经济的暂时迅速发展，矛盾的暂时缓和，暂时的相对稳定等）得到理论上的说明，因而具有巨大的理论意义和现实意义。

四 为了以列宁的帝国主义理论为指导研究世界经济，必须改进世界经济统计工作

世界经济统计工作不能只满足于翻译、改编西方的统计数字，那些数字往往不能反映生产关系的实际情况。应当在加强研究工作的基础上提供符合于马列主义原理要求的一系列统计数字，诸如：生产集中程度，垄断程度，垄断组织，垄断价格，垄断利润，财团的发展，财团与政府的人事结合，国有经济，资本输出（包括企业资本输出和借贷资本输出，私人资本输出和国有资本输出），跨国公司的发展，国外投资的利润率，各种国际垄断同盟（包括私人垄断资本的国际联合和由国家出面的国有垄断资本的国际联合），资本主义经济的两种发展趋势（历史和现状），经济危机，反映资本主义的寄生性的资料，等等。对于资产阶级国家官方、资产阶级经济学者提供的可以反映生产关系状况的资料（如失业人数、工资水平等），也要加以仔细审查，去伪存真，使它们能比较接近实际情况。这是一项很复杂、很艰苦的工作，需要经过长期的努力才能完成。但是，必须抓紧，现在就要开步走，才能及早提供出更有用的统计资料来，使统计工作更好地为世界经济研究工作服务。

总之，如何在世界经济研究工作中坚持和发展列宁的帝国主义理论，是一个大题目，可以写一篇大文章。本文只是提出一些粗浅的意见，起一种抛砖引玉的作用。只要把这个问题解决好，就一定能把我们的世界经济研究工作提高到一个新的水平，使它对建设有中国特色的社会主义的伟大事业作出更大的贡献。这是我们纪念建党 70 周年的最好方法。

（原载《世界经济》1991 年第 7 期）

我对帝国主义和世界经济理论的探索

我对经济学的研究大致上可以分为两个大阶段：在1964年以前主要从事一般政治经济学的研究（包括资本主义部分和社会主义部分）；在1964年以后主要从事世界经济理论的研究。对世界经济的研究开始不久，即由于"十年浩劫"而中断。这一研究工作的真正开始，是在粉碎"四人帮"以后，特别是在1978年以后。

下面我想着重介绍一下1978年以来我的科研成果。

我始终认为，世界经济的研究必须以列宁的帝国主义理论作为重要的指导思想。因此，我对世界经济的研究，始终是与帝国主义理论的研究密切结合着进行的。帝国主义理论和世界经济理论虽然同属经济学，但是从经济学内部的各个学科的划分来说，却是有区别的。帝国主义理论的主要对象是帝国主义经济，它是马克思主义政治经济学资本主义部分的一个组成部分；它是由列宁创建的，以后许多专家学者对它进行了大量的研究工作。今天研究帝国主义理论的主要任务是把列宁关于帝国主义的基本原理与当代帝国主义的实际结合起来，科学地认识和分析当代帝国主义，为社会主义革命和社会主义建设事业服务。而马克思主义世界经济学研究的对象是整个世界经济（帝国主义经济只是其中的一个组成部分）。尽管马列主义经典作家对世界经济有过许多论述，但是马克思主义世界经济学却是一门新兴的、处在建立过程中的经济学科。今天研究世界经济的主要任务是明确世界经济学的对象和理论体系，真正地把马克思主义世界经济学建立起来，为建设有中国特色的社会主义作出贡献。

同时，我还认为，无论是对帝国主义还是对世界经济的研究，都不能不重视方法论的研究，所以关于方法论的论述也在我的著作中占有一定的地位。

根据以上的考虑，我对1978年以来的科研成果分三个部分来介绍：

(1) 关于帝国主义经济理论的探索；
(2) 关于世界经济学的探索；
(3) 关于方法论的探索。

一　关于帝国主义经济理论的探索

如前所述，研究帝国主义经济，必须把列宁关于帝国主义的基本原理和当代帝国主义的实际结合起来。要真正把两者结合好是不容易的。在这个问题上，存在着两种偏向。一种是强调当代帝国主义的实际发生了变化，否定列宁关于帝国主义的基本原理。另一种是简单地重复列宁关于帝国主义的基本原理，不能根据当代帝国主义发展中出现的新情况和新问题，提出创造性的见解。有鉴于此，我对帝国主义经济的研究，是从两个方面进行的：一方面坚持列宁关于帝国主义的基本原理，反对和批判种种"过时论"；另一方面，对当代帝国主义发展中出现的新情况和新问题进行探索，以新的观点来丰富列宁的基本原理。

(一) 旗帜鲜明地坚持和捍卫列宁关于帝国主义的基本原理，认为它们仍然是我们认识和分析当代帝国主义的重要指导思想，任何歪曲以至否定这些基本原理的观点都是错误的

列宁在《帝国主义和社会主义运动中的分裂》一文中有一段话明确地概括了关于帝国主义的基本原理："帝国主义是资本主义的特殊历史阶段。这种特殊性分三个方面：（1）帝国主义是垄断的资本主义；（2）帝国主义是寄生的或腐朽的资本主义；（3）帝国主义是垂死的资本主义。"① 现在所有这些原理都受到了挑战。为了回答这些挑战，我写了一系列论文，其中包括：《论当代帝国主义的腐朽性》、《列宁关于帝国主义垂死性的论断过时了吗?》、《关于当代帝国主义垂死性的几个问题》、《关于学习列宁帝国主义理论的几个问题》、《反托拉斯法能遏止生产集中和垄断的发展趋势吗?》、《列宁的〈帝国主义论〉没有过时》、《战后帝国主义分析》等。这些论文中主要提出了以下一些观点：

1. 帝国主义是资本主义的特殊阶段的观点是完全正确的，所谓帝国主义是一种政策的观点是错误的

有的学者说：列宁把帝国主义看做资本主义的最后阶段是错误的。现在要重新考虑列宁和考茨基的争论。帝国主义不是一个阶段，而是政策。在这一点上考茨基是正确的。

把帝国主义看做资本主义发展中的特殊阶段，是列宁对马克思主义政治经济学的划时代贡献，是整个帝国主义理论借以建立起来的最重要的基本原理。如果否定了这一基本原理，那么也就把整个帝国主义理论都推翻了。

在19世纪末20世纪初，列强抢占殖民地、瓜分世界领土，是一个谁也否认不了的事实。因此，帝国主义作为一种政策，是

---

① 《列宁选集》第2卷，人民出版社1964年版，第883页。

连许多资产阶级学者也不能否认的。问题在于，连号称"马克思主义者"的考茨基，也认为帝国主义只是一种政策，说什么应当把帝国主义了解为金融资本"情愿采取的一种政策"，说什么资本扩张的愿望"最好能不通过帝国主义暴力的方法，而通过和平的民主来实现"。这种论点错误的关键，在于把帝国主义国家所实行的政策向它的经济基础割裂开来，认为在金融资本统治的条件下可以劝说帝国主义国家放弃帝国主义政策而采取"和平的民主"的政策，其实质是宣扬资产阶级改良主义，取消根本消灭资本主义、帝国主义经济制度的无产阶级革命。

与此相反，列宁不是从垄断资产阶级、金融寡头的主观愿望中，而是从资本主义经济基础的变化中去寻找帝国主义政策的根源。他根据资本主义发展中的新情况，发现资本主义经济制度已经发生了部分质变，自由资本主义已经变为垄断资本主义，从而使资本主义进入了一个新的阶段——帝国主义阶段，正是这种阶段性的变化才是发达资本主义国家实行帝国主义政策的根源。这是历史唯物主义关于经济基础决定上层建筑的原理的具体运用。帝国主义的本性和政策是帝国主义经济基础的必然产物，只要帝国主义经济基础存在着，就一定会实行帝国主义政策，不管是谁当权，也不管他口头上怎么说；要改变帝国主义政策，就必须消灭帝国主义经济基础。这是一条十分重要的列宁主义原理。

这条列宁主义原理在今天仍然具有重大的现实意义。尽管在帝国主义发展中出现了新的情况，但是帝国主义的经济基础——垄断并没有变，从而由垄断所决定的帝国主义政策也没有变。这从第二次世界大战结束以来发生的一系列事件中得到了充分的证明。例如，帝国主义发动了一次又一次的反共浪潮；发动了一次又一次的侵略战争（从侵朝、侵越战争直到最近侵入巴拿马的战争）；在镇压民族解放运动的同时，在新的形式下继续推行殖民主义，企图继续从经济上剥削和从政治上控制发展中国家；千方百计地反对社会主义国家，从封锁禁运、冷战一直到"和平演变"等。当帝国主义国家某些领导人以伪善的面目出现高唱"和平"、"合作"、"友谊"的调子的时候，国际共产主义运动中往往就有人以为帝国主义的本性变了，政策变了。但是，历史发展的进程总是一次又一次地把这种幻想打得粉碎，一次又一次地证明列宁论断的无比正确性。

2. 列宁关于帝国主义是垄断的资本主义、垄断是帝国主义最根本的经济特征的原理并未过时，所谓垄断消失或削弱论是没有根据的

所谓垄断消失或削弱论者所提出的种种论据，诸如生产分散化、竞争加剧、"反垄断法"的存在等，都是经不起剖析的。

（1）有人认为，垄断之所以消失，是因为在发达资本主义国家里有大量中小企业，它们占企业总数的90%以上，从而使生产分散化了。

这种论据的错误在于把生产集中或分散的标准搞错了。它把生产是集中还是分散，用大企业和中小企业个数在企业总数中所占比重的大小来衡量，这种标准显然是不科学的。在发达资本主义国家，就一般情况而言，中小企业个数所占比重总是大大高于大企业个数所占比重。所以，如果按照这个标准衡量，生产从来就是分散的，从来就没有集中过。按照马列主义观点，生产集中或分散的标准只能是大企业或中小企业的资本（或资产）和产量（或产值）在全部企业的资本（或资产）和产量（或产值）中所占比重的大小。按照这个标准，生产不仅没有分散化，而且是越来越集中的。例如，在美国制造业中，拥有10亿美元以上资产的大公司在全部公司资产中所占的比重，1970年为48.8%，1980年为63.7%，1984年为66.5%，而这些大公司只占公司总

数的 0.50‰（1970年数据）。

（2）有人认为，尽管生产越来越集中，但是由于竞争激烈，垄断被削弱了。

列宁说，生产集中达到很高程度就自然而然地走向垄断。而上述观点却反其道而行之。其理由是：生产集中并未构成更严重的市场垄断，"相反，不同层次和水平的市场竞争更为激烈"。这种观点完全忽视了列宁关于垄断和竞争并存的观点。列宁从来没有认为垄断和竞争两者是互相绝对排斥的，相反，他反复强调垄断和竞争的并存正是帝国主义的基本特征。企图用世界市场上各国垄断资本的激烈竞争的存在来证明垄断的削弱，是徒劳的。

（3）有人认为，垄断之所以削弱或消失，是因为有了"反垄断法"。

美国的"反托拉斯法"是在1890年通过的，比列宁的《帝国主义是资本主义的最高阶段》（以下简称《帝国主义论》）的出版时间早了27年。如果"反托拉斯法"可以消除垄断的话，那么垄断早就不存在了，这样，列宁的著作就成了"无的放矢"。事实上，"反托拉斯法"是垄断资产阶级为了消除和缓和中小资本家和广大劳动人民的不满以及平息当时频繁发生的反垄断运动而通过的。这种法案只"反"市场垄断，不反生产垄断，而生产垄断是市场垄断的基础，不反生产垄断，就不是真正的反垄断。连美国资产阶级经济学家萨缪尔森在他的《经济学》中也不得不承认："'合理的准则'（即只有对贸易的垄断才属于反垄断法制裁的范围——引者注）的说法几乎使反托拉斯政策毫无效果。"不仅如此，就是这样的法案还以种种理由（战争、危机、经济困难等）被停止执行。在1890—1963年期间，美国反托拉斯局共对137家大公司提出了诉讼，但最后法院只判决其中的24家违法。至于其他帝国主义国家中的情况还不如美国。萨缪尔森说："美国是这种立法的先驱者。在许多年中，像英国、德国、日本以及其他欧洲国家，在我们看来，似乎对垄断手段的合法性质采取宽容态度。"可见，对"反垄断法"抱不切实际的幻想，是幼稚可笑的。列宁曾经指出："资产阶级的学者和政论家……拼命用一些毫无意义的'改良'计划，例如由警察监督托拉斯或银行等，来转移人们对重要问题的注意。"①"反托拉斯法"同这种毫无意义的"改良"计划是一类货色。

可见，所谓垄断已经削弱或消失的种种论据都是站不住脚的。事实上，第二次世界大战以后，垄断不仅没有削弱，而且加强了。在各部门和整个国民经济中垄断的程度提高了，垄断组织和财团的实力大大地增强了，它们对整个社会经济生活的统治变本加厉。不仅如此，而且国家垄断资本主义的空前发展进一步加强了垄断的实力。这一切，都证明了列宁关于帝国主义是垄断资本主义的论断是颠扑不破的真理。

3. 第二次世界大战后帝国主义经济一定时期内的迅速发展，并不能否定帝国主义是腐朽的资本主义的论断

第二次世界大战结束以来，从20世纪50年代到70年代初，帝国主义国家经济增长较快。在这种情况下，有些人迷惑不解：既然资本主义已经腐朽了，为什么它还发展得如此迅速呢？有些人则直截了当地否定列宁关于帝国主义腐朽性的论断：资本主义发展迅速，说明列宁的这一观点已经过时。

我认为，只要完整地、准确地理解列宁的观点，并以此为指导全面地分析战后帝国主义经济发展过程，这个问题是完全可以说清楚的。

（1）对列宁关于帝国主义腐朽性的论点，要有完整的、准

---

① 《列宁选集》第2卷，人民出版社1964年版，第827页。

确的理解。把停滞当做帝国主义条件下生产和技术发展的唯一趋势，不符合列宁的原意。一方面列宁指出，垄断代替了自由竞争，规定了垄断价格，就使技术进步的动因在相当程度上消失了；其次，垄断组织在经济上也有可能人为地阻碍技术进步。另一方面，他又指出，垄断并不能排除竞争，更不能排除世界市场上的竞争，这种竞争仍然会促使垄断组织改进技术，以降低成本和提高利润；同时，拥有亿万巨资的垄断企业也能用从前远不能比的办法来推动技术进步。① 因此，停滞腐朽趋势并不排除迅速发展的趋势。列宁说："如果以为这一腐朽趋势排除了资本主义的迅速发展，那就错了。不，在帝国主义时代，个别工业部门，个别资产阶级阶层，个别国家，不同程度地时而表现出这种趋势，时而又表现出那种趋势。整个说来，资本主义的发展比从前要快得多。"②

（2）对历史唯物主义关于生产力和生产关系之间的矛盾运动的原理要有完整的、正确的理解。首先，生产力是社会生产中最活跃、最革命的因素。它总是要向前发展的。而且从历史上看，生产力具有加速发展的趋势，特别是当科学技术进步过程中发生质变即科学技术革命的时候，生产力还会有特别迅速的发展。腐朽的生产关系能够减缓生产力的发展，但不能改变生产力发展的上述规律性。因此，在分析第二次世界大战后帝国主义经济迅速发展的原因时，绝不能忽视技术革命的决定性作用。其次，在资本主义生产方式的发展过程中，生产关系和生产力之间的关系，既有适应的一面，又有不适应的一面，不过在上升阶段，适应的一面是主要的，而在衰落阶段，不适应的一面是主要

---

① 《列宁选集》第2卷，人民出版社1964年版，第818、766页。
② 同上书，第842页。

的。在帝国主义阶段，生产和技术发展中的停滞和迅速发展的两种趋势，就是生产关系和生产力之间既有基本上不适应一面又有适应的一面这种两重性的反映。还要看到，在这个阶段上，生产关系在资本主义范围内的局部调整仍然是可能的。一般地说，在这种调整的初期，由于在某种程度上暂时使生产关系适应了生产力发展的要求，生产还会有比较明显的增长。国家垄断资本主义的发展，就是资本主义生产关系的一种调整。国家和垄断资本的结合，给资本主义经济打了一支"强心针"，从而在一定时期和一定程度上刺激了资本主义经济的发展。其具体表现主要是：国家对科学研究的大量投资和组织工作，完成了大量只靠私人垄断组织难以完成的科研项目，促进了科学技术的进步；国家直接和间接地给垄断组织提供的种种资助，扩大了垄断资本积累的规模，为加速社会资本的扩大再生产创造条件；国家实行的宏观经济调节特别是"反危机"措施和计划化，使市场问题得到暂时的缓和，从而减轻了经济危机的冲击力。在分析20世纪50—60年代帝国主义经济迅速增长的原因时，如果忽视国家垄断资本主义对生产力发展的暂时的推动作用，那也是不全面的。

（3）对第二次世界大战后资本主义经济的发展，要看全过程：既要看到20世纪五六十年代的迅速增长，又看到70年代初以来的停滞和低速增长。事实上，发达资本主义国家经济的迅速发展，并不是持久的，自1973年以来就进入了停滞和低速增长时期，国民生产总值的年平均增长速度从50—60年代的5%以上下降到了3%以下。这种长期停滞是由多种原因引起的，但从根本上说，是国家垄断资本主义发展的必然结果。国家人为地用扩张性财政政策和货币信用政策来缓和生产和市场的矛盾，刺激经济的增长。从短期来看，一次次危机缓和了，或较快地渡过了。但是，从长期来看，由于历次危机比较缓和而未能消除的生产过剩因素积累起来,这就为更严重的危机和停滞准备了条件。不仅如此,国家用扩张性政策调节经济的结果,还造成了巨额的财政赤字和严重的通货膨胀。经济停滞和通货膨胀的同时发生,使资产阶级国家的调节陷入了顾此失彼、进退维谷的困境。由于通货膨胀的恶性发展会刺激资本转向投机事业,抑制资本投入生产领域,甚至造成整个经济生活的混乱,这就迫使资产阶级国家不得不着重采取紧缩性政策来抑制通货膨胀。其结果,通货膨胀有所抑制,但经济停滞却长期持续下去。以上就是国家垄断资本主义如何造成经济长期停滞的机制。由此可以看到国家垄断资本主义生产关系是如何从根本上阻碍生产力的发展的。

只要我们对上述三个问题有了正确的全面的认识,那么就不难了解,帝国主义仍然是腐朽的资本主义。

4. 帝国主义是垂死的即过渡的资本主义的观点并未过时,帝国主义矛盾的暂时缓和不能改变其激化的总趋势

现在有的学者公开攻击列宁关于帝国主义是垂死的资本主义的论断,说什么"从列宁提出'垂死论'至今有70多年了,但是,还没有任何一个典型的资本主义国家'寿终正寝';恰恰相反,它们仍然显示很强的生命力……在这些事实面前,难道我们还能像从前那样蒙上自己的眼睛,继续背诵经典吗?"

这种对列宁的攻击完全是建立在对列宁观点的曲解的基础之上的。马列主义政治经济学是一种科学,它的各种术语都有其严格的含义,不能望文生义,凭自己的想象作随意的解释。帝国主义垂死性的观点,是列宁在论述帝国主义历史地位时提出来的。它要回答的是:帝国主义是一个具有什么性质的历史阶段,而不是帝国主义制度或某个帝国主义国家什么时候死亡。这是我们千万不能忘记的。只要我们认真地不带偏见地学习一下《帝国主义论》的有关部分,就可以清楚地看到:第一,这里所说的

"帝国主义",不是指帝国主义国家或制度,而是指资本主义发展中的一个特殊阶段。第二,这里所说的"垂死性",不是指"快要死亡",而是指过渡性,即从资本主义向社会主义过渡的性质。列宁说:"根据以上对帝国主义的经济实质的全部论述,必须说帝国主义是过渡的资本主义,或者更确切些说,是垂死的资本主义。"① 显然,在列宁看来,垂死性是过渡性的同义语。把上述两点综合起来,可以看到,帝国主义垂死性的确切含义是:帝国主义是资本主义发展中向社会主义过渡的特殊阶段。这一正确的理解,同"帝国主义国家马上就要死亡"的曲解有着多么重大的差别,是一目了然的。

历史的发展证明,列宁的这一观点是完全正确的。在资本主义进入帝国主义阶段以后不到20年,就发生了十月革命,产生了第一个社会主义国家。第二次世界大战以后,社会主义从一国胜利发展为多国胜利。人类已经在从资本主义向社会主义过渡的大道上迈步前进。我们有什么理由说列宁关于帝国主义垂死性的观点是错误的呢?

与帝国主义的过渡性密切相关的,是帝国主义所固有的矛盾的发展问题。列宁说:"垄断资本主义使资本主义的一切矛盾尖锐到什么程度,这是大家都知道的。……这种矛盾的尖锐化,是从世界金融资本取得最终胜利开始的这一过渡时期的最强大的动力。"② 这就是说,帝国主义所固有的各种矛盾的尖锐化,是推动资本主义向社会主义过渡的动力。有人认为,战后帝国主义的矛盾是趋向缓和,而不是趋于激化。我认为,这种看法是片面的。在20世纪50—60年代,由于经济增长较快以及其他原因,

---

① 《列宁选集》第2卷,人民出版社1964年版,第843—844页。
② 同上书,第842页。

帝国主义的矛盾暂时趋向缓和,但这并不能改变矛盾趋于激化的总趋势。这是因为:垄断组织的本性是追逐垄断高额利润。这种本性决定了帝国主义和垄断资本必然要剥削本国无产阶级和其他劳动人民,必然要剥削发展中国家人民,必然要彼此之间进行争斗,从而必然引起国内阶级矛盾、帝国主义和发展中国家人民之间的矛盾,以及帝国主义各国相互之间的矛盾的激化。特别在1973年帝国主义经济陷入长期停滞以后,这种情况变得更为明显。从资本主义向社会主义过渡的整个时代,是长期的、曲折的、复杂的。在今后的发展中,还可能发生矛盾时而缓和时而激化的多次反复,但是由垄断资本主义所决定的矛盾激化的总趋势不会改变,它将推动向社会主义过渡的进程的最终完成。

以上分析说明,列宁关于帝国主义的四条基本原理都没有过时,它仍然是我们分析当代帝国主义的强大思想武器。

(二)根据帝国主义发展中的新情况,提出垄断资本主义已经发展到国家垄断资本主义阶段,当代帝国主义的根本经济特征是国家垄断,并对国家垄断资本主义的一系列问题进行了系统的论述

列宁在《帝国主义论》这一著作中对五个基本经济特征的分析,是以私人垄断为基础的,只在个别地方提到了"国家垄断",但并未提出一般垄断资本主义转变为国家垄断资本主义的问题。在这以后,列宁在《国家与革命》、《大难临头,出路何在?》以及其他一些著作中明确地指出:"帝国主义战争大大加速和加剧了垄断资本主义变为国家垄断资本主义的过程。国家同拥有莫大势力的资本家同盟日益密切地融合在一起,它对劳动群众的骇人听闻的压迫,越来越骇人听闻了。"① "国家垄断资本主

---

① 《列宁选集》第3卷,人民出版社1964年版,第171页。

义是社会主义的最完备的物质准备,是社会主义的入口……"①这些论述以及其他有关论述为我们今天分析国家垄断资本主义奠定了基础。但是,列宁并没有把关于国家垄断资本主义的论述与帝国主义五个基本特征明确地联系起来;即使从其论述的内容来看,也只涉及了帝国主义的国内特征(即前两个特征),基本上未涉及帝国主义的国际特征(即后三个特征)。列宁这样论述,是符合当时的实际情况的,那时国家垄断资本主义的发展程度较低,而且主要在国内发展,基本上未向国际范围扩展。在第二次世界大战以后,情况发生了很大变化。在所有帝国主义国家内国家垄断资本主义在广度和深度上都得到了空前的发展。但是有的学者拘泥于列宁原来的论述,仍然把对帝国主义五个基本特征的分析与国家垄断资本主义的分析分割开来,似乎国家垄断资本主义是帝国主义发展中出现的与五大特征相并列的一个新的特征;而且在对五大特征的分析中,只讲其量的变化,如垄断程度提高了,金融资本统治加深了,资本输出规模扩大了,等等,而没有看到五大特征都发生了与国家垄断资本主义发展相适应的部分质变。这种理论状况显然与客观实际的发展是不适应的。有鉴于此,我与其他同志一起对国家垄断资本主义问题进行了深入的研究,并在此基础上进行了系统的论述,而且在许多问题上提出了新的观点。这种理论集中地反映在我所主编的专著——《现代垄断资本主义经济》以及其他一些有关论文中。概括地说,共包括九个问题。

1. 一般垄断资本主义向国家垄断资本主义转变的根本原因是垄断资本主义条件下资本主义基本矛盾的发展

竞争变为垄断的结果,生产社会化有了巨大的进展,但是社

---

① 《列宁选集》第3卷,人民出版社1964年版,第164页。

会化了的生产资料仍旧是少数人的私有财产。[①] 这就不能不使资本主义基本矛盾趋于激化。基本矛盾的激化具体地表现在以下四个矛盾的激化上。

(1) 生产能力巨大增长和劳动人民有支付能力的需求相对狭小之间的矛盾加剧。

一方面，规模巨大的垄断组织不仅有可能提供巨额的资本积累，而且有可能在广大范围内组织社会化大生产，充分发挥现代科学技术成就所提供的一切潜力，从而使生产能力得到空前巨大的增长。另一方面，生产资料的垄断资本家所有制决定了生产目的是追逐垄断高额利润。这一目的促使垄断资本家进一步加强对工人阶级和其他劳动人民的剥削，把他们的有支付能力的需求限制在一个狭小的范围内。这样，巨大增长的生产能力与相对狭小的有支付能力的需求之间不能不发生更加尖锐的矛盾。这种矛盾尖锐化的集中表现就是周期性的生产过剩的经济危机更加深刻了。从20世纪初到第二次世界大战，资本主义世界发生了多次经济危机（1900—1903年，1907年，1920—1921年，1929—1933年，1937—1938年）。特别1929—1933年的危机是资本主义有史以来最严重的大危机，而且危机后又出现了较长时期的生产停滞。经济危机的加深，迫使垄断资本家不得不求助于国家干预，企图依靠国家力量来保证资本主义再生产的顺利进行。

(2) 国民经济按比例发展的客观要求和整个社会生产无政府状态之间的矛盾加剧。

社会化大生产的发展，客观上要求国民经济各部门、各地区、各企业的协调发展。但是，垄断资本主义所有制所决定的追逐垄断高额利润的目的，促使垄断资本家只愿意投资去发展利润

[①] 《列宁选集》第2卷，人民出版社1964年版，第748页。

率高的部门,不愿意投资去发展利润率低的部门(而垄断又阻碍着不同部门之间利润率的平均化);只愿意投资于能带来高额利润的地区,不愿意投资去开发需要大量资本并带有风险的落后地区。同时,为了追逐垄断利润,各垄断组织之间的竞争日益激烈和残酷,并带有很大的破坏性。所有这些,造成社会生产的无政府状态,阻碍资本主义社会再生产的顺利进行,促进经济危机的爆发。这也要求国家进行干预和调节,以便减轻社会生产的无政府状态,使资本主义社会再生产得以比较顺利地进行。

(3) 社会化大生产所需要的巨额投资和私人垄断资本积累有限性之间的矛盾加剧。

随着生产力的发展,企业规模空前扩大,为开办这样的企业所需要的资本额也空前巨大。私人垄断资本自身的积累能力往往赶不上进行大规模生产对资本的需要,因而需要国家的资助。同时,随着社会化大生产的发展,基础设施对于资本主义再生产的意义日益重要。而建设现代的基础设施,需要大量投资。这些工程建设周期长,资本周转慢,利润又没有保证,私人垄断资本家往往不愿意承担。这也需要国家投资。

(4) 科学研究社会化和个别垄断资本局限性之间的矛盾产生和发展了。

在资本主义发展的初期,科学研究和技术发明,基本上是以个体劳动的方式进行的。19世纪末,科学研究开始社会化,出现了科学技术的研究单位。随着现代科学技术的发展,需要解决的问题越来越复杂,学科、专业的分工越来越细。要完成某个科研项目,不仅需要巨额资本,需要复杂、昂贵的机器设备、仪器、建筑物等物质条件,而且需要组织不同专业的科学家、工程师、设计师等协同工作,需要组织各专业、各学科的众多研究单位在社会范围内相互配合。因此,许多重大科研任务,往往是个别垄断组织力所不及和无法解决的。同时，某些重大科研项目是否能够成功，还具有一定的风险，往往是个别垄断组织所不愿承担的。事实上，发达资本主义国家在第二次世界大战期间及以后所进行的对雷达、原子能、导弹的研究，对宇宙的探索等等，都具有国家规模。科学研究的社会化已经达到了这样高的程度，它不仅要求国家对私人企业进行的科研活动给予一定的资助和协调，而且要求国家直接主持某些庞大的科研项目，并且建立国家的科研中心。

由于资本主义基本矛盾加剧而引起的上述种种矛盾的加深，都迫使私人垄断组织不能不同国家日益密切地结合起来。从垄断组织方面来看，如果不与国家相结合，不借助国家的力量，就不可能使自己的资本再生产顺利进行，就会影响追逐垄断利润这个目的的实现。从国家方面来看，如果不同垄断组织结合，对它们的经济活动进行一定的调节，就不可能缓和严重的危机和困难，甚至会影响资本主义制度本身的生存。因此垄断资本主义时期资本主义基本矛盾的加剧，使垄断资本主义自身必然转变为国家垄断资本主义。

在上述四个矛盾中，第一个矛盾在20世纪30年代就表现得十分尖锐，因而国家和垄断资本在那时就结合起来应付严重的经济危机。而其他三个矛盾则在第二次世界大战后50年代开始尖锐起来，这就极大地扩大了国家和垄断资本结合的范围，使国家垄断资本主义获得广泛的发展。

恩格斯说过："猛烈增长着的生产力对它的资本属性的这种反抗，要求承认它的社会本性的这种日益增长的必要性，迫使资本家阶级本身在资本关系内部一切可能的限度内，越来越把生产力当做社会生产力看待。……无论在任何情况下，无论有或者没有托拉斯，资本主义社会的正式代表——国家终究不得不承担起对生产的领导。"① 从恩格斯的这段话中可以看到，正是生产社会化和生产资料资本主义占有形式之间的矛盾，迫使国家不得不与垄断资本结合起来。

2. 国家垄断资本主义条件下国家的新作用

在作为垄断资本主义的部分质变的国家垄断资本主义的分析中的一个难点，是国家的性质和作用。既然垄断资本主义是一种生产关系，那么国家垄断资本主义也应当是一种生产关系。但是，按照历史唯物主义原理的传统观点，国家是一种上层建筑。如果这样，那么作为国家和垄断资本相结合的国家垄断资本主义，就不是生产关系了，而是上层建筑和经济基础的结合。解决这一难点的关键，在于理解国家垄断资本主义条件下国家的新作用，即作为经济基础组成部分的作用。

国家的新作用来自国家和垄断资本的直接结合。国家历来属于上层建筑范畴。它所具有的经济职能属于上层建筑对经济基础的反作用。这种作用限于保证社会再生产得以进行的外部条件。正如恩格斯所指出的，资产阶级国家"只是资产阶级社会为了维护资本主义生产方式的共同的外部条件使之不受工人和个别资本家的侵犯而建立的组织"。② 但是，在国家直接掌握垄断资本，形成大量国有垄断资本的情况下，国家不仅仅作为上层建筑而发挥作用，而且也作为经济基础组成部分而发挥作用了。因为第一，随着国家手中掌握了资本，随着国有垄断资本的巨大增长，作为国有垄断资本人格化的国家，就取得了真正的总垄断资本家的资格。这个真正的总垄断资本家在社会资本的再生产过程中凌驾于个别垄断资本之上，承担着个别垄断资本所无力承担的，但

---

① 《马克思恩格斯选集》第3卷，人民出版社1972年版，第434—435页。
② 同上书，第436页。

为保证社会再生产进行所必须解决的任务,在全社会范围内,对整个经济进行调节、控制和管理,从而为垄断资产阶级的总利益服务。第二,国有垄断资本的运动必然渗透到社会再生产的一切环节和一切领域之中,这就使国家直接参与了社会资本再生产的全过程。国家作为经济基础组成部分的作用就这样产生了。可见,国有垄断资本的形成和发展,是国家新作用得以产生的物质条件。

国家的新作用使国家和私人垄断资本家的结合出现了新的特点。国家和私人垄断资本家的结合,在一般垄断资本主义条件下就出现了,如金融寡头和政府之间的"个人联合"。不过这只是在上层建筑范围内进行的结合。而在国家垄断资本主义条件下,由于国家具有了上述的新作用,国家和私人垄断资本家就不仅在上层建筑范围内,而且在经济基础范围内也结合在一起了。

3. 国家和私人垄断资本之间的辩证关系

在相互结合着的两个因素——国家和私人垄断资本之间,存在着辩证统一的关系。一方面,国家和私人垄断资本是一致的。因为,从总体上说,国家无非是垄断资产阶级的总代表,它不能不服从垄断资产阶级的意志,特别是那些巨大的金融资本集团的意志,成为它们榨取高额垄断利润的工具。斯大林说:"许多资本主义的政府,尽管有'民主的'国会存在,却受大银行的监督。国会总想使人相信是它们在监督政府。而事实上政府的成员却是由大财团内定的,政府的行动也是受大财团监督的。"[①] 另一方面,国家和私人垄断资本又是不完全一致的。国家对个别垄断资本的活动有着控制、调节的作用。因为国家作为垄断资产阶级的总代表,与个别垄断资本家毕竟不是一回事。固然,一定时

---

① 《斯大林全集》第10卷,人民出版社1979年版,第92页。

期内政府的实权掌握在某些大垄断资本的手里,但是掌握这种实权的大垄断资本并不是固定不变的,并且什么时候谁上台是垄断资产阶级内部激烈争斗的结果。因此,掌握实权的大垄断资本为了在较长时期内维护自己的统治,维护资本主义制度的生存,不能不考虑整个垄断资产阶级以至整个资产阶级的利益,不能不调节本阶级内部各个集团之间的矛盾,不能不"稍微抑制一下个别最不受抑制的资本主义利润的代表者,稍微加强一下国民经济的调节原则"。① 在上述两方面中,第一方面是主要的,但是第二方面也具有不可忽视的重要意义。

4. 国家垄断资本主义条件下三种基本的资本形态

由于国家和垄断资本结合的不同情况,就形成了三种基本的资本形态:第一,国有垄断资本;第二,国私共有的垄断资本;第三,与国家密切联系的私人垄断资本。

(1) 国有垄断资本。这是国家通过财政手段所集中起来的资金中用于获取剩余价值的部分。当然,国家财政资金中不用于获取剩余价值的部分,例如用于维持国家机关的行政开支的部分,不是国有垄断资本。

国有垄断资本的资本属性,要在宏观上才更清楚地表现出来。在微观上,它往往是隐蔽着的。因为国有垄断资本的所有者是国家,而国家形式上是全社会的正式代表,它有必要也有可能从全社会的范围内来掌握国有垄断资本的运动。当国有垄断资本被投入整个社会总资本的运动之中时,它所榨取的剩余价值往往不是直接在自身的增值上体现出来,而是通过各种途径转移到了与国家有密切联系的,特别是那些实际上掌握着国家大权的以及国家需要特别加以扶植的私人垄断资本那里。然后,国家再以财

---

① 《斯大林选集》下卷,人民出版社 1972 年版,第 353 页。

政手段参与私人垄断资本的利润分割。国有垄断资本的价值增值经历了较私人垄断资本更为迂回曲折的途径，这表现了国有垄断资本的特殊性。但它的运动以价值增值为目的，则表现了它作为资本的共同性。

国有垄断资本当它被投入一个企业里使用时，就采取了国有企业垄断资本的形态。它是国有垄断资本的一个特殊形态。它的组织形式就是国有垄断企业。

国有垄断企业通过两条途径建立起来：一条是资本主义国有化；另一条是国家投资建立新的企业。资本主义国有化实质上是垄断组织掠夺国家财产的一种手段。实行国有化的往往是那些技术陈旧或亏损严重的企业。通过国有化，垄断组织从国家那里得到往往高于企业实际价值的补偿金，而把整顿企业的担子交给国家。国家投资建立的新企业除了银行、金融企业外，往往集中在投资大、资本回收期长和风险大的部门里，如科研部门、原子能工业、宇航工业、基础工业等。

国有企业垄断资本是垄断资产阶级实施其政策的工具，它起着调节社会经济发展、促进技术进步、改造国民经济部门结构和地区结构、以低价向垄断组织供应商品和劳务以保证它们获得高额利润等作用。

（2）国家和私人共有的垄断资本。这是当做总垄断资本家的国家和私人垄断资本在一个企业范围内结合而形成的垄断资本。在这里，国家和私人垄断资本家是企业资本的共同的所有者。

国私共有的垄断资本主要是通过这样一些途径形成的：国家以参与制的方式和私人垄断资本相结合；国家和私人垄断资本家共同投资创立新的企业；私人垄断资本被吸收加入国家或地方政府经营的企业，等等。

国私共有垄断资本的组织形式是国家和私人合营的股份公司。它的所有权分别属于国家和垄断组织。这类企业的领导机构不仅有董事会，而且有各种政府机关和半政府机关。

结合在国私共有垄断资本中的私人垄断资本，同没有结合在国私共有垄断资本中的私人垄断资本相比，具有新的特点。一方面，它的运动更多地受到作为总垄断资本家的国家的调节和控制；另一方面，它能直接利用国有资本加强自己的经济实力和竞争能力。这类企业能更多地、更方便地得到各种国家优惠（如在补贴、信贷、税收、订货等方面的优惠），并且私人垄断资本的利润也更有保证。

国私共有的企业，按国家是否持有股票控制权，可以分为两类：一类是国家掌握了股票控制权的企业，另一类是国家不掌握股票控制权的企业。在前面一类企业里，国家以较少的国有垄断资本直接监督和控制着大量私人垄断资本的运动（如在意大利得到广泛发展的参与制那样）。这类企业实际上是国有企业的延长。因此，这类企业中的国有垄断资本，同国有企业垄断资本起着同样的作用。在后者中，国有垄断资本的加入，实质上是国家对私人垄断资本的一种资助。

（3）与国家密切联系的私人垄断资本。这是当做总垄断资本家的国家和私人垄断资本在社会范围内结合而形成的垄断资本。这种垄断资本，尽管其组织形式——垄断组织仍然保持着私人公司的外观，但是在实际上，由于它在整个运动过程中都同国有垄断资本结合在一起，已经不是原来意义上的私人垄断资本，而是转化成了国家垄断资本主义的一种资本形态了。国家和私人垄断资本在社会范围内的结合运动，贯穿在剩余价值的生产、实现和分割各个方面。

第一，在剩余价值生产方面，国家通过各种形式向私人垄断组织提供生产所必需的固定资本和流动资本。这些形式包括：通过廉价出售、免费出租国有企业或国家财产向私人垄断企业直接提供生产资料；直接给予私人垄断企业以津贴；通过加速折旧、减免税收等办法变相地承担私人垄断企业的一部分投资；通过提供优惠贷款的方式，帮助私人垄断企业解决很大一部分资本来源；投入巨额资本发展基础工业和基础设施，为垄断组织扩大再生产提供有利条件，变相地节省了垄断组织在这方面必需支出的资本。同时，国家还投入巨额资金进行科学研究，并将其成果无偿地提交垄断组织使用，这等于为它们提供了大量的科研经费。

第二，在剩余价值实现方面，为了帮助私人垄断组织解决剩余价值实现的困难，国家采取的主要办法是扩大国家消费，创造出一个国家市场来。在国家垄断资本主义条件下，国家采购达到了十分巨大的规模。在主要资本主义国家，社会最终产品大约有 1/5 至 1/4 是由国家购买的。这就是说，20%—25% 的产品，是依靠国家消费而实现的。如果考虑到国家采购所产生的连锁反应，即国家采购的生产资料投入使用时，会扩大就业，从而扩大社会购买力，那么国家对社会总产品的实现所产生的影响就比上述的百分数还要大些。由于国家采购的主要部分是军需品（例如在美国，军事采购占全部国家采购的 80%），所以，那些主要生产与军火有关的产品的垄断组织，其产品的实现对国家的依赖性就更大。同时，由于国家采购往往是按照垄断高价来进行的，因而垄断组织不仅能实现剩余价值，而且能获得特别高额的利润。在国际市场上，国家主要是通过国有资本输出来为垄断组织开辟市场。国有资本输出带动了垄断组织的商品输出。例如，美国的出口商品就有很大一部分是靠"美援"支付的。除了国有资本输出而外，国家还用各种外贸优惠帮助垄断资本争夺国外市场。

第三，在剩余价值分割方面，国家与私人垄断组织共同参与对剩余价值的分割，一方面保证国家手里能够掌握大量的国有垄断资本；另一方面，又保证私人垄断组织获得稳定的高额垄断利润。

当代发达资本主义国家的一个突出现象是利润税在公司利润总额中的比重大大提高了。例如，美国私人公司的纯利润中有1/3到将近一半通过税收的途径转归国家所有。在联邦德国，这个比例甚至高达利润总额的2/3以上。这是国家能够借以参与剩余价值的生产和实现的必要条件。否则，国家就不可能集中足够的国有垄断资本。在这里，应当指出，政府税收的主要来源并不是资本家缴纳的利润税，而是向广大劳动人民征收的税金。在美国，年收入在1万美元以下的居民负担着联邦政府全部税金的57%。同时，还应当指出，利润税的主要部分是转嫁给消费者的，因为垄断组织可以把利润税的很大一部分加到商品价格中去，这样把税收的负担实际上转移到广大消费者头上。这就是国家同垄断组织结合起来，通过垄断价格、利润税等杠杆，榨取广大消费者，进行国民收入再分配的一套机制。

以上三种资本形态的总和，构成了国家垄断资本主义的生产关系。考察国家垄断资本主义生产关系是否在一个国家的国民经济中占据统治地位，以及考察这种生产关系在一个国家里的发展程度，都必须全面考察这三种资本形态的总和在整个国民经济中所占的比重。有些学者由于把第三种形态排除在国家垄断资本主义之外，便认为国家垄断资本主义并未在所有帝国主义国家中占据统治地位，或者认为在国有经济比重较低的美国，国家垄断资本主义的发展程度低于国有经济比重较高的西欧。其实，只要把第三种形态包括在国家垄断资本主义生产关系之内，那么，可以看到，所有帝国主义国家里国家垄断资本主义显然都在整个国民经济中占据了统治地位；尽管美国的国有经济比重不高，但是强大的金融资本集团和国家紧密结合而形成的第三种资本形态极为发达，因而国家垄断资本主义同样达到了很高的发展程度。现在某些发达资本主义国家对国有企业实行"私有化"，有不少人认为这是国家垄断资本主义的"倒退"。在我看来，这不过是国家垄断资本主义的资本形态从第一种向第三种的转化而已。

5. 国家对国民经济的宏观调节

国家对整个社会经济的调节，在一般垄断资本主义时期，甚至更早些，就已经存在。但是，在国家垄断资本主义条件下，国家对经济的调节极大地加强了，并且具有经常性和全面性的特点。这是因为：

第一，资本主义基本矛盾的加深，不仅要求国家和垄断资本在经济基础范围内结合起来，而且要求国家充分发挥其上层建筑的作用，对包括垄断成分和非垄断成分在内的整个社会经济活动加强调节。

第二，国家垄断资本主义生产关系的确立，使国家手中掌握了巨大的财政资金，具有了强大的经济实力，从而有可能对整个社会经济活动进行全面的、经常的调节。

国家调节经济的方法，包括"自动稳定器"、"反周期"措施等短期性的调节以及实行"计划化"的中长期调节。但无论哪一种方法，都离不开经济政策、特别是财政政策和货币信用政策的运用。

"自动稳定器"是指利用某项经济政策所具有的"自动稳定"的性质来调节经济。例如，在个人所得税方面实行的累进税率制就是这样。个人所得税随国民收入的上升而自动增加，随它的下降而自动减少，而且由于实行累进税，税收的变动比国民收入在同一方向上的变动要更快一些。这样，在经济繁荣时期，税收便自动增加,从而抑制企业和个人的可支配收入,抑制需求,防止经济过分扩张。在经济"衰退"时期,税收便自动减少,从而刺激经济增长,防止经济进一步"衰退"。

"反周期"措施是指综合利用财政政策、货币信用政策等手段,来调节经济,以达到"反周期"目的。例如,在周期的高涨阶段,国家力图通过增加税收、缩减国家购买商品和劳务的开支、提高贴现率等办法,抑制进行新投资的兴趣,以防止正在迫近的生产过剩。在周期的危机阶段,国家通过减少对垄断组织的税收、增加国家购买商品和劳务的开支、降低贴现率等办法,提高进行新投资的兴趣,以刺激经济的回升。特别是国民经济军事化,由于它能大量地增加国家购买与军事有关的商品和劳务的开支,成为一种重要的"反危机"措施。

有些发达资本主义国家采取"计划化"的方法,来对经济进行中长期的调节。这种计划一般包括对经济和社会发展的中长期预测,关于经济和社会发展的中长期目标,以及为达到这些目标所采取的政策、措施等。这种计划是预测性和指导性的计划,对于私人企业并没有约束力。国家仍然要通过市场机制以及各种经济政策来调节社会经济活动,使之符合计划所规定的目标。

国家对经济的调节,从短期来看,可以在一定程度上对社会经济的发展起有利的作用。例如,在周期的高涨阶段,国家通过种种抑制经济"过热"的措施,可以延缓生产过剩危机的到来。而在周期的危机阶段,国家通过种种刺激经济回升的措施,可以在某种程度上减轻危机的冲击力,并使经济较快地进入萧条阶段。第二次世界大战后的 50 年代和 60 年代,许多发达资本主义国家的经济危机比较缓和,同国家对经济的调节的加强有关。资本主义国家的"计划化",由于能向各垄断组织提供关于国家预测、投资规模和结构以及经济未来发展的预测等情报,供它们进行决策时参考，因而或多或少地有助于减少它们决策的盲目性，从而有利于经济的发展。

但是，垄断资产阶级国家对经济的调节，具有很大的局限性。它不可能改变生产资料的资本主义私有制，因而也就不可能消除资本主义的基本矛盾，消除作为这种矛盾的主要表现形式——生产无限扩大的趋势和广大劳动群众有支付能力的需求相对狭小之间的矛盾。因此，只要存在着资本主义私有制，国家无论采取什么样的调节措施，都不可能消除生产过剩的经济危机。不仅如此，国家对经济的调节措施，从长远来看，还会引起给资本主义带来严重后果的经济危机、生产停滞和通货膨胀。

6. 国家垄断资本主义的实质

国家垄断资本主义的实质是榨取国家垄断利润。国家垄断利润是由国家和私人垄断组织共同榨取和共同瓜分的，不低于或高于一般垄断利润的和比较稳定的垄断利润。

与一般垄断利润相比较，国家垄断利润具有以下三个基本特点：

第一，国家垄断利润是由国家和私人垄断组织共同榨取和共同瓜分的。

在一般垄断资本主义条件下，垄断利润是垄断组织凭借自己在商品生产和销售上的垄断地位而获得，并且由垄断组织独占的。而在国家垄断资本主义条件下，情况发生了变化。国家垄断利润不仅是凭借垄断组织在商品生产和销售上的垄断地位，而且是凭借国家与垄断组织的结合，即凭借国家垄断而获得的；它不是由垄断组织独占，而是由国家和垄断组织共同瓜分的。

国家和垄断组织共同榨取利润的途径是：（1）在生产过程中，国家以直接或间接的形式给垄断组织以资助，促使垄断组织扩大资本规模和生产能力，提高技术水平，极大地增进剩余价值生产特别是相对剩余价值生产,为获得特别高的垄断利润创造条件。(2) 在流通过程中,国家一方面扩大对商品和劳务的采购,建立起巨大的国家市场,为剩余价值的实现创造条件;另一方面,国家和垄断组织通过垄断价格的杠杆进一步把一部分价值转移到垄断组织手里,从而增大垄断利润。在国家垄断资本主义条件下,垄断价格不仅由垄断组织凭借其垄断地位来制定,而且得到了国家的支持,许多商品和劳务的价格则是国家在有关垄断组织的参与下制定的。国家往往通过国有企业按照低于生产价格、价值甚至成本的垄断低价,向垄断组织供应商品和劳务(如电力、公路、铁路运输、港口、码头、机场的使用等);国家往往按照高于生产价格、价值的垄断高价,向垄断组织购买商品和劳务。

国家和垄断组织对垄断利润的共同瓜分,是通过征收利润税的方式实现的。这种利润税,在形式上是垄断组织向国家缴纳的税款,在实质上却是国家瓜分得到的那一部分剩余价值。

第二,国家垄断利润的一个特征是其利润率高于或不低于一般垄断利润,而且比较稳定。

由于国家垄断无论从经济实力还是从对整个社会经济生活的控制来说,都大大超过了私人垄断,所以凭借国家垄断能获得很高的利润率。即使在资本有机构成的提高使利润率趋于下降的情况下,其利润率仍然高于或不低于一般垄断利润率。

在美国,1960—1970年整个加工工业纳税前的利润率平均为12.5%,而其中作为国家市场的主要供货者、国家委托研究工作的主要承担者的最大垄断公司的利润率要高得多,如通用汽车公司纳税前的利润率为30.7%,通用电气公司为21.8%,波音公司为20.8%。同时,由于国家市场具有相对的稳定性,国家对经济的调节在一定程度上减少了经济发展的不稳定性,这就使这种垄断高额利润也具有稳定性。当然，这种稳定性是相对的，当发生严重危机时，利润率的下降仍然是不可避免的。

第三，国家垄断利润榨取的程度，不仅取决于私人垄断组织追求高额利润的需要，而且取决于作为总垄断资本家的国家维护资本主义制度的需要。

对于个别资本家来说，只要有百分之百的利润率，就不怕冒上绞刑架的危险。而资产阶级国家则要更多地考虑资本主义制度的命运，因为如果资本主义制度不能继续存在下去，那么垄断资本的高额利润也会化为乌有。所以，当出现资本统治的基础可能发生动摇时，国家就会出于"长治久安"的考虑，实行资产阶级改良主义，对个别垄断组织的某些"竭泽而渔"的做法加以约束。同时，国家名义上是整个社会的代表，它在保证垄断资产阶级利益的前提下，也不得不实行某些改良主义措施，对其他阶级、阶层作某些让步，以便欺骗和麻痹广大人民。

7. 国家垄断资本主义在国际范围的发展

国家垄断资本主义既然在帝国主义国家内的社会经济生活中占据了统治地位，就必然向国际范围扩展。其主要表现有三：

（1）资本输出领域里国家垄断资本主义的发展。其表现之一是：国有垄断资本输出发展迅速。这种资本输出是帝国主义推行其国际政治经济战略和维护世界资本主义制度生存的重要手段，是输出国占领国外市场、推动私人商品输出和资本输出的有力工具，其目的在于扩大帝国主义的势力范围，从经济上、政治上对输入国进行渗透、控制和影响。其表现之二是：私人资本输出已经与国家密切联系起来。这种联系表现在：国家通过设立情报机构，及时向私人垄断组织提供有关情报；国家利用财政信贷手段，为私人垄断资本输出提供资本和各种优惠；国家对输出资本的私人垄断组织提供投资保证。这些联系表明：这种资本输出已经不是单纯的私人垄断资本输出,已经不能离开国家的支持和保证而在国际上独立运动,从而具有国家垄断资本主义的性质。

(2) 以私人垄断为基础的传统的国际垄断同盟已经为以国家垄断为基础的现代国际垄断同盟所代替。其基本特点有二:第一,它具有国家垄断资本主义国际联合的性质;第二,除了联合得比较松散的同盟以外,还出现了联合得比较紧密的同盟,在这里,联合已从流通领域进入生产领域。由于参与联合的资本形态的不同以及联合紧密程度的不同,现代国际同盟具有四种形式:①国有垄断资本在流通领域内的国际联合(如欧洲自由贸易联盟);②国有垄断资本在生产领域内(在一定程度上)的国际联合(如欧洲经济共同体);③与国家密切联系的私人垄断资本在流通领域内的国际联合(现代国际卡特尔);④与国家密切联系的私人垄断资本在生产领域内的国际联合(多国公司)。与此同时,还出现了主要垄断资产阶级国家对国际经济关系的国际调节。但是,现代国际垄断同盟和国际经济调节的出现,仍然如列宁所指出的那样,只是各国垄断资本国际斗争的形式的变化(由非和平的变为和平的),但是这种斗争的实质(分割世界市场和势力范围)是不会改变的。

(3) 随着帝国主义旧殖民体系的瓦解,金融资本殖民政策的主要形式发生了变化:从旧殖民主义(其特点是对殖民地进行赤裸裸的暴力统治,对它们实行直接的政治控制、经济掠夺和军事征服)转变为新殖民主义(其特点是表面上承认原殖民地的政治独立,实际上力图用各种手段从经济上、政治上以至军事上间接地控制这些国家,把它们纳入自己的势力范围)。在旧殖民主义条件下,帝国主义国家对殖民地的独占统治,保障了垄断组织商品输出和资本输出的顺利进行。而在新殖民主义条件下,垄断组织所进行的商品输出和资本输出,成为帝国主义国家对外经济控制、向已经独立的发展中国家进行经济政治渗透的重要手段。两者形式不同，但其攫取高额利润的实质是相同的。殖民政策的这种转变，与国家垄断资本主义的发展有着密切的联系。一方面，国家垄断资本主义的发展以及对比一般垄断利润更高的国家垄断利润的追求，使得发展中国家作为资源产地、投资场所和销售市场的作用增大，从而使在新的形势下继续推行殖民主义成为必要。另一方面，正是国家垄断资本主义的发展，国家作为经济基础组成部分的作用，又为新殖民主义的推行提供了可能性。因为在世界资本主义体系进一步削弱、帝国主义殖民体系趋于瓦解的情况下，不论政治干预或经济渗透都需要以"援助"的伪善面目出现，这就要求作为总垄断资本家的国家运用自己手里掌握的大量国有资本来进行干预。这是在一般垄断资本主义阶段所难以办到的。

8. 国家垄断资本主义的历史地位

（1）国家垄断资本主义是垄断资本主义的一个特殊阶段。因为它不是资产阶级国家可以采取或可以不采取的一种政策，也不是国家可以随时使用又可以随时抛弃的一种形式，而是垄断资本主义条件下资本主义基本矛盾发展的必然产物，是垄断资本主义生产关系的部分质变，在这里，列宁所说的垄断资本主义的五个基本特征都发生了部分质变。但是，国家垄断资本主义并不是资本主义的第三阶段。因为它不是一般资本主义基本特性的直接继续，而是垄断资本主义基本特性的直接继续，是垄断资本主义生产关系的部分质变和特殊形式；它并没有从根本上改变垄断资本主义的基本特征（垄断），并没有越出垄断资本主义生产关系的范围。

（2）国家垄断资本主义是垄断资本主义生产关系的一种局部调整。这种调整虽然暂时有推动生产力发展的作用，使资本主义经济在一定时期内迅速发展,但是并不能改变其停滞腐朽的总趋势[参见第一部分第一点的(三),这里不再重复]。

(3)国家垄断资本主义意味着资本主义在向社会主义过渡的过程中进一步接近于社会主义,正如列宁所指出的,"是社会主义的入口,是历史阶梯上的一级,从这一级就上升到叫做社会主义的那一级,没有任何中间级"。[①] 关于这一点,可以从以下两方面来理解:

①国家垄断资本主义是资本关系社会化的最高形式。资本主义发展的历史表明,随着资本主义基本矛盾的发展,资本关系在资本主义生产方式所容许的限度内逐步社会化。在进入国家垄断资本主义以前,资本关系的社会化已经历了两个阶段:其一是个人资本转变为社会资本,即股份资本,马克思把股份资本称做资本主义向社会主义过渡过程中的一个过渡点;其二是非垄断性的社会资本转变为垄断性的社会资本,列宁把垄断称做从资本主义向社会主义的过渡。现在进入资本关系社会化的第三阶段,即垄断资本转化为国家垄断资本。

国家垄断资本与一般垄断资本相比较,是社会化程度更高的资本。一方面,作为国家垄断资本的一个组成部分的国有垄断资本是垄断资产阶级国家通过财政手段从全社会集中起来的,其社会化程度显然高于任何私人垄断资本;另一方面,与国家密切联系的私人垄断资本(这是国家垄断资本的另一个重要组成部分),由于能够凭借国家的力量,以一般私人垄断资本所无法比拟的规模和速度不仅加速自身的积聚,而且加速吞并比自己弱小的资本,因而大大提高了自己的社会化程度。

一般垄断资本主义转变为国家垄断资本主义,意味着在资本

---

① 《列宁选集》第3卷,人民出版社1964年版,第164页。

主义向社会主义转化过程中更向前跨了一步。在这里，不仅资本在生产中的职能和资本所有权的分离进一步发展，而且由于国家直接出面担任生产的领导和管理工作，因而为联合的生产者重新掌握生产资料提供了更为直接的基础。一方面，由于国家手里集中了大量的资本和财富，无产阶级只要夺取了国家政权，就可以直接把这些资本和财富转移到自己手里，立即建立起在国民经济中占统治地位的全民所有制经济；另一方面，无产阶级国家剥夺与垄断资产阶级国家有着密切联系的私人垄断资本，也要比剥夺一般私人垄断资本更加省事。

在资本主义生产方式内部，国家垄断资本主义是资本关系社会化的最高形式。从一个国家内部来看，国家出面掌握生产资料，承担对生产的领导，已经使资本关系的社会化达到了顶点，达到了资本主义制度所能容许的极限。正如恩格斯所指出的，资产阶级国家"越是把更多的生产力据为己有，就越是成为真正的总资本家，越是剥削更多的公民。工人仍然是雇佣劳动者、无产者。资本关系并没有被消灭，反而被推到了顶点。但是在顶点上是要发生变革的。生产力的国家所有不是冲突的解决，但是它包含着解决冲突的形式上的手段，解决冲突的线索"。"这种生产方式（指资本主义生产方式。——引者注）迫使人们日益把巨大的社会化的生产资料变为国家财产，同时它本身就指明完成这个变革的道路。无产阶级将取得国家政权，并且首先把生产资料变为国家财产。"①

②国家垄断资本主义是社会主义最完备的物质准备。

第一，国家垄断资本主义使生产社会化达到了资本主义生产方式范围内所容许的最高程度。资本主义生产方式是以社会化大

---

① 《马克思恩格斯选集》第3卷，第436、438页。

生产为物质基础的。随着社会生产力的发展以及生产和资本的不断集中，生产社会化程度也不断提高。垄断是生产和资本集中的产物，它反过来又加速了生产和资本的集中，使生产进一步社会化。国家垄断由于把国家的力量和私人垄断资本结合在一起，就能以空前的规模来加速生产和资本的集中，使生产社会化程度进一步提高，使生产紧紧地接近于全面的社会化。这就为社会主义生产方式的建立提供了最完备的物质准备。

第二，在国家垄断资本主义条件下，国家对经济的调节日益加强。适应于这种需要，资产阶级政府内的经济管理机构也日益发展，它们一般都具有先进的技术装备和管理现代社会化大生产的经验。无产阶级只要把资产阶级官僚从这些机构中排除出去，就可以利用这些现成的机构有效地为社会主义建设服务。列宁在称赞邮政这种机构是社会主义经济可以效法的范例时指出："社会性的管理机构在这里已经准备好了。只要推翻资本家，用武装工人的铁拳粉碎这些剥削者的反抗，摧毁现代国家的官僚机器，我们就会有一个排除了'寄生虫'而拥有高度技术设备的机构，这个机构完全可以由已经联合起来的工人亲自使用。"[1] 列宁又说："在现代国家机构中，除了常备军、警察、官吏这个主要是'压迫性'的机构以外，还有一个同银行和辛迪加有非常紧密的联系的机构，它执行着大量计算、登记的工作……这个机构绝不可以也用不着打碎。应当使它摆脱资本家的控制，应当割去、砍掉、斩断资本家影响它的线索，应当使它服从无产阶级的苏维埃，使它成为更广泛、更包罗万象、更具有全民性的机构。"[2]

由于国家垄断资本主义是资本关系社会化的最高形式，是社

---

[1]《列宁选集》第3卷，人民出版社1964年版，第213页。
[2] 同上书，第311页。

会主义最完备的物质准备，我们可以有充分的根据说，国家垄断资本主义是社会主义的入口。

为了正确理解列宁的"国家垄断资本主义是社会主义的入口"的论断，需要澄清在这个问题上的一些错误认识或者误解。

其一，国家垄断资本主义是社会主义的入口这个论断，不过是表明生产社会化已经发展到这样的高度，以致同生产资料资本主义所有制的外壳更加不相容了，不过是表明建立社会主义经济的物质基础已经充分具备，只待无产阶级通过革命去夺取它，把它转变为社会主义经济；而不是表明国家垄断资本主义包含着社会主义因素，也不是表明国家垄断资本主义可以自发地长入社会主义，更不是表明国家垄断资本主义就是社会主义。没有无产阶级革命，不夺取资产阶级国家政权，就不可能消灭资本主义制度和建立社会主义制度，就不可能实现从资本主义到社会主义的过渡。列宁说得好：国家垄断"资本主义之'接近'社会主义，只是证明社会主义革命已经接近，已经不难实现，已经可以实现，已经不容延缓，而绝不是证明可以容忍一切改良主义者否认社会主义革命和粉饰资本主义"。[①]

其二，说国家垄断资本主义是社会主义的入口，并不等于说无产阶级革命的前提只有到了国家垄断资本主义阶段才具备。帝国主义是无产阶级社会革命的前夜，无产阶级革命的前提在一般垄断资本主义阶段早已具备。事实上，在这个阶段上，社会主义已经在帝国主义阵线链条的薄弱环节取得了胜利。国家垄断资本主义是社会主义的入口，只是表明在那些仍然处于垄断资本统治下的国家里，无产阶级革命前提的进一步完备，也就是说，资本主义基本矛盾更加尖锐，无产阶级革命更加刻不容缓。

[①] 《列宁选集》第 3 卷，人民出版社 1964 年版，第 229 页。

其三，说国家垄断资本主义是社会主义的入口，并不等于说无产阶级革命将首先在那些国家垄断资本主义最发展的发达资本主义国家里取得胜利。无产阶级革命在一个特定国家里是否能取得胜利，不仅要看该国内部资本主义发展的程度，而且要看它是不是资本主义世界各种矛盾的焦点，是不是资本主义世界体系的薄弱环节，要看该国进行无产阶级革命的主观条件和其他的客观条件是否成熟。如果后面这些条件不具备，一个国家即使已经发展到了国家垄断资本主义阶段，无产阶级革命也不一定能首先取得胜利。

9. 评社会资本主义论　在当代帝国主义的根本特征的问题上，与国家垄断资本主义论相对立的一个重要观点，是社会资本主义论。如果不批判社会资本主义论，那么就不可能把国家垄断资本主义论建立在牢固的基础上。

社会资本主义论者一方面否定垄断仍然是当代帝国主义的根本经济特征，另一方面把资产阶级国家采取的某些具有国家垄断资本主义性质的制度、政策和措施视做社会主义因素。关于前一个方面，我在第一部分第一点的（二）已经予以批判。这里着重批判一下后一个方面。

被社会资本主义论者叫做"社会主义因素"的东西主要有三：国有制、计划化和社会福利制度。下面分别加以剖析。

（1）是否"资本主义国有制具有某些社会主义全民所有制的因素"？把资本主义国有制看做社会主义，不过是西方某些学者观点的复述。美国经济学家汉森说，"生产资料的政府所有和政府经营"是"社会主义的经典性定义"。资产阶级学者把资产阶级国家看做超阶级的全民利益的代表，很自然地得出了国有制就是社会主义的结论。从马克思主义的观点来看，国家"照例是最强大的、在经济上占统治地位的阶级的国家，这个阶级借助于国家而在政治上也成为占统治地位的阶级"①。在阶级社会里，国家从来就是剥削阶级的代表，是剥削阶级压迫和剥削被剥削阶级的工具。奴隶主国家、封建主国家、资产者国家，都是如此。与此相适应，阶级社会里的国家所有制，也只能是剥削阶级少数人的所有制，只能是剥削阶级少数人剥削被剥削阶级大多数人的经济制度。在资本主义社会里，国家是资产阶级的代表，是总资本家，它对生产资料的占有和经营，丝毫不改变生产资料作为资本的性质，丝毫不改变资本对雇佣劳动的剥削，怎么会有什么社会主义的因素呢？现代的资本主义国有企业不过是实施垄断资产阶级政策的工具。某些国有企业用低价向私人垄断组织供应商品和劳务，自己只获得很少的利润或者没有利润，其目的不过是为私人垄断组织获得垄断高额利润服务，这丝毫不意味着资本追逐利润的本性有任何改变。正如恩格斯早就指出的："现代国家，不管它的形式如何，本质上都是资本主义的机器，资本家的国家，理想的总资本家。它越是把更多的生产力据为己有，就越是成为真正的总资本家，越是剥削更多的公民。工人仍然是雇佣劳动者、无产者。资本关系并没有被消灭，反而被推到了顶点。"②

（2）是否"发达资本主义国家对社会经济的计划调节，具有社会主义计划经济的因素"？我们知道，一个国家的社会经济制度是不是社会主义的，归根到底要由生产资料所有制来决定，而不是由对社会经济的调节方式来决定。在社会主义公有制的基础上有必要和可能对社会经济进行计划调节。但是，不能反过来推论：凡是能对社会经济进行计划调节的都是社会主义。在当代的发达资本主义国家中，由于垄断资本主义特别是国家垄断资本

---

① 《马克思恩格斯选集》第 4 卷，人民出版社 1972 年版，第 168 页。
② 《马克思恩格斯选集》第 3 卷，人民出版社 1972 年版，第 318 页。

主义的发展，国家凭借与具有强大经济实力和莫大政治势力的金融资本的密切结合，有可能对社会经济进行宏观调节，其中包括某种程度的计划调节。但是，关键的问题不在于计划调节的形式，而在于计划调节的实质。在社会主义制度下，计划调节是社会主义计划经济的表现形式，是为全体劳动人民谋福利的手段，其目的是保证整个国民经济持续、稳定和协调的发展，以便最大限度地满足全体人民日益增长的物质文化需要。而在资本主义制度下，计划调节是加强资本对劳动剥削的手段。因为这种计划是由国家秉承垄断资产阶级的意志制定的，其目的在于减少经济发展的波动和危机，以保证垄断资本家获得稳定的高额利润。这样的计划调节怎么会包含什么社会主义因素呢？

（3）是否"国家对国民收入的再分配和全民共享的社会福利措施，具有社会主义因素"？马克思主义认为，是生产决定分配，不是相反。马克思说："消费资料的任何一种分配，都不过是生产条件本身分配的结果。而生产条件的分配，则表现生产方式本身的性质。例如，资本主义生产方式的基础就在于：物质的生产条件以资本和地产的形式掌握在非劳动者的手中，而人民大众则只有人身的生产条件即劳动力。既然生产的要素是这样分配的，那么自然而然地就要产生消费资料的现在这样的分配。""庸俗的社会主义仿效资产阶级经济学家……把分配看成并解释成一种不依赖于生产方式的东西，从而把社会主义描写为主要是在分配问题上兜圈子。"① 在资本主义制度下，既然在生产条件的分配方面没有任何社会主义因素，那么在消费资料的分配方面怎么会有什么社会主义因素呢？

资产阶级国家对国民收入的再分配主要是通过国家预算来进

---

① 《马克思恩格斯选集》第3卷，人民出版社1972年版，第13页。

行的。国家预算收入的主要来源是税收。国家通过税收对社会各阶级已经获得的国民收入进行再分配。而各种赋税的主要承担者是工人阶级和其他劳动人民。据统计，在20世纪70年代，税收占美国、联邦德国工人工资的将近三分之一，占英国普通家庭收入的45%。这样，工人工资中的很大一部分就被税收吞噬了。而严重的通货膨胀和物价上涨又使工人实际工资大大降低了。因此，国民收入再分配对工人阶级远不是有利的。

劳动人民享受的社会福利待遇，并不是把资本家的收入转给劳动者，而是劳动力价值或价格支付形式的变化。福利基金的来源无非是三个方面：一是投保者自己缴纳的保险金，这是对投保者工资收入的直接扣除；二是雇主缴纳的保险金，雇主把它算在产品成本中，转嫁给消费者，因而仍然是劳动力价格的扣除；三是政府的补助，这部分来自政府的财政收入，而财政收入主要来自税收，其重负仍然加到广大劳动人民头上。因此，国家和企业支出的社会福利费，无非是把从工人阶级和其他劳动人民那里扣除的收入重新还给他们。这并没有丝毫改变剩余价值归资本家而工人只能得到劳动力价值或价格的资本主义分配制度。

宣扬资本主义进入了社会资本主义，逐步产生社会主义因素，只能抹杀社会主义和资本主义的界限，掩盖资本主义的矛盾，美化和粉饰资本主义。

二 关于世界经济学的探索

世界经济学是一门新兴的学科。我国学术界于20世纪60年代才开始探讨建立世界经济学的问题。这种探讨因"十年浩劫"而中断。粉碎"四人帮"以后，这种探讨重新开始。到现在为止，世界经济学能否作为一门独立学科存在，始终是一个有争论的问题。有些学者认为,对世界经济的研究,只是政治经济学的一个组成部分,从而否定建立世界经济学的必要性。我认为,建立世界经济学是十分必要的。学科历来是随着客观事物的发展、复杂化和多样化而不断增多的。如经济学是从哲学中分离出来的,各种部门经济学是从经济学中分离出来的,同时各种边缘学科也日益增多。随着生产国际化的发展,世界各国国民经济越来越紧密地联结成一个整体。把对世界经济的研究从政治经济学中独立出来,有利于对世界经济进行更深入的研究,从而有助于我国社会主义现代化建设和改革开放的顺利进行。多年来,我的科研工作的一个着重点便是以马克思主义为指导,为建立世界经济学进行着不断的探索。这些探索的成果集中地表现在我主编的《世界经济学》专著中。下面分三个问题概要地介绍一下我在这方面的成果。

(一) 世界经济学的对象

一个学科能否作为一门独立学科建立起来,关键在于它有没有独特的研究对象。世界经济学有没有独特的研究对象呢?有,这就是世界经济。

世界经济是全世界范围内各地区和各部门的经济通过各种经济纽带紧密联结而形成的有机整体。在国家消亡以前,即在全世界进入共产主义时代以前,世界经济是全世界范围内各国国民经济通过各种经济纽带紧密联结而形成的有机整体,这就是现在我们所说的世界经济。

世界经济学要研究世界经济所包含的三个层次的问题:

1. 研究作为世界经济有机组成部分的各国国民经济

这与研究各国国民经济自身不是一回事。我们研究各国国民经济自身,如美国经济、苏联经济等,是国别经济研究的任务。

由于世界各国的具体经济情况千差万别、无一雷同，所以国别经济研究的任务，是对各国国民经济的具体状况和特点逐个地进行研究。而世界经济学的任务则是把各国国民经济当做世界经济的一个组成部分、一个基层单位来研究，它所着眼的是各国国民经济在类型上的差别以及它们在世界经济中的地位和作用的差别。因此，世界经济学并不对各国国民经济进行逐个的、具体的研究，而着重对各国国民经济进行分类型的比较研究。在当代世界经济条件下，对各国国民经济可以分三种类型来研究，即发达资本主义国家经济、发展中民族主义国家经济、社会主义国家经济。同时，在第一类国民经济中，还可以进一步分类。

2. 研究全世界范围内的国际经济关系包括以下两个方面

（1）研究把各国国民经济联结起来的经济纽带，如国际分工、国际商品交换、世界市场、资本和资金的国际运动、劳动力的国际流动、国际经济联合等。

（2）研究由于被联结的主体（国民经济）的类型的不同而形成的不同类型的经济关系。在当代世界经济中，由于存在着三种类型的国民经济，因而也就必然存在着六种国际经济关系，即：社会主义国家与发达资本主义国家之间的经济关系，发达资本主义国家与发展中民族主义国家之间的经济关系，社会主义国家与发展中民族主义国家之间的经济关系，社会主义国家相互之间的经济关系，发达资本主义国家相互之间的经济关系，发展中民族主义国家相互之间的经济关系。

世界经济学对国际经济关系的研究，要把上述两个方面结合起来。例如，对国际分工的研究，不是一般地、抽象地研究，而是具体地研究各类国民经济之间的国际分工，如发达资本主义国家与发展中民族主义国家之间的国际分工，发达资本主义国家相互之间的国际分工等。

3. 研究作为一个整体的世界经济所特有的规律和问题

世界经济特有的规律包括：世界范围内生产关系要适合生产力发展水平的规律，生产国际化水平不断提高的规律，在世界市场上发生作用的价值规律，世界范围内资本主义经济必然向社会主义过渡的规律等。

世界经济所特有的问题包括：人口问题、粮食问题、能源问题、环境保护问题，等等。

在存在着社会主义与资本主义两大经济体系的条件下，在第二、三层次之间还存在着体系际经济关系这一层次。

世界经济（包括构成世界经济的各个层次）不是静止不变的，而是不断地运动、变化和发展的。因此，世界经济学要通过对各类国民经济和国际经济关系变化的研究，揭示整个世界经济运动、变化和发展的规律。简言之，世界经济学就是研究世界经济运动、变化和发展规律的科学。

在世界经济学对象的确定上，关键的问题是如何把它与政治经济学的对象区别开来。有的学者主张世界经济学的对象是"世界范围内生产方式的总体……就当前来说，主要研究资本主义和社会主义这两种生产方式及其相互关系在世界范围内的运动形式和规律"。这样的提法，不能把世界经济学的对象与政治经济学的对象区别开来。因为生产方式正是政治经济学的对象。加上"世界范围内"这样的限制词，也于事无补。政治经济学对资本主义生产方式的研究，不仅包括它在一国范围内的运动规律，而且包括它在国际范围内的运动规律。马克思在《〈政治经济学批判〉导言》中谈到他对资本主义经济制度的研究规划时，设想分为五篇，其中第四篇是"生产国际关系，国际分工，国际交换，输出和输入，汇率"；第五篇是"世界市场和危机"。这两篇都涉及了资本的国际运动。列宁在《帝国主义论》一书中论述了帝国主义的五个基本经济特征,其中前面两个特征涉及垄断资本的国内运动,后面三个特征涉及垄断资本的国际运动。要把世界经济学的对象与政治经济学的对象明确区别开来,只有在抽象层次上做文章。政治经济学的对象——社会生产方式,具有较高的抽象层次,而世界经济学的对象——世界经济,则具有较低的抽象层次。

政治经济学对生产方式(不论是一国范围还是世界范围)的考察具有一般的抽象的性质,而世界经济学要对作为世界经济的各种类型的国民经济的具体特点,以及支配世界经济和国际经济关系的经济规律进行彻底的、详细的分析。

	一国范围	世界范围
政治经济学	社会生产方式	世界范围内生产方式的总体
世界经济学	作为世界经济组成部分的国民经济	世界经济

相对于政治经济学而言,世界经济学是一门具有应用性质的学科。世界经济学在研究自己的特定的对象时,要运用政治经济学所揭示的关于资本主义生产方式、社会主义生产方式以及这两种生产方式之间相互关系的运动规律,而且这种研究也一定会丰富和发展政治经济学的原理,但这同把世界经济学的对象确定在生产方式一级的抽象层次上是两码事。

由于对世界经济学的对象认识不明确,现在出版的相当多的关于世界经济的著作花了大量的篇幅论述一般垄断资本主义向国家垄断资本主义过渡的原因、国家垄断资本主义的形态、资本积累和无产阶级贫困化、社会资本再生产和经济危机等问题,而这些问题都是政治经济学资本主义部分(包括帝国主义部分)的内容。我所主编的《世界经济学》中对两个学科的对象的界限作了明确的划分：只把政治经济学原理作为既定的前提，作概括的介绍，而把论述的着重点放到世界经济本身的问题上。

（二）世界经济学的方法和理论体系

世界经济学的方法有两个层次：第一个层次是辩证唯物主义和历史唯物主义，第二个层次是抽象法或历史和逻辑相一致的方法。

一个学科要能成立，须有特殊的对象，但不一定要有特殊的方法。辩证唯物主义是自然科学和社会科学都须采用的方法。历史唯物主义是所有社会科学的学科都须采用的方法。因此，世界经济学要以辩证唯物主义和历史唯物主义作为第一个层次的方法，这是不言而喻的。

抽象法或历史和逻辑相一致的方法，是辩证唯物主义的认识论在政治经济学中的具体运用。它是政治经济学的方法，也应当是世界经济学的方法。这一点对政治经济学来说是十分明确的，是大家公认的，但是对世界经济学来说就不是这样。

根据马克思在《〈政治经济学批判〉导言》和《资本论》第一卷第二版跋中关于抽象法的论述，可以作出这样的概括：研究方法是从具体到抽象、从复杂到简单；叙述方法是从抽象到具体、从简单到复杂。"在第一条道路上，完整的表象蒸发为抽象的规定；在第二条道路上，抽象的规定在思维行程中导致具体的再现。"[1] 历史和逻辑相一致的方法实际上是抽象法的另一种表述。历史是具体，逻辑是抽象。逻辑来源于历史又高于历史，它从理论上再现了历史发展的客观规律。

---

[1] 《马克思恩格斯选集》第 2 卷，人民出版社 1972 年版，第 103 页。

不难了解，科学理论体系的建立应当按照叙述方法而不是研究方法来建立。但是现在出版的相当多的世界经济著作所采用的方法，不是从简单到复杂，而是从复杂到简单，或者从复杂到复杂：它们一开始就考察世界经济整体这个"混沌的表象"中的种种问题，如科技革命和世界经济、国际分工、世界市场等问题。这样做，显然不能建立起科学的理论体系来。

世界经济是一个具有许多规定和关系的复杂的总体，是一个"混沌的表象"。经过仔细分析以后，我们可以看到，它是由许多国际经济关系交织而成的整体（前面已指出，在当代世界经济中共有六种类型的国际经济关系）。再进一步分析各种国际经济关系，又可以看到它们是在各种不同类型国民经济（如前所说，有三种类型的国民经济）的基础上建立起来的。当然，对国民经济还可以进一步分析，得到更简单、更抽象的东西。但是，对世界经济来说，国民经济已经是它的基层单位、细胞形态了。由于世界经济学对象的抽象层次较低，没有必要像政治经济学那样进行更抽象的分析，因而我们的抽象层次达到了国民经济这一级就可以了，以上是研究方法。叙述方法，即建立理论体系的方法，便要将行程倒过来，先叙述各类国民经济，再叙述各类国际经济关系，再对整个世界经济进行综合考察。同时，考虑到当代世界经济中存在着资本主义和社会主义两大经济体系，对各种国际经济关系可以先分体系进行考察，再进行体系际的考察。

这样就形成了我所主编的《世界经济学》所采取的理论体系：

第一篇是绪论，其中包括世界经济学的对象和方法以及世界经济的形成和发展等两章。

第二篇论述当代世界各类国民经济，其中包括发达资本主义国家经济、发展中民族主义国家经济、社会主义国家经济以及各类国民经济在世界经济中的地位和作用等四章。

第三篇论述当代资本主义世界经济体系内部的国际经济关系，其中包括国际分工、国际商品交换、世界货币和国际货币体系、资本的国际运动、国际经济联合和国际经济调节、资本主义世界经济危机等六章。

第四篇论述当代社会主义世界经济体系内部的国际经济关系，其中包括社会主义世界经济体系的形成和发展、国际分工和国际商品交换、国际生产合作和科技合作、国际货币和资金国际运动等四章。

第五篇是对当代世界经济的综合考察，其中包括技术革命与当代世界经济、当代的生产国际化、当代两大经济体系之间的和平竞争、当代世界经济中的人口等问题以及世界经济与世界政治等五章。

这一理论体系，尽管还有待于完善，但不仅体现了从抽象到具体、从简单到复杂的方法，而且也基本上体现了历史和逻辑相一致的方法，因为历史的发展也是先形成国民经济，然后形成国际经济关系和世界经济整体，先形成资本主义世界经济体系，再形成社会主义世界经济体系。

（三）关于世界经济学中若干问题的探索

世界经济学作为一门新兴学科，有大量的理论问题需要进行探索。下面列举我在探索中提出的一些新的观点。

1. 关于世界经济形成的时间

这是一个学术界有争议的问题。过去比较流行的一种观点是：世界经济形成于 19 世纪末 20 世纪初。按照我的观点，世界经济形成于 19 世纪 40—60 年代。因为：第一，按照马克思、恩格斯的论述,在19世纪中叶,世界市场已经把各国经济"紧紧地联系起来"①,"使一切国家的生产和消费都成为世界性的了"②,因此世界各国的国民经济就可以说已经连成了一个有机整体。第二,资本主义世界经济体系的形成,并不一定要求把全世界一切国家和地区都包括在内。如果一定要这样要求的话,那么在世界上出现了社会主义国家以后,资本主义世界经济体系岂不是不复存在了吗?我认为,资本主义世界经济体系与无所不包的资本主义世界经济体系不是一回事。资本主义世界经济体系在19世纪中叶前后即已形成,而在19世纪末20世纪初发展成为无所不包的资本主义世界经济体系。我的这一观点已为宋则纡、樊亢主编的《世界经济史》所采纳。

2. 关于世界经济发展阶段的划分

在学术界,划分方法是不一致的。按照我的观点,世界经济的发展可以划分为以下三个大阶段:(1)世界经济(即资本主义世界经济)从形成到发展成为无所不包的资本主义世界经济体系(从19世纪中叶到19世纪末20世纪初);(2)过渡性的世界经济(从1917年十月革命胜利开始);(3)共产主义世界经济。

过渡性的世界经济将经历一个很长的过程(可能需要几百年时间),它又可以划分为三个阶段:(1)资本主义经济处于优势、社会主义经济处于劣势的阶段;(2)社会主义经济与资本主义经济势均力敌的阶段;(3)社会主义经济处于优势、资本主义经济处于劣势的阶段。

过渡性的世界经济的第一阶段又可以分为若干个小阶段:第

---

① 《马克思恩格斯选集》第1卷,人民出版社1972年版,第221页。
② 同上书,第254页。

一个小阶段从十月革命开始到第二次世界大战结束；第二个小阶段从第二次世界大战结束开始，到目前尚未完结。

3. 关于各类国民经济内部的分类

目前，学术界对于世界各国国民经济的分类（即划分为发达资本主义国家、发展中民族主义国家和社会主义国家三种类型的国民经济），意见比较一致。但是，对每一类国民经济内部如何进一步分类的问题，则很少涉及。我在这方面进行了一些尝试。（1）对发达资本主义国家经济，按照经济实力划分为三类：①经济实力强大、起主导作用的国家；②经济实力中等的国家；③经济实力弱小的国家。按照生产关系的具体特点划分为三类：①国家垄断资本主义第三种资本形态占绝对优势地位、宏观调节方式以经济政策为主的国家；②国家垄断资本主义第一、二种形态所占比重较大、宏观调节方式以计划化为主的国家；③国家垄断资本主义第三种形态所占比重较大（但稍逊于第一类国家）、宏观调节方式以计划化和经济政策并重的国家。（2）对发展中民族主义国家经济，按照经济结构和经济发展水平，划分为三类：①制成品生产国；②石油生产国；③非石油初级产品生产国。按照资本主义发展程度划分为：①资本主义经济占统治地位的国家；②资本主义经济占重要地位的国家；③资本主义经济处于从属地位的国家。对社会主义国家经济，按照生产力发展水平划分为：①经济发达的国家；②经济中等发达的国家；③发展中的国家。

4. 关于国际分工

在这个问题上我提出的独特观点有：（1）关于国际分工的媒介。如果没有一定的媒介，不同国家的不同生产领域之间不可能形成国际分工。可惜这方面的研究往往被人们忽视。到目前为止，国际分工的媒介有三种：①国际商品交换：以国际商品交换为媒介的国际分工，以商品分别归不同国家的商品生产者所有为前提。国际商品交换这个媒介把分散在各国的商品生产者联结在一起，使他们成为国际分工的各个环节。这种国际分工是由市场力量自发地调节的。②国际直接投资：以国际直接投资为媒介的国际分工，以一国的资本或资金的所有者向其他国家的生产领域进行直接投资，从而以不同国家的生产资料掌握在同一个所有者手中为前提。一国企业的跨国性经营把处在不同国家的生产领域联结在一起，使它们成为国际分工的各个环节。与前面一种国际分工不同，这种国际分工不是由市场力量自发地调节的，而是由跨国企业的所有者有组织、有计划地调节的。③有关国家的计划协调：以有关国家计划协调为媒介的国际分工，以生产资料分别掌握在不同国家的商品生产者为前提。而有关国家的计划协调则把不同国家的生产领域联结在一起，使它们成为国际分工的各个环节。这种国际分工是由有关国家在相互协商的基础上制定的共同计划来调节的。这种国际分工，一般地说，出现在社会主义世界经济体系中；在特定条件下也可能出现在资本主义世界经济体系的某个区域性经济集团（如欧洲经济共同体）中。

（2）关于国际分工中的斗争：在国际分工中有没有斗争？有的学者根本不涉及这个问题；有的学者只提出了存在着矛盾，但讲不清楚是如何斗争的。我认为，在国际分工中，斗争是存在的。从发达资本主义国家之间的分工来看，各国在国际分工中所处的地位是有差异的：有的处于优势地位，有的处于劣势地位。处于劣势地位的国家总是力图摆脱劣势地位，争夺优势地位。而处于优势地位的国家总是力图保持和发展自己的优势地位，打败竞争对手的争夺。这样，在各国之间经常存在着为争夺国际分工中的优势地位而进行的斗争。例如，在20世纪50年代，日本是一个生产和出口轻纺产品的国家，它同生产和出口汽车和钢铁的美国相比，显然处于劣势地位。但通过竞争，在七八十年代，日本终于成为一个生产和出口汽车、钢铁和电子产品的大国，这样就使自己从劣势地位转为优势地位。在发达资本主义国家和发展中国家的国际分工中，也存在着尖锐的斗争：发展中国家力图改变自己的畸形经济结构，以改善自己在国际分工中作为初级产品生产国的不利地位，而发达资本主义国家则力图维护自己在国际分工中作为制成品生产国的有利地位。

5. 关于国际生产价格

有的学者否认国际生产价格是一个客观经济范畴。他们认为，即使在自由竞争充分发展的阶段，在国际范围内资本和劳动力也不可能在各部门之间自由流动，因此国际生产价格的形成是不可能的。我认为，国际生产价格是一个客观经济范畴。它在各国自由竞争已经充分发展、都完成了价值到生产价格的转化以及在世界市场上自由竞争充分展开的基础上，是可能而且必然形成的。这里的关键在于：国际生产价格形成的基础，并不是国际范围内资本和劳动力在各部门之间的转移，而是各国商品的价值到生产价格的转化以及世界市场上的竞争。由于各国劳动生产率的差异，国别的生产价格是高低不一的。但是在世界市场上的激烈竞争和无数次的国际商品交换，就会在许多国家的高低不同的国别生产价格的基础上，形成一个平均值，这个平均值就是国际生产价格，它构成了国际市场价格的基础。

6. 关于价值规律在世界市场上作用的特点

我认为，价值规律在世界市场上的作用具有四个特点，其中除第一个特点外，其他几个特点都是新提出的。

（1）在世界市场上，商品交换不是以商品的国别价值，而是以商品的国际价值为基础进行的。由于各国生产商品的劳动强度和劳动生产率的差异，不同国家生产同一种商品所需要的社会必要劳动时间不同,从而国别价值也不同。因此,就会出现一个国家的若干个工作日同另一个国家的一个工作日相交换的现象。马克思指出,在不同国家的相互关系中,"一个国家的三个工作日也可能同另一个国家的一个工作日交换。价值规律在这里有了重大的变化"。①

(2) 在世界市场和国际化生产中,同在一国的生产中一样,价值规律也具有调节生产资料和劳动力在社会生产各部门之间的分配的作用。但是,在国际化生产中,价值规律的这种调节作用不是没有限制的,它在很大程度上要受到各国所实行的经济发展战略和经济政策的限制。例如,如果一个国家(特别是一个社会主义大国)从自己的实际情况和长远利益出发制定了一个以建立完整的国民经济体系为目标的经济发展战略,而某种商品的生产对于这个国民经济体系的建立和发展具有十分重要意义的话,那么即使这种商品在世界市场上比较便宜,也不能使这个国家放弃这种商品的生产。

(3) 在世界经济中,同在一国经济中一样,价值规律也促进商品生产者改进技术,推动技术进步。但是,在国际范围内,掌握了先进技术的国家往往把这种技术垄断起来,不让它们转移到别的国家,而且这种垄断往往是不易突破的。第二次世界大战后发达资本主义国家向发展中国家转让的技术多半是一般性技术,而尖端性技术经常被垄断起来。特别是当涉及不同社会经济制度的国家间的关系时,情况就更为严重。这种垄断显然限制了价值规律作为技术进步促进者的作用。

(4) 在一国范围内,采用先进技术的商品生产者获得的超额利润,在自由竞争条件下是不可能长期保持下去的。竞争会促

---

① 《马克思恩格斯选集》第 26 卷,第 112 页。

使其他生产者很快采用新技术，提高劳动生产率，降低其商品的个别价值，从而使原来先进的生产者获得的超额利润很快消失。而在国际范围内，采用先进技术的国家的商品生产者所获得的超额利润却可能相当长期地保持下去。因为资本、技术和劳动力在国际上不可能像国内那样充分自由地流动，发达国家有可能在较长时期内保持对先进技术、技术人员和熟练劳动力的垄断，使商品国别价值低于国际价值的情况较长久地保持下去。

7. 关于黄金的世界货币作用

绝不可以把资本主义国家和国际经济组织所采取的种种削弱以至割断纸币与黄金之间的联系的政策，误认为黄金在客观上所具有的世界货币作用的削弱和消失。所谓银行券不能兑换成黄金，只是有关国家规定的一种货币政策。但是，这种政策规定并不能改变银行券对黄金客观上的可兑换性。马克思说过："只要纸币从金得到名称……对银行券来说，银行券可兑换为金就仍然是经济规律，不管这一规律在政策上是否存在，这是不容置疑的。"① 在当代，尽管从政策上纸币与黄金已脱钩，但事实上黄金在客观上仍然是汇率的基础，仍然具有一般支付手段的职能（国际收支差额仍须用黄金偿付），仍然是国际储备手段。当美国政府宣布美元与黄金脱钩以后，立即发生美元危机，导致布雷顿森林体系的崩溃，这正是黄金作为世界货币的机制发生作用的结果。

8. 关于世界经济危机产生的基础

各个主要资本主义国家内部资本主义基本矛盾的普遍尖锐化，只为各国普遍爆发生产过剩的危机创造了条件，但这并不等于说这些国家的危机必然是同时爆发的，而如果它们不是同时爆

---

① 《马克思恩格斯选集》第46卷上册，第73页。

发的,那么也不可能形成世界经济危机。这些国家的经济危机之所以能同时爆发,还需要有另外一个基础,即资本主义世界经济范围内资本主义基本矛盾即生产国际化与资本主义私有制之间的矛盾的尖锐化。

机器大工业在各主要资本主义国家经济中的统治地位的确立,使这些国家的生产能力有了空前巨大的增长。它一方面要求吸收越来越多的原料;另一方面又生产出越来越多的产品,要求有越来越广阔的市场。其结果,终于达到一个点,国内生产的原料已不能满足机器大工业对原料的需求,而国内的销售市场也已不能容纳机器大工业所生产出来的大量产品。这就迫使这些国家的资本家到国外去寻找原料来源和商品销售市场,从而使社会资本循环中货币资本到生产资本的转化和商品资本到货币资本的转化在很大程度上国际化了。在这种情况下,这些国家的社会资本的流通和再生产过程就通过国际商品交换联结成为一个国际的过程,造成了生产的国际化。生产的国际化,世界市场上的激烈竞争,促使这些国家的资本家拼命地扩大资本积累规模,改进生产技术,提高劳动生产率,从而大大发展了资本主义生产无限增长的趋势。但是,在生产资料资本主义私有制基础上产生的资本积累规律在国际范围发生作用的结果,却把世界各国劳动人民有支付能力的需求限制在一个相对狭小的范围。因此,资本主义世界经济范围内的资本主义基本矛盾就具体表现为生产无限扩大的趋势与各国劳动人民有支付能力的需求相对狭小之间的矛盾。这种矛盾发展的结果,就会造成资本主义世界范围内的生产过剩。同时,由于国际上的生产无政府状态比一国范围内更加严重,国际贸易和国际信用比国内贸易和国内信用更易于把生产过剩的真相掩盖起来,这就会使世界范围内的生产过剩在更大程度上积累起来,以致爆发世界性的生产过剩危机。

9. 关于生产国际化发展的规律性

从生产国际化发展的历史可以看到，生产国际化是随着生产力的发展而在广度和深度上不断发展的。概括地说，生产国际化的发展具有三个规律性：

（1）从广度上说，生产国际化从地区性的范围逐步发展到全世界范围。

（2）从深度上说，生产国际化从流通领域逐步发展到直接生产领域，进而发展到整个再生产过程，也就是说从低级形态发展到高级形态。

（3）从生产国际化作为直接再生产过程和流通过程国际化的统一的角度来说，生产国际化从不完全形态发展为完全形态。

由此，可以概括出一条在世界经济中普遍起作用的共同规律，即生产国际化水平随着生产力的发展而不断提高的规律。这条规律决定着世界经济内部联系在广度和深度上的不断发展，从而对世界各国的经济以及世界经济整体发生重大影响。

三 关于方法论的探索

在方法论上，我提出要以《资本论》的方法深入研究现代资本主义经济。

这个观点发表在我为纪念马克思逝世一百周年所写的长篇论文——《用〈资本论〉的方法深入研究现代资本主义经济》中。

《资本论》的方法，包括两个含义：一个是《资本论》的一般方法，即辩证唯物主义和历史唯物主义及其在政治经济学方面的运用——抽象法或历史和逻辑相一致的方法；另一个是《资本论》的特殊方法，即具体体现在《资本论》的理论体系和逻辑结构中的特殊方法。拿列宁的《帝国主义论》的方法与《资本论》的方法进行比较，就一般方法来说，两者是一致的；但就特殊方法来说，两者是不一致的。我在这里所说的《资本论》的方法，固然包含它的一般方法，但更着重于它的特殊方法。

简单地说，《资本论》的特殊方法是"过程法"（生产过程→流通过程→总过程），而《帝国主义论》的特殊方法是"特征法"（生产领域的垄断→金融资本→资本输出→国际垄断同盟分割世界市场→列强分割世界领土→历史地位）。列宁的《帝国主义论》当然是运用政治经济学的方法来研究现代资本主义经济的一个范例。但是它没有能像《资本论》那样，对资本主义的生产过程、流通过程和总过程展开分析。列宁写这部著作有其历史条件。当时是战斗的环境、革命的环境，列宁没有足够的时间和条件。所以，列宁的著作虽然有一个完整的理论体系并且其方法完全符合抽象法、历史和逻辑相一致的方法，但在深入到生产过程等内部去进行分析的方面是不够的。为了把现代资本主义经济的研究推向深入，必须用《资本论》的特殊方法来进行研究。

为了推动这方面的研究，我提出一个六卷的理论体系和一系列研究课题。

1. 关于现代资本主义经济专著的理论体系：

第一卷：垄断资本的生产过程；

第二卷：垄断资本的流通过程；

第三卷：垄断资本主义生产的总过程；

第四卷：垄断资本的国际运动；

第五卷：国家和国家垄断资本；

第六卷：对当代资产阶级经济学说的批判。

2. 为了按照上述理论体系深入研究现代资本主义经济，需要研究一系列理论问题 这些问题大致上可以分为四类。第一类是在资本主义的自由竞争阶段上与资本国际运动有关的问题（这是为了完成马克思对自由资本主义的研究所必要的）。其中包括：

（1）国际价值。

（2）资本积累在国际范围内的作用。

（3）资本循环在国际范围内的实现。

（4）在国际商品交换条件下资本主义世界经济中各国的社会总资本的再生产和流通。

（5）国际生产价格。

（7）国家垄断资本主义条件下的资本循环。

（8）国家垄断资本主义条件下社会资本再生产和流通的特点。

（9）国家垄断资本主义条件下再生产周期和经济危机的新特点。

（10）国家垄断资本主义条件下垄断资本的国际运动的新特点。

用《资本论》的特殊方法来研究现代资本主义经济，是一项艰巨的工程，需要许多专家学者长期的、共同的努力才能完成。这里只提出一些设想，供有志于此的学者参考。

以上只是我对帝国主义和世界经济理论问题进行探索所取得的主要成果的简要介绍。希望深入了解我的理论观点的读者，还可以阅读我的一些著作。

（原载《我的经济观》，江苏人民出版社 1992 年 2 月版）

作者年表

1926 年

7 月 28 日出生于上海市。

1941 年

9 月加入中国共产党。

1944 年

上海交通大学肄业。

1945 年 9 月—1948 年底

在华中新华社、新华日报社、大众日报社、豫西日报社等任记者、编辑、研究员。

1949 年

3 月任青年团河南省委委员，主编《河南青年》报。

8 月任中共河南省委党刊编辑。

1953 年

任国家计划委员会办公厅《计划与检查》编辑组组长，《计划经济》编委兼编辑部主任，《经济译丛》总编辑。

1958 年

年底任中国科学院经济研究所《经济研究》编辑。

1960 年

11 月任中宣部政治经济学教科书编写组领导组成员。

1965 年

9 月，任中国科学院世界经济研究所核心小组成员。

1979 年

9 月，任中国社会科学院世界经济研究所副所长，研究员。

1981 年

8 月，任中央党校政治经济学

教研室副主任,教授。

1985 年

11 月,任中央党校马克思主义研究所副所长。

1994 年

12 月,离休。